Os Nuer

Coleção Estudos
Dirigida por J. Guinsburg

Equipe de realização – Tradução: Ana M. Goldberger Coelho; Revisão: José Bonifácio
Caldas e Plínio Martins Filho; Planejamento Gráfico: Walter Grieco; Artes: Marly
Orlando; Produção: Ricardo W. Neves, Sergio Kon e Juliana P. Sérgio.

E. E. Evans-Pritchard

OS NUER

UMA DESCRIÇÃO DO MODO DE SUBSISTÊNCIA E DAS
INSTITUIÇÕES POLÍTICAS DE UM POVO NILOTA

PERSPECTIVA

Título do original
The Nuer – A description of the modes of livelihood and political institutions of Nilotic people

© Oxford at the Claredon Press.

Dados Internacionais de Catalogação na Publicação (CIP)
(Câmara Brasileira do Livro, SP, Brasil)

Evans-Pritchard, E. E., 1902-1973.
　Os Nuer : uma descrição do modo de subsistência e das instituições políticas de um povo nilota / E. E. Evans-Pritchard ; [tradução Ana M. Goldberger Coelho]. – São Paulo : Perspectiva, 2013. – (Estudos ; 53 / dirigida por J. Guinsberg)

　Título original: The Nuer, a discription of the modes of livelihood and political institutions of a Nilotic people.
　5ª reimpr. da 2. ed. de 1999
　Bibliogafia.
　ISBN 978-85-273-0192-3

　1. Etnologia – Sudão 2. Nuer (Povo africano) 3. Povos nilotas I. Guinsburg, J. II. Título. III. Título: Uma descrição do modo de subsistência e das instituições políticas de um povo nilota. IV. Série.

05-3813　　　　　　　　　　　　　　　　　　　　　CDD-305.8965

Índices para catálogo sistemático:
1. Nuer : Etnologia cultural : Povos africanos
305.8965

2ª edição – 5ª reimpressão
[PPD]

Direitos reservados em língua portuguesa à
EDITORA PERSPECTIVA LTDA.
Av. Brigadeiro Luís Antônio, 3025
01401-000 São Paulo SP Brasil
Telefax: (011) 3885-8388
www.editoraperspectiva.com.br

2019

Sumário

Prefácio 1
Introdução 5

1. Interesse pelo Gado 23
2. Ecologia 61
3. Tempo e Espaço 107
4. O Sistema Político 151
5. O Sistema de Linhagens 201
6. O Sistema de Conjuntos Etários. Resumo 257

Índices das Ilustrações 277
Índices de Mapas e Figuras 278

Vista parcial de choupanas e **kraal** (Gaajok oriental)

Ao corpo de Funcionários da
Missão Americana em Nasser

Ai da terra do roçar das asas, que está além dos rios da Etiópia: que manda embaixadores por mar, até mesmo em barcos de papiro por sobre as águas, (dizendo) Ide, rápido, mensageiros, até uma nação alta e lisa, até um povo terrível desde o começo; uma nação que parte e domina, cuja terra os rios dividem (Bíblia Sagrada, versão revista, Isaías, XVIII, 1 e 2).

Prefácio

O estudo que fiz dos Nuer foi empreendido por solicitação e, em sua maior parte, por financiamento do governo do Sudão anglo-egípcio, o qual também contribuiu generosamente para a publicação de seus resultados. Parte da pesquisa foi executada com uma bolsa para pesquisa do Leverhulme. Fico muito grato ao governo do Sudão e ao Leverhulme Research Fellowships Committee.

Muito devo ao Prof. C.G. Seligman e Sra. por sua amizade durante os últimos quinze anos. Sem seu apoio e estímulo pode ser que este livro não tivesse sido escrito. Além disso, embora eles não tenham feito qualquer investigação entre os Nuer, suas brilhantes pesquisas entre outros povos nilotas, especialmente os Shilluk e os Dinka, lançaram as bases de todos os estudos futuros nessas regiões[1].

Agradeço a todos aqueles que, no Sudão, em Khartum e na terra dos Nuer deram-me hospitalidade e assistência; a Sir John Maffey, na época o governador-geral; a Sir Harold MacMichael, na época secretário civil; ao Sr. e Sra. S. Hillelson; Sr. C.A. Willis, Sr. A.G. Pawson, Sr. M.W. Parr e Sr. E.G. Coryton, que foram governadores da Província do Alto Nilo; ao Sr. P. Coriat, Cap. A.H.A. Alban, Cap. H.A. Romilly, Sr. J.F. Tierney, ao falecido Sr. L.F. Hamer, Sr. B. J. Chatterton, Sr. B.A. Lewis e Sr. F.D. Corfield, que foram todos, por algum tempo, comissários dos Distritos Nuer. Fico

---

1. C.G. e B.Z. Seligman, *Pagan Tribes of the Nilotic Sudan*, 1932.

especialmente agradecido ao Sr. F.D. Corfield, *amico et condiscipulo meo*, pelo interesse que demonstrou pelo meu trabalho e por sua generosidade em me permitir utilizar muitas de suas excelentes fotografias.

Agradeço também aos funcionários da Missão Americana em Nasser, da Congregação de Verona em Yoahnyang, e da Sociedade Missionária da Igreja em Ler. Desejo expressar um reconhecimento especial para o corpo de funcionários da Missão Americana, especialmente para a Srta. B. Soule, que colocaram à minha disposição, sem reservas, sua casa, seu tempo e seus conhecimentos. Dedico este livro a eles não apenas como expressão de minha gratidão pessoal, mas também como tributo aos dedicados serviços prestados por eles aos Nuer.

Também presto calorosos agradecimentos aos muitos Nuer de quem fui hóspede e que travaram amizade comigo. Mais do que falar em termos de indivíduos, expresso aqui meu respeito genérico por esse povo corajoso e amável.

Os seguintes amigos e colegas leram este livro e deram-me conselhos e críticas valiosas: Prof. C.G. Seligman, Prof. A.R. Radcliffe-Brown, cuja influência sobre a parte teórica de meu trabalho ficará evidente para qualquer estudante de Antropologia, Dr. M. Fortes e Dr. H.M. Gluckman. Tenho uma dívida especial para com o Dr. Fortes. Minhas ideias sobre os objetivos e métodos da Antropologia Social foram influenciados pelas muitas conversas que tivemos sobre o assunto durante vários anos de camaradagem, e, uma vez que em um tal relacionamento não é fácil dizer o que se deu e o que se tomou, reconheço, sem reservas, que fui grandemente estimulado por nossas discussões.

O Prof. Seligman apontou-me, ao ler as provas, que o uso que faço de "horticultura" e "hortícola" é pouco usual. Eu não tinha intenções de me afastar do uso convencional. Contudo, não senti que havia uma justificação para alterar essas palavras para "agricultura" e "agrícola" por toda a extensão do livro face às presentes dificuldades de publicação. Os leitores que preferirem "agricultura" e "agrícola" podem fazer as substituições eles mesmos.

Uma parte considerável dos fatos relatados neste livro foi anteriormente registrada, principalmente em *Sudan Notes and Records* e em *África*, e agradeço aos editores desses periódicos e ao editor de *Custom is King* pela permissão para republicá-la. Também expresso minha dívida de gratidão para com os editores e impressores de ambos os periódicos, para com George Routledge & Sons, Ltd., e para com Messrs. Hutchinson & Co., pelo uso dos clichês das fotografias.

Vários amigos emprestaram-me fotos, mapas esboçados e diagramas. São mencionados no índice de ilustrações e de figuras, mas gostaria de registrar expressamente minha gratidão para com o Sr.

PREFÁCIO

F.D. Corfield, Dr. H.E. Hurst, diretor do Departamento Físico do governo egípcio, Sr. B.A. Lewis, Sr. C.L. Armstrong, para com o corpo de funcionários da Missão Americana em Nasser, para com o falecido Sr. L.F. Hamer, Dr. E.S. Crispin e Yuzbashi Talib Ismail.

Devo agradecer ao Sr. W.R. Key pelos muitos serviços de secretário que prestou durante a preparação deste volume.

E.E.E.-P.

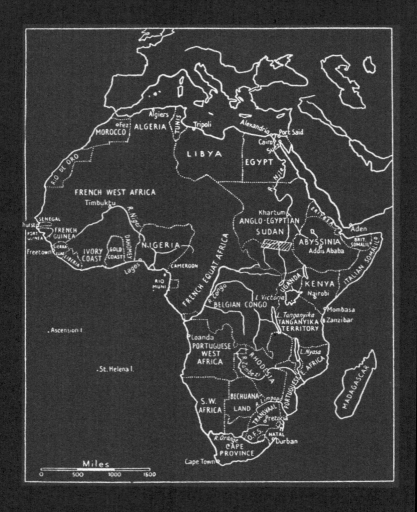

O retângulo hachurado no mapa mostra a área aproximada ocupada pelos Nuer.

Introdução

I

De 1840, quando Werne, Arnaud e Thibaut fizeram sua mal-fadada viagem, até 1881, quando a revolta bem sucedida de Mahdi Muhammad Ahmed fechou o Sudão para mais explorações, vários viajantes penetraram na terra dos Nuer por um dos três grandes rios que a cortam: o Bahr el Jebel (com o Bahr el Zeraf), o Bahr el Ghazal e o Sobat. Entretanto, não pude me utilizar muito de seus escritos, pois o contato que eles tiveram com os Nuer foi ligeiro e as impressões que registraram foram superficiais e, algumas vezes, falsas. O relato mais acurado e menos pretensioso é o de Jules Poncet, caçador de elefantes natural da Savoia, que passou vários anos nas fronteiras das terras do Nuer[1].

Uma fonte posterior de informações sobre os Nuer são os *Sudan Intelligence Reports* que vão desde a reconquista do Sudão em 1899 até os dias de hoje, sendo que seu valor etnológico de-

---

1. Alguns dos escritos dos quais extraí informações são: Ferdinand Werne, *Expédition zur Entdeckung der Quellen des Weissen NU* (1840-1), 1848; Hadji-Abd-El-Hamid Bey (Cl. Du Couret), *Voyage au Pays des Niam-Niams ou Hommes à Queue*, 1854; Brun-Rollet, *Le Nil Blanc et le Soudan*, 1855; G. Lejean, *Bulletin de la Société de Géographie*, Paris, 1860; Jules Poncet, *Le Fleuve Blanc* (*Extrait des Nouvelles Annales de Voyages*, 1863-4); Sr. e Sra. J. Petherick, *Traveis in Central África*, 1869; Ernst Marno, *Reisen im Gebiete des blauen und weissen Nil, im egyptischen Sudan und den angrenzenden Negerländern, in der Jahren 1869 bis 1873, 1874*. Outros são mencionados mais adiante, especialmente nas pp. 139-40 e 144.

6 OS NUER

cresce em anos recentes. Nas primeiras duas décadas após a reconquista, existem uns poucos relatórios feitos por oficiais do exército que contêm observações interessantes e, frequentemente, argutas[2]. A publicação de *Sudan Notes and Records*, começando em 1918, forneceu um novo meio para registrar observações sobre os costumes dos povos do Sudão anglo-egípcio, e vários oficiais com cargos políticos contribuíram com escritos sobre os Nuer. Dois desses oficiais foram mortos no desempenho do dever, o Major C.H. Stigand, pelos Aliab Dinka, em 1919, e o Capitão V.H. Fergusson, pelos Nuer Nuong, em 1927. No mesmo periódico apareceu a primeira tentativa, feita pelo Sr. H.C. Jackson, de escrever um relato amplo sobre os Nuer, e muito se deve a ele pela maneira em que a executou, apesar de sérios obstáculos[3].

Depois de ter começado minhas pesquisas, foi publicado um livro da Srta. Ray Huffman, da Missão Americana, e alguns artigos do Padre J.P. Crazzolara, da Congregação de Verona[4]. Embora minhas contribuições para vários periódicos estejam reproduzidas, sob forma resumida, neste livro, ou serão reproduzidas em um volume posterior, faço aqui menção a elas a fim de que o leitor possa ter uma bibliografia completa. Omiti muitos detalhes que apareciam nesses artigos[5].

Listas de algumas palavras nuer foram compiladas por Brun-Rollet e Marno. Vocabulários mais detalhados foram escritos pelo Major Stigand e Srta. Huffman, e gramáticas, pelo Prof. Wester-

---

2. Esses relatórios foram empregados pelo Ten.-Cel. Count Gleichen em sua compilação: *The Anglo-Egyptian Sudan*, 2 vols., 1905.

3. Major C.H. Stigand, Warrior Classes of the Nuers, *S.N. & R.*, pp. 116-18, 1918, e The Story of Kir and the White Spear, *ibid.*, pp. 224-6, 1919; Cap. V.H. Fergusson, The Nuong Nuer, *ibid.*, pp. 146-55, 1921, e Nuer Beast Tales, *ibid.*, pp. 105-12, 1924, H.C. Jackson, The Nuer of the Upper Nile Province, *ibid.*, pp. 59-107 e 123-89, 1923, (esse artigo foi reimpresso como livro, com o mesmo título, por El Hadara Printing Press, Khartom, sem data, e continha um ensaio final de vinte e três páginas, de P. Coriat, sobre "The Gaweir Nuers").

4. Ray Huffman, *Nuer Customs and Folk-lore*, 1931, 105 pp.; Pe. J.P. Crazzolara, Die Gar-Zeremonie bei den Nuer, *África*, pp. 28-39, 1932, e Die Bedeutung des Rindes bei den Nuer, *ibid.*, pp. 300-20, 1934.

5. E.E. Evans-Pritchard, The Nuer, Tribe and Clan, *S.N. & R.*, pp. 1-53, 1933, pp. 1-57, 1934, e pp. 37-87, 1935; The Nuer, Age-Sets, *ibid.*, pp. 233-69, 1936; Economie Life of the Nuer, *ibid.*, pp. 209-45, 1937, e pp. 31-77, 1938; Customs Relating to Twins among the Nilotic Nuer, *Uganda Journal*, pp. 230-8, 1936; "Daily Life of the Nuer in Dry Season Camps", *Custom is King, A Collection of Essays in Honour of R.R. Marett*, 1936, pp. 291-9; "Some Aspects of Marriage and the Family among the Nuer", *Zeitschrift fur vergleichende Rechtswissenschaft*, 1938, pp. 306-92; Nuer Time-Reckoning, *África*, pp. 189-216, 1939. O capítulo sobre os Nuer (Cap. VI) de *Pagan Tribes of the Nilotic Sudan*, do Prof. C.G. e Sra. B.Z. Seligman, 1932, foi compilado de meus cadernos de notas.

mann e Pe. Crazzolara. O artigo do Prof. Westermann contém também algum material etnológico[6].

II

Descrevo neste volume a maneira pela qual um povo nilota obtém sua subsistência e suas instituições políticas. As informações que coligi sobre sua vida doméstica serão publicadas em um segundo volume.

Os Nuer[7] que chamam a si mesmos de Nath (singular, ran), são aproximadamente duzentas mil almas e vivem nos pântanos e savanas planas que se estendem em ambos os lados do Nilo, ao sul de sua junção com o Sobat e o Bahr el Ghazal, e em ambas as margens desses dois tributários. São altos, de membros longos e cabeças estreitas, como se pode ver nas ilustrações. Culturalmente, assemelham-se aos Dinka, e os dois povos formam uma subdivisão do grupo nilota, que ocupa parte de uma área de cultura da África Oriental, cujas características e extensão encontram-se até o momento mal definidas. Uma segunda subdivisão nilota compreende os Shilluk e vários povos que falam línguas semelhantes ao shilluk (Luo, Anuak, Lango, etc.). É provável que estes povos que falam shilluk sejam mais semelhantes entre si do que qualquer um deles em relação aos Shilluk, embora pouco se saiba ainda sobre a maioria deles. Uma classificação provisória pode ser apresentada da seguinte forma:

6. Brun-Rollet, "Vokabularien der Dinka-, Nuehr- und Schilluk-Sprachen", *Petermann's Mittheilungen, Erg. II*, 1862-3, pp. 25-30; Marno, "Kleine Vocabularien der Fungi-, Tabi-, Bertat- und Nuehr-Sprache", *Reisen im Gebiete des blauen und weissen NU*, 1874, pp. 481-95; "Prof. Diedrich Westermann, "The Nuer Language", *Mitteilungen des Seminars für Orientalische Sprachen*, 1912, pp. 84-141; Major C.H. Stigand, *A Nuer-English Vocabulary*, 1923, 33 pp.; Ray Huffman, *Nuer-English Dictionary*, 1929, 63 pp. e *English-Nuer Dictionary*, 1931, 80 pp.; Pe. J.P. Crazzolara, *Outlines of a Nuer Grammar*, 1933, 218 pp.

7. A palavra "nuer" foi sancionada por um século de uso. É provavelmente de origem dinka.

Os Nuer e os Dinka assemelham-se demais fisicamente, e suas línguas e costumes são por demais semelhantes para que surjam dúvidas quanto à sua origem comum, embora não se conheça a história de sua divergência. O problema é complicado: por exemplo, os Atwot[8], a oeste do Nilo, parecem ser uma tribo nuer que adotou muitos hábitos dinka, enquanto que se atribui às tribos jikany da terra dos Nuer uma origem dinka. Além do mais, tem havido um contato contínuo entre os dois povos, o qual resultou em muita miscigenação e empréstimos culturais. Ambos os povos reconhecem ter uma origem comum.

Quando possuirmos maiores informações sobre alguns dos povos que falam shilluk, será possível afirmar quais são os caracteres que definem a cultura e a estrutura social nilota. No presente, tal classificação é extremamente difícil, e deixo a tentativa para mais tarde, dedicando este livro a um relato simples dos Nuer e deixando de lado as muitas comparações óbvias que poderiam ser feitas com outros povos nilotas.

As instituições políticas constituem seu tema principal, porém elas não podem ser compreendidas sem que se leve em conta o meio ambiente e os meios de subsistência. Por conseguinte, dedico a parte inicial do livro a uma descrição da região onde vivem os Nuer e de como eles provêm suas necessidades vitais. Será visto que o sistema político nuer é coerente com sua ecologia.

Os grupos de que mais se trata na parte final do livro são o povo, a tribo e seus segmentos, o clã e suas linhagens, e os conjuntos etários. Cada um desses grupos é, ou faz parte de, um sistema segmentário, em referência ao qual ele se define, e, consequentemente, o *status* de seus membros, ao agirem uns em relação aos outros e em relação a estranhos, é não diferençado. Tais afirmações serão elucidadas durante nossa investigação. Descrevemos, em primeiro lugar, o inter-relacionamento de segmentos territoriais dentro de um território, os sistemas políticos, e, depois, o relacionamento de outros sistemas sociais para aquele sistema. O que entendemos por estrutura política tornar-se-á evidente à medida que avançamos, mas podemos afirmar, como uma definição inicial, que nos referimos aos relacionamentos, dentro de um sistema territorial, entre grupos de pessoas que vivem em áreas bem definidas espacialmente e que estão conscientes de sua identidade e exclusividade. Somente nas menores dentre tais comunidades é que seus membros estão em contato constante uns com os outros. Fazemos uma distinção entre esses grupos políticos e os grupos locais de tipo diverso, principalmente os grupos domésticos, a família, o lar e a família agrupada, que não são e não fazem parte de sistemas segmentados

---

8. Poncet *op. cit.*, pp. 54. No mapa da p. 129, eles figuram como "*atot*".

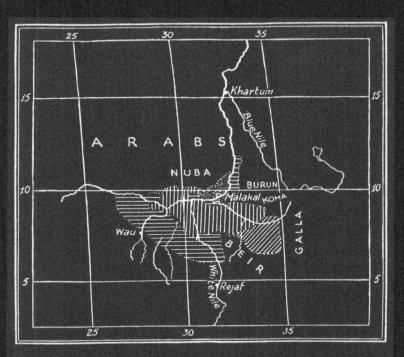

DINKA　　NUER　　SHILLUK　　ANUAK

e nos quais o *status* dos membros, uns em relação aos outros e a terceiros, é diferençado. Os laços sociais em grupos domésticos são fundamentalmente de ordem de parentesco, e a vida corporativa é normal.

O sistema político nuer inclui todos os povos com os quais eles têm contato. Por "povo", queremos dizer todas as pessoas que falam a mesma língua e que têm, sob outros aspectos, a mesma cultura e que se consideram diferentes de agregados semelhantes. Os Nuer, os Shilluk e os Anuak, ocupam, cada um, um território contínuo, porém um povo pode estar distribuído em áreas grandemente separadas, por exemplo, o Dinka. Quando um povo está, tal como o Shilluk, centralizado politicamente, podemos falar de uma "nação". Os Nuer e os Dinka, por outro lado, estão divididos em uma série de tribos que não possuem uma organização comum ou uma administração central, e pode-se dizer que esses povos constituem, em termos políticos, um amontoado de tribos, que algumas vezes formam federações pouco rígidas. Os Nuer fazem uma distinção entre as tribos que vivem na terra de origem a oeste do Nilo, daquelas que migraram para leste do mesmo. Achamos conveniente fazer a mesma distinção e falar dos Nuer ocidentais e dos Nuer orientais. Os Nuer orientais podem ser ainda mais divididos, para finalidades de descrição, nas tribos que vivem perto do rio Zeraf e as que vivem ao norte e sul do rio Sobat.

O maior segmento político entre os Nuer é a tribo. Não existe grupo maior que, além de reconhecer-se a si mesmo como uma comunidade local diferenciada, afirme sua obrigação de unir-se na guerra contra estranhos e reconheça os direitos de seus membros ao ressarcimento dos danos. Uma tribo divide-se em uma série de segmentos territoriais e estes constituem mais do que meras divisões geográficas, pois os membros de cada um consideram--se a si mesmos como comunidades distintas e algumas vezes agem como tais. Denominamos os maiores segmentos tribais de "seções primárias", os segmentos de uma seção primária de "seções secundárias" e os segmentos de uma seção secundária de "seções terciárias". Uma seção tribal terciária consiste em uma série de aldeias, as quais constituem as menores unidades políticas da terra dos Nuer. Uma aldeia é formada de grupos domésticos, que ocupam aldeolas, casas e choupanas.

Discutimos a instituição do feudo e o papel que nele desempenha o chefe em pele de leopardo em relação ao sistema político. A palavra "chefe" pode ser uma designação enganosa, mas é bastante vaga para ser mantida à falta de uma palavra mais adequada. Ele é uma pessoa sagrada sem autoridade política. Na verdade os Nuer não têm governo e seu estado pode ser descrito como uma anarquia ordenada. Da mesma forma, falta-lhes a lei, se tomarmos este termo no sentido de julgamentos feitos por uma autoridade independente

INTRODUÇÃO   11

e imparcial que tenha, também, poder para fazer cumprir suas decisões. Existem sinais de que ocorriam certas mudanças nesses aspectos, e, no final do capítulo sobre o sistema político, descrevemos o surgimento de profetas, pessoas que abrigam os espíritos dos deuses do Céu, e sugerimos que, nelas, podemos perceber os primórdios do desenvolvimento político. Chefes em pele de leopardo e profetas são os únicos especialistas rituais que, em nossa opinião, possuem alguma importância política.

Depois do exame da estrutura política, descrevemos o sistema de linhagem e discutimos o relacionamento entre os dois. As linhagens dos Nuer são agnáticas, isto é, consistem de pessoas que traçam sua ascendência exclusivamente através dos homens até um ancestral comum. O clã é o maior grupo de linhagens que pode ser definido tomando-se como referência as regras de exogamia, embora se reconheça um relacionamento agnático entre vários clãs. Um clã está segmentado em linhagens, que são ramos divergentes de descendência de um ancestral comum. Denominamos os segmentos maiores em que se divide um clã de "linhagens máximas", os segmentos de uma linhagem máxima de "linhagens maiores", os segmentos de uma linhagem maior de "linhagens menores", e os segmentos de uma linhagem menor de "linhagens mínimas". A linhagem mínima é aquela normalmente mencionada por alguém quando se pergunta qual é sua linhagem. Uma linhagem é, assim, um grupo de agnatos, vivos ou mortos, entre os quais pode ser traçado um parentesco genealógico, e um clã é um sistema exogâmico de linhagens. Esses grupos de linhagem diferem dos grupos políticos pelo relacionamento de seus membros entre si, pois tal relacionamento baseia-se na ascendência e não na residência, pois as linhagens estão dispersas e não compõem comunidades locais exclusivas, e, também, pelos valores da linhagem, que frequentemente operam numa gama de situações diversas da dos valores políticos.

Depois de discutir o sistema linear em suas relações com a segmentação territorial, descrevemos sumariamente o sistema de conjuntos etários. A população masculina adulta divide-se em grupos estratificados baseados na idade, e chamamos tais grupos de "conjuntos etários". Os membros de cada conjunto tornam-se tais pela iniciação e permanecem nele até a morte. Os conjuntos não formam um ciclo, mas um sistema progressivo, o conjunto mais moço passando por posições de idade relativa até que se torna o conjunto mais idoso, depois do que seus membros morrem e o conjunto transforma-se em lembrança, uma vez que seu nome não torna a ocorrer. A única gradação significativa é a de infância e idade adulta, de tal modo que, uma vez que um rapaz tenha sido iniciado dentro de um conjunto, ele permanece na mesma gradação etária pelo resto de sua vida. Não há gradações de guerreiros e anciãos como as que são encontradas em outras partes da África Oriental. Embora os conjuntos tenham consciência de sua identidade social, eles não possuem funções corporativas. Os membros de um conjunto podem agir conjuntamente em uma localidade pequena, mas o grupo inteiro jamais coopera exclusivamente em qualquer atividade. Não obstante, o sistema está organizado em termos de tribo e cada tribo está estratificada de acordo com a idade, independentemente de outras tribos, embora tribos adjacentes possam coordenar seus conjuntos etários.

Os Nuer, tal como outros povos, estão também diferenciados de acordo com o sexo. Essa dicotomia possui um significado muito limitado e negativo para as relações estruturais que formam o tema deste livro. Sua importância é mais doméstica do que política e presta-se pouca atenção a ela. Não se pode dizer que os Nuer estejam estratificados em classes. Dentro de uma tribo, existe uma pequena diferenciação de *status* entre os membros de um clã dominante, Nuer de outros clãs e Dinka que foram incorporados à tribo; porém, excetuando-se talvez a periferia da expansão dos Nuer para o leste, isso constitui mais uma distinção de categorias do que de posição.

Tal é, em suma, o plano deste livro, e tais são os significados que atribuímos às palavras usadas com maior frequência para descrever os grupos que são discutidos nele. Esperamos tornar essas definições mais apuradas no decorrer da investigação. A investigação dirige-se para dois objetivos: descrever a vida dos Nuer e expor alguns dos princípios de sua estrutura social. Procuramos dar um relato tão conciso quanto possível de sua vida, acreditando que um livro pequeno tem maior valor do que um grande para o estudante e o administrador, e, ao omitirmos muito do material, registramos apenas o que é significativo para o assunto limitado de discussão.

III

Quando o governo do Sudão anglo-egípcio me pediu para fazer um estudo dos Nuer, aceitei hesitante e apreensivo. Estava ansioso para completar meu estudo sobre os Azande antes de empenhar-me em uma nova tarefa. Também sabia que um estudo dos Nuer seria extremamente difícil. Sua região e caráter são igualmente intratáveis e o pouco que eu tinha visto anteriormente deles convenceu-me de que não conseguiria estabelecer um relacionamento amistoso com eles.

Sempre pensei, e ainda penso, que um estudo sociológico adequado dos Nuer era impossível nas circunstâncias em que a maior parte de meu trabalho era feito. O leitor deve julgar aquilo que

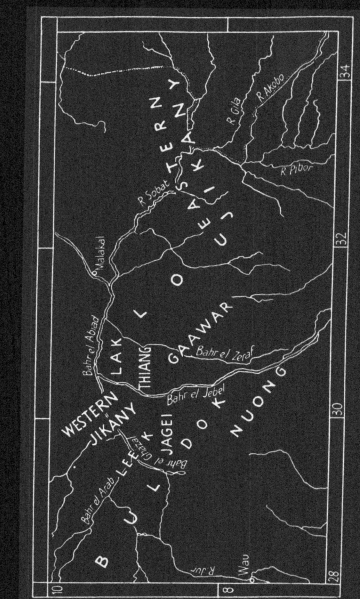

Il. I:

Um jovem (Gaajok oriental) colocando num amigo um colar feito de pelo de girafa.

INTRODUÇÃO 15

realizei. Eu lhe pediria para não julgar com muito rigor, pois, se meu relato por vezes é insuficiente e desigual, eu argumentaria que a investigação foi realizada em circunstâncias desfavoráveis; que a organização social nuer é simples e sua cultura pobre; e que aquilo que descrevemos baseia-se quase que inteiramente na observação direta e não está acrescido de notas copiosas tomadas de informantes regulares, os quais, na verdade, não tinha. Ao contrário da maioria dos leitores, conheço os Nuer e devo julgar meu trabalho com maior severidade do que eles, e posso afirmar que, se este livro revela muitas insuficiências, estou espantado que ele tenha chegado a surgir. Um homem deve julgar suas obras pelos obstáculos que superou e as dificuldades que suportou, e, por tais padrões, não fico envergonhado dos resultados.

Pode ser que interesse aos leitores uma breve descrição das condições em que realizei meus estudos, pois assim ficarão em melhores condições de decidir quais afirmações provavelmente estão baseadas em observações sólidas e quais têm menos fundamento.

Cheguei à terra dos Nuer em princípios de 1930. O tempo tempestuoso impediu que minha bagagem me alcançasse em Marselha, e, devido a erros pelos quais não fui responsável, meus suprimentos de comida não me foram enviados de Malakal e meus empregados zande não receberam instruções de ir a meu encontro. Segui para a terra dos Nuer (região Leek) com minha barraca, algum equipamento e alguns suprimentos comprados em Malakal, e dois empregados, um atwot e um bellanda, escolhidos às pressas no mesmo lugar.

Quando cheguei a Yoahnyang[9] no Bahr el Ghazal, os missionários católicos de lá foram muito bondosos comigo. Esperei nove dias às margens do rio pelos carregadores que me haviam prometido. Até o décimo dia, apenas quatro deles tinham chegado e, se não fosse pelo auxílio de um mercador árabe, que recrutou algumas mulheres do local, eu poderia ter sido atrasado por um período indefinido.

Na manhã seguinte, parti para a aldeia vizinha de Pakur, onde meus carregadores jogaram a barraca e os suprimentos no centro de uma clareira plana, perto de algumas casas, e recusaram carregá-los até a sombra, cerca de meia milha mais adiante. O dia seguinte foi dedicado a erguer minha barraca e a tentar persuadir os Nuer, por intermédio de meu empregado atwot que falava nuer e um pouco de árabe, a mudarem minha moradia para perto da

---

9. Aproveito esta oportunidade para informar aos leitores que não grafei nomes e palavras nuer de modo fonético coerente. Não tenho objeções, portanto, se alguém os escrever de modo diferente. Dei, em geral, a forma nominativa, mas algum genitivo ocasional infiltrou-se no texto, nos diagramas e mapas.

sombra e água, coisa que eles se recusaram a fazer. Felizmente, um jovem, Nhial, que desde então tem sido meu companheiro constante na terra dos Nuer, apegou-se a mim e, depois de doze dias, persuadiu seus compatriotas a carregarem minhas posses até os limites da floresta onde viviam.

Meus empregados, que, como a maioria dos nativos do Sudão meridional, tinham terror aos Nuer, estavam por essa época tão assustados que, depois de várias noites em claro e com apreensão, escaparam para o rio a fim de esperar o próximo barco para Malakal, e eu fui abandonado com Nhial. Enquanto isso, os Nuer locais não me davam uma mão para nada e apenas me visitavam para pedir tabaco, expressando desagrado quando o mesmo lhes era negado. Quando caçava para alimentar a mim e aos empregados zande que tinham finalmente chegado, eles tomavam os animais e os comiam no mato, respondendo a meus protestos que, uma vez que os animais haviam sido mortos na terra deles, tinham direito ao mesmo.

Minha principal dificuldade, neste estágio inicial, era a falta de habilidade para conversar livremente com os Nuer. Eu não tinha intérprete. Nenhum dos Nuer falava árabe. Não havia uma gramática da língua que servisse e, exceto três breves vocabulários nuer-inglês, nenhum dicionário. Consequentemente, toda minha primeira expedição e grande parte da segunda foram ocupadas com tentativas de dominar suficientemente a língua para poder fazer investigações por meio dela, e somente quem tentou aprender uma língua muito difícil sem o auxílio de um intérprete e de uma orientação literária adequada será capaz de apreciar plenamente a magnitude da tarefa.

Depois de deixar a região Leek, fui com Nhial e meus dois empregados zande para a região Lou. Fomos de carro até *Muot dit*, pretendendo morar nas margens do lago, mas o encontramos totalmente deserto, pois ainda era cedo demais para a concentração que ali ocorre todos os anos. Quando se podia encontrar algum Nuer, este se recusava a divulgar o paradeiro de acampamentos vizinhos e foi com consideráveis dificuldades que conseguimos localizar um. Erguemos nossas barracas ali e, quando os ocupantes se retiraram para *Muot dit*, nós os acompanhamos.

Meus dias em *Muot dit* foram felizes e compensadores. Fiz amizade com muitos jovens nuer que procuraram ensinar-me sua língua e demonstrar-me que, embora fosse um estranho, eles não me consideravam detestável. Passava horas, todos os dias, pescando com esses rapazes no lago e conversando com eles em minha barraca. Comecei a sentir que minha confiança voltava e eu teria permanecido em *Muot dit* se a situação política tivesse sido mais favorável. Uma força governamental cercou nosso acampamento uma manhã, ao nascer do sol, procurou dois profetas que tinham

INTRODUÇÃO 17

sido os líderes em uma revolta recente, fez reféns e ameaçou levar muitos mais se os profetas não fossem entregues. Senti-me em uma posição equívoca, uma vez que tais incidentes poderiam tornar a ocorrer, e logo depois voltei para minha casa na terra dos zande, tendo executado um trabalho de apenas três meses e meio entre os Nuer.

Seria difícil, em qualquer época, fazer pesquisas entre os Nuer, e, no período de minha visita, eles estavam extraordinariamente hostis, pois sua recente derrota pelas forças governamentais e as medidas tomadas para garantir sua submissão final tinham provocado profundos ressentimentos. Frequentemente, os Nuer têm-me dito: "Vocês nos atacam, e contudo dizem que não podemos atacar os Dinka", "Vocês nos derrotaram com armas de fogo e nós tínhamos somente lanças. Se tivéssemos armas de fogo, nós teríamos expulsado vocês", e assim por diante. Quando eu entrava em um campo de criação de gado, fazia-o não somente na qualidade de estrangeiro, como também na qualidade de inimigo, e eles pouco esforço faziam para disfarçar a aversão à minha presença, recusando-se a responder a minhas saudações e chegando mesmo a dar-me as costas quando me dirigia a eles.

No final da visita que fiz em 1930 à terra dos Nuer, eu havia aprendido um pouco da língua, mas tinha notas muito superficiais sobre seus costumes. Durante a estação da seca em 1931, voltei para fazer nova tentativa, passando primeiro duas semanas na Missão Americana em Nasser, onde fui ajudado generosamente pelos funcionários americanos e nuer, e indo, depois, para acampamentos de gado no rio Nyanding – uma escolha infeliz, pois os Nuer de lá eram mais hostis do que aqueles que até então eu havia encontrado, e as condições eram mais duras do que quaisquer outras que eu havia até então enfrentado. A água era escassa e suja, o gado estava morrendo de peste bovina e os acampamentos abundavam em moscas. Os Nuer recusavam-se a carregar meus suprimentos e equipamento, e, como tinha apenas duas mulas, uma delas manca, era impossível mudar de lugar. Afinal consegui obter um caminhão e desvencilhar-me, mas não antes de sentir o Nuer em seu estado de espírito mais paralisante. Como se fazia todo gênero de esforço para impedir minha entrada nos acampamentos de criação de gado e raramente tinha visitantes, estava quase que totalmente isolado de qualquer comunicação com o povo. Minhas tentativas de prosseguir na pesquisa eram persistentemente impedidas.

Os Nuer são peritos em sabotar uma investigação e, enquanto não se morou com eles por algumas semanas, ridicularizam firmemente todos os esforços para extrair os fatos mais corriqueiros e para elucidar as práticas mais inocentes. Na terra dos zande, obtive mais informações em alguns dias do que obtive na terra dos Nuer em igual número de semanas. Depois de algum tempo, as pessoas estavam preparadas para me visitar em minha barraca, fumar meu tabaco e mesmo fazer brincadeiras e bater papo, mas não estavam dispostas nem a me receber em seus abrigos contra o vento, nem a discutir assuntos sérios. Perguntas sobre costumes eram bloqueadas com uma técnica que posso recomendar aos nativos que são incomodados pela curiosidade dos etnólogos. A seguinte amostra dos métodos nuer é o começo de uma conversa, no Nyanding, sobre um assunto que pode ser um tanto obscuro, mas que, com boa vontade de cooperar, pode logo ser elucidado.

Eu: Quem é você?
Cuol: Um homem.
Eu: Como é seu nome?
Cuol: Você quer saber meu *nome*?
Eu: Sim.
Cuol: Você quer saber *meu* nome?
Eu: Sim, você veio me visitar em minha barraca e eu gostaria de saber quem é você.
Cuol: Está certo. Eu sou Cuol. Como é seu nome?
Eu: Meu nome é Pritchard.
Cuol: Como é o nome de seu pai?
Eu: O nome de meu pai também é Pritchard.
Cuol: Não, não pode ser verdade. Você não pode ter o mesmo nome que seu pai.
Eu: É o nome de minha linhagem. Como é o nome de sua linhagem?
Cuol: Você quer saber o nome de minha linhagem?
Eu: Sim.
Cuol: O que você vai fazer com ele se eu disser? Você vai levá-lo para seu país?
Eu: Eu não quero fazer nada com ele. Eu só quero saber, já que estou vivendo no seu acampamento.
Cuol: Ah bom, nós somos lou.
Eu: Eu não perguntei o nome de sua tribo. Isso eu já sei. Eu estou perguntando o nome de sua linhagem.
Cuol: Por que você quer saber o nome de minha linhagem?
Eu: Eu não quero saber.
Cuol: Então por que está me perguntando? Dê-me um pouco de tabaco.

Desafio o mais paciente dos etnólogos a abrir caminho face a esse tipo de oposição. A gente fica maluco com ela. De fato, depois de algumas semanas de manter relacionamento unicamente com os Nuer, a gente exibe, se for permitido o trocadilho, os sintomas mais evidentes de "nuerose".

INTRODUÇÃO 19

De Nyanding, mudei-me, ainda sem ter feito qualquer progresso concreto, para um acampamento de gado em Yakwac no rio Sobat, onde ergui minha barraca a alguns metros de distância das proteções contra o vento. Ali permaneci, salvo um pequeno intervalo de tempo gasto na Missão Americana, por mais de três meses – até o começo das chuvas. Depois das dificuldades iniciais habituais, finalmente comecei a sentir-me membro de uma comunidade e a ser aceito como tal, especialmente depois de adquirir algumas cabeças de gado. Quando os ocupantes do acampamento em Yakwac voltaram para sua aldeia no interior, eu não tive meios para acompanhá-los e pretendia visitar novamente a região Leek. Em vez disso, um forte ataque de malária enviou-me para o hospital em Malakal e, daí, para a Inglaterra. Um trabalho de cinco meses e meio foi realizado nessa segunda expedição.

Durante o exercício de um cargo seguinte no Egito, publiquei, em *Sudan Notes and Records*, ensaios que formam a base deste livro, pois não esperava ter mais oportunidades para visitar os Nuer. Entretanto, em 1935, foi-me concedida uma bolsa para pesquisa de dois anos pelos curadores Leverhulme, a fim de fazer um estudo intensivo dos Pagan Galla da Etiópia. Com a demora provocada pela chicana diplomática, fiquei dois meses e meio na fronteira do Sudão com a Etiópia, fazendo um levantamento sobre os Anuak orientais, e quando, finalmente, entrei na Etiópia, a iminência da invasão italiana forçou-me a abandonar meus estudos sobre os Galla e permitiu-me ir adiante em minha investigação sobre os Nuer, durante uma estadia de mais sete semanas em sua região, fazendo uma revisão das notas tomadas antes e coletando mais material. Visitei os Nuer que vivem no rio Pibor, revi meus amigos da Missão em Nasser e em Yakwac, e fiquei por aproximadamente um mês entre os Jikany orientais na embocadura do Nyanding.

Em 1936, depois de fazer um levantamento dos Luo nilotas do Quênia, fiquei umas sete semanas finais na terra dos Nuer, visitando a parte dela que fica a oeste do Nilo, especialmente a seção *karlual* da tribo leek. O tempo total que residi entre os Nuer foi, portanto, cerca de um ano. Não creio que um ano seja um período de tempo adequado para fazer um estudo sociológico de um povo, especialmente de um povo difícil em circunstâncias desfavoráveis, mas doenças sérias, tanto na expedição de 1935, quanto na de 1936, encerraram as investigações prematuramente.

Além do desconforto material a toda hora, da desconfiança e resistência obstinada que encontrei nos estágios iniciais da pesquisa, da falta de um intérprete, falta de uma gramática e dicionário adequados e falta em obter os informantes usuais, surgiu uma outra dificuldade à medida que a pesquisa prosseguia. Ao mesmo tempo em que me tornava mais amigo dos Nuer e que me sentia mais à vontade com sua língua, eles me visitavam desde manhã cedo até tarde da noite, e dificilmente passava algum momento do dia sem homens, mulheres e crianças em minha barraca. No instante em que eu começava a discutir algum costume com alguém, outro interrompia a conversa com um assunto de interesse dele ou com uma troca de gentilezas e brincadeiras. Os homens vinham na hora da ordenha e alguns deles ficavam até meio-dia. Então as moças, que tinham acabado o trabalho com o leite, chegavam e insistiam em ter atenção. Mulheres casadas eram visitantes menos frequentes, porém geralmente havia meninos sob o abrigo de minha barraca se não havia adultos para mandá-los embora. Essas visitas intermináveis acarretavam constantes pilhérias e interrupções e, embora oferecessem oportunidades para melhorar meus conhecimentos da língua nuer, constituíam uma forte tensão. Não obstante, se se escolhe morar em um acampamento nuer, é preciso submeter-se ao costume nuer, e eles são visitantes persistentes e infatigáveis. A principal provação era a publicidade a que todas as minhas ações estavam expostas, e levou bastante tempo até acostumar-me, embora jamais chegasse a ficar insensível, a executar as ações mais íntimas perante uma audiência ou em plena vista do acampamento.

Uma vez que minha barraca estava sempre no meio de casas ou abrigos contra o vento e que minhas investigações tinham de ser feitas em público, poucas vezes pude ter conversas confidenciais e jamais consegui treinar informantes capazes de ditarem textos e fornecerem descrições e comentários detalhados. Esse fracasso foi compensado pela intimidade que fui forçado a ter com os Nuer. Já que não podia empregar o método mais fácil e mais rápido de trabalhar por meio de informantes regulares, tinha de voltar à observação direta e à participação na vida quotidiana das pessoas. Da porta de minha barraca, podia ver o que acontecia no acampamento ou aldeia e todo o tempo era gasto na companhia dos Nuer. A informação foi, assim, reunida em partículas sendo cada Nuer que encontrava usado como fonte de conhecimento, e não em grandes quantidades fornecidas por informantes selecionados e treinados. Devido a ter de viver em contato tão íntimo com os Nuer, conheci--os de modo mais íntimo do que os Azande, sobre os quais posso escrever um relato muito mais detalhado. Os Azande não me permitiram viver como um deles; os Nuer não me permitiram viver de outro modo que não o deles. Entre os Azande, fui forçado a viver fora da comunidade; entre os Nuer, fui forçado a ser membro dela. Os Azande trataram-me como um ser superior; os Nuer, como um igual.

Não tenho grandes pretensões. Acredito ter compreendido os principais valores dos Nuer e sou capaz de apresentar um esboço verdadeiro de sua estrutura social, mas considero, e planejei, este volume, como uma contribuição para a etnologia de uma área determinada, mais do que um estudo sociológico detalhado, e ficarei satisfeito se for aceito nessa qualidade. Existe muito que deixei de ver ou investigar e há, portanto, muitas oportunidades para que outros façam investigações no mesmo campo e entre povos vizinhos. Espero que o façam e que um dia possamos ter um registro bastante completo dos sistemas sociais nilotas.

1. Interesse pelo Gado

I

Um povo cuja cultura material é tão simples quanto a do Nuer depende grandemente do meio ambiente. São eminentemente pastoris, embora cultivem mais sorgo e milho do que se supõe normalmente. Algumas tribos cultivam mais, outras menos, de acordo com as condições do solo, com a água à flor da terra e com sua riqueza em gado, mas todas elas consideram a horticultura como um pesado encargo que lhes é imposto pela pobreza do rebanho, pois, no fundo, eles são boiadeiros, e o único trabalho em que têm prazer é no cuidar do gado. Eles não só dependem do gado para prover muitas das necessidades vitais, mas possuem o modo de encarar o mundo de um boiadeiro. O gado é seu bem mais prezado e eles arriscam suas vidas de boa vontade para defender seus rebanhos ou pilhar os de seus vizinhos. A maioria de suas atividades sociais diz respeito ao gado e *cherchez la vache* é o melhor conselho que pode ser dado àqueles que desejam compreender o comportamento nuer[1].

A atitude do Nuer e seu relacionamento com povos vizinhos são influenciados pelo amor ao gado e pelo desejo de adquiri-lo. Eles nutrem profundo desprezo por povos com pouco ou nenhum gado, como os Anuak, enquanto que as guerras contra as tribos

---

1. O interesse que os Nuer têm pelo gado foi realçado pelos primeiros visitantes a sua região. *Vide* Marno, *op. cit.*, p. 343; Werné, *op. cit.*, p. 439; Du Couret, *op. cit.*, p. 82.

Il. II:

Jovem no **Kraal** (Gaajok oriental).

dinka têm objetivado tomar o gado e o controle dos pastos. Cada tribo nuer e cada seção tribal possui seus próprios pastos e reservas de água, e a cisão política relaciona-se intimamente com a distribuição desses recursos naturais, cuja propriedade geralmente vem expressada em termos de clãs e linhagens. Os atritos entre seções tribais com grande frequência giram em torno do gado, e o gado constitui o ressarcimento pela perda da vida ou de membros, frequentemente, resultado daqueles atritos. Os chefes da pele de leopardo e os profetas são árbitros nas disputas sobre gado ou agentes rituais em situações que exigem o sacrifício de bois ou carneiros. Outro especialista em rituais é o *wut ghok*, o Homem do Gado. Da mesma forma, ao falarmos de conjuntos e gradações etários, deparamo-nos descrevendo as relações dos homens com o gado, pois a mudança da infância para a idade adulta é marcada de maneira nítida por uma mudança correspondente nessas relações, mudança que ocorre na iniciação.

Pequenos grupos locais pastoreiam seu gado em comum e defendem conjuntamente suas casas e rebanhos. Sua solidariedade torna-se mais evidente na estação da seca, quando moram num círculo formado por abrigos contra o vento em torno de um curral comum, mas também pode ser visto em seu isolamento durante a estação das chuvas. Uma única família ou agrupamento doméstico não pode proteger e cuidar sozinho do gado e a coesão dos grupos territoriais deve ser examinada à luz desse fato.

A malha de laços de parentesco que liga os membros das comunidades locais é causada pela eficácia de regras exogâmicas, frequentemente colocadas em função do gado. A união do matrimônio é realizada através do pagamento em gado e todas as fases do ritual são marcadas pela transferência ou sacrifício do mesmo. O *status* legal dos cônjuges e dos filhos é determinado por direitos e obrigações sobre o gado.

O gado é propriedade das famílias. Enquanto o chefe da família estiver vivo, ele tem plenos direitos de dispor do gado, embora suas esposas tenham direitos de uso sobre as vacas e seus filhos possuam alguns bois. À medida que cada filho, por ordem de idade, atinge a idade matrimonial, ele se casa retirando vacas do rebanho. O filho seguinte terá de esperar até que o rebanho atinja sua força inicial para que possa, por sua vez, casar-se. Quando o chefe da família morre, o rebanho ainda continua como o centro da vida familiar e os Nuer desaprovam vivamente o fato de desmanchá-lo, pelo menos até que todos os filhos estejam casados, pois é um rebanho comum, no qual todos possuem direitos iguais. Quando os filhos se casam, eles, suas mulheres e filhos geralmente vivem em casas adjacentes. Na primeira parte da estação seca, pode-se ver uma família deste tipo reunida, vivendo num círculo de abrigos contra o vento em torno de um curral comum e, nos acampamentos grandes, formados mais tarde, pode-se encontrá--las ocupando uma seção distinta nas fileiras dos abrigos contra o vento. O vínculo de gado entre irmãos continua por longo tempo depois que cada um tem sua casa e seus filhos, pois quando a filha de qualquer um deles se casa, os demais recebem uma grande parte de seu dote. Os avós dela, os tios por parte de mãe, as tias por parte de pai e mãe, e mesmo parentes mais distantes, também recebem uma parcela. O parentesco é definido costumeiramente através de referências a esses pagamentos, estando mais nítido por ocasião do casamento, quando os movimentos de gado de *kraal* para *kraal* equivalem a linhas de uma árvore genealógica. É também enfatizado pela divisão da carne do sacrifício entre parentes agnatos e cognatos.

A importância do gado na vida e pensamento nuer é ainda mais exemplificada nos nomes próprios. Os homens são frequentemente chamados por nomes que dizem respeito à forma e cor de seus bois favoritos, e as mulheres recebem nome dos bois e das vacas que elas ordenham. Mesmo meninos pequenos chamam-se uns aos outros por nomes de bois quando estão brincando nos pastos, sendo que uma criança normalmente recebe o nome da cria da vaca que ela e sua mãe ordenham. É frequente um homem receber o nome de um boi ou de uma vaca quando nasce. Algumas vezes o nome de um homem que é legado à posteridade é o nome--de-gado e não o nome que recebeu ao nascer. Portanto, uma genealogia nuer pode parecer o inventário de um *kraal*. A identificação linguística de um homem com seu boi predileto não pode deixar de afetar sua atitude para com o animal, e, para os europeus, esse costume constitui a prova mais notável da mentalidade pastoril dos Nuer.

Uma vez que o gado constitui o bem mais prezado dos Nuer, sendo uma fonte de alimentos essencial e a posse social mais importante, é fácil compreender a razão pela qual ele desempenha um papel de destaque no ritual. Um homem trava contato com os fantasmas e espíritos através de seu gado. Se se puder conseguir a história de cada vaca de um *kraal*, consegue-se, ao mesmo tempo, não somente um relato de todos os vínculos de parentesco e afinidades dos proprietários, mas também todas as suas conexões místicas. As vacas são dedicadas aos espíritos das linhagens do proprietário e de sua mulher e a qualquer espírito pessoal que tenha, em qualquer tempo, se apossado de um deles. Outros animais são dedicados aos espíritos dos mortos. Esfregando cinzas no lombo de uma vaca ou boi, pode-se entrar em contato com o espírito ou fantasma associado a ele e pedir sua assistência. Outra maneira de comunicar-se com os mortos e com os espíritos é através do sacrifício, e nenhuma cerimônia nuer está completa sem o sacrifício de um carneiro, bode ou boi.

INTERESSE PELO GADO

Pudemos ver, num exame rápido de algumas instituições e costumes nuer, que a maior parte de seu comportamento social se relaciona diretamente com seu gado. Um estudo mais completo de sua cultura mostraria em toda parte o mesmo interesse dominante pelo gado; por exemplo, um estudo de seu folclore. Eles estão sempre falando de seus animais. Algumas vezes eu me desesperava porque jamais discutia qualquer coisa com os jovens que não fosse gado e moças, e mesmo o assunto moças levava inevitavelmente ao assunto gado. Qualquer assunto que começasse, e de qualquer ângulo que o abordasse, logo estaríamos falando de vacas e bois, vitelas e novilhos, carneiros e ovelhas, bodes e cabras, bezerros e ovelhas e cabritos. Já mencionei que esta obsessão – pois é isso que parece para um estranho – deve-se não somente ao grande valor econômico do gado, mas também ao fato de que ele constitui o vínculo de numerosos relacionamentos sociais. Os Nuer têm tendências para definir todos os processos e relacionamentos sociais em função do gado. Seu idioma social é um idioma bovino.

Consequentemente, aquele que vive entre os Nuer e deseja compreender sua vida social, deve primeiro dominar um vocabulário referente ao gado e à vida dos rebanhos. As complicadas discussões, tais como as que ocorrem nas negociações do matrimônio, em situações rituais e nas disputas legais, somente podem ser acompanhadas quando se consegue compreender a difícil terminologia bovina de cores, idades, sexos e assim por diante.

Embora as atividades hortícolas e pesqueiras sejam importantes na economia nuer, as atividades pastoris têm precedência porque o gado não somente possui utilidade para a nutrição, mas também possui um valor social genérico sob outros aspectos. Mencionei algumas situações em que esse valor é manifestado, porém não registrei todos os papéis que o gado desempenha na cultura nuer, pois ele é significativo em muitos processos sociais, inclusive alguns que mencionei, que se encontram fora do alcance limitado deste livro. Pareceu-me necessário fornecer um esboço introdutório ao longo dessas linhas a fim de que o leitor pudesse compreender que a dedicação nuer à arte do pastoreio é inspirada por uma gama de interesses muito mais ampla do que a simples necessidade de alimentos, e porque o gado é um valor dominante em suas vidas. Mais adiante iremos perguntar como esse valor está relacionado com as condições do meio ambiente e até que ponto os dois, tomados em conjunto, ajudam-nos a explicar algumas características da estrutura política nuer.

II

Antes do século atual, os Nuer eram muito mais ricos em gado do que são hoje e é provável que cultivassem menos sorgo. Seu rebanho foi prejudicado por repetidos surtos de peste bovina, que ainda dizima os rebanhos. É provável que ela tenha sido mais destrutiva no passado do que agora, embora os surtos que presenciei tenham sido fortes; mas, no passado, os belicosos Nuer sempre podiam restaurar suas perdas atacando os Dinka. Todos os Nuer estão de acordo em que, na última geração, seus rebanhos eram mais consideráveis e que os pagamentos por ocasião de casamentos ou derramamentos de sangue eram quarenta, e algumas vezes cinquenta a sessenta cabeças de gado, enquanto que hoje os parentes de uma noiva não esperam receber mais do que vinte a trinta. Eu diria que, no momento, baseado em uma impressão genérica, os Nuer são muito mais ricos em gado do que os Shilluk, mas não tão prósperos quanto as mais favorecidas tribos dinka.

Foi difícil fazer um recenseamento do gado, mesmo em uma área pequena, e os Nuer por certo teriam encarado tal tentativa com repugnância. Baseado nas poucas estimativas, calculo uma média de dez cabeças de gado e cinco bodes e carneiros por estábulo. Um estábulo de tamanho normal não pode abrigar mais do que umas doze vacas. Como há umas oito pessoas para cada estábulo, o gado provavelmente não excede muito a população humana. As vacas predominam e provavelmente compõem cerca de dois terços dos rebanhos. Muitas ilustrações deste livro mostram a aparência do gado nuer. Os Nuer dizem que uma corcova muito grande demonstra uma origem beir e que chifres muito longos são evidência de gado dinka.

Algumas tribos são mais ricas em gado do que outras. A região Lou é considerada especialmente adequada para criar gado e tem renome por seus grandes rebanhos. Os Jikany orientais foram, numa época, muito ricos em gado, mas seus rebanhos ainda estão-se recuperando das perdas em epidemias que forçaram o povo a cultivar com maior intensidade. O gado encontra-se distribuído igualmente em toda parte. Dificilmente alguém não possui nenhum, e ninguém é muito rico. Embora o gado constitua uma forma de riqueza que pode ser acumulada, um homem jamais possui mais animais do que seu estábulo pode abrigar, porque, no momento em que seu rebanho é bastante grande, ele ou alguém de sua família contrai matrimônio. O rebanho é, assim, reduzido a dois ou três animais e os anos seguintes são gastos em reparar suas perdas. Todo lar passa por esses períodos alternados de pobreza e relativa riqueza. Casamentos e epidemias impedem a acumulação do gado e não existe disparidade na riqueza para ofender o sentimento democrático do povo.

Quando examinarmos o sistema político nuer, deveremos ter em mente que, até anos recentes, eles provavelmente foram exclusivamente pastores e mais nômades do que no presente e que o definhamento de seus rebanhos pode explicar parcialmente sua agressividade persistente.

III

Embora o gado tenha muitos usos, ele é útil principalmente pelo leite que fornece. Leite e sorgo constituem os principais alimentos dos Nuer. Em alguns lugares de sua região, especialmente entre os Lou, é difícil que as reservas de sorgo durem o ano todo e, quando se esgotam, as pessoas passam a depender do leite e da pesca. Em tais ocasiões, pode ser que uma família seja sustentada pelo leite de uma única vaca. Em toda parte a safra de sorgo é incerta, e são mais ou menos frequentes os períodos de escassez, quando as pessoas dependem de peixe, raízes selvagens, frutas e sementes, mas principalmente do leite de seus rebanhos. Mesmo quando o sorgo é abundante, poucas vezes ele é ingerido sozinho, pois, sem leite, soro de leite ou queijo líquido, os Nuer o acham pesado, sem gosto e, especialmente para as crianças, indigesto. Eles consideram o leite essencial para as crianças, acreditando que estas não podem estar bem e felizes sem ele, e as necessidades das crianças sempre são as primeiras a serem satisfeitas, mesmo que, como acontece em tempos de escassez, os mais velhos tenham de passar privações. Aos olhos dos Nuer, a situação mais feliz é aquela em que uma família possui várias vacas que dão leite, pois então as crianças estão bem alimentadas e existe uma sobra que pode ser dedicada à fabricação de queijo e a ajudar os compatriotas e acolher hóspedes. Um agrupamento doméstico em geral consegue obter leite para suas crianças pequenas porque um compatriota lhe empresta uma vaca que fornece leite ou lhe dá parte de seu leite, se ele não possui nenhuma. Essa obrigação de parentesco é reconhecida por todos e executada com generosidade, porque se reconhece que as necessidades das crianças constituem assunto que diz respeito aos vizinhos e parentes, e não somente aos pais. Ocasionalmente, contudo, depois de uma epidemia ou, em menor grau, depois que dois ou três jovens do grupo casaram-se, toda uma aldeola ou mesmo uma aldeia inteira pode passar por escassez. Algumas vezes, também, a escassez é provocada pela tendência das vacas de uma aldeia de parar de dar leite mais ou menos ao mesmo tempo.

Os Nuer valorizam suas vacas segundo a quantidade de leite que elas fornecem e eles conhecem os méritos de cada uma a esse respeito. Os bezerros de uma boa vaca leiteira são mais apreciados do que os de uma vaca que dá pouco leite. Para eles, uma vaca jamais é simplesmente uma vaca, mas é sempre uma boa vaca ou uma vaca ruim, e o Nuer a quem é devida uma vaca não aceitará em pagamento da dívida uma que não tenha sua aprovação. Se se perguntar a um Nuer em um acampamento de gado quais são as melhores e as piores vacas do rebanho, ele pode dizer imediatamente. Ao julgar os méritos delas, ele presta pouca atenção às qualidades estéticas que lhe agradam em um boi, especialmente à gordura, cor e formato dos chifres, mas seleciona as que indicam uma boa vaca leiteira: um lombo amplo e solto, ossos dos quadris proeminentes, grandes veias mamárias, e um ubre cheio de rugas. Ao julgar a idade de uma vaca, ele observa a profundidade dos sulcos que correm em ambos os lados da garupa para a cauda, o número e o poder de corte dos dentes, a firmeza do andar e o número de anéis dos chifres. As vacas Nuer possuem as características familiares de angulosidade e da pouca carne que tem o rebanho leiteiro.

A ordenha é feita duas vezes ao dia pelas mulheres, moças e meninos não iniciados. Os homens estão proibidos de ordenhar vacas, a menos que, tal como ocorre em viagens ou expedições de caça, não haja mulheres ou meninos presentes. A pessoa que ordenha acocora-se ao lado da vaca e ordenha uma única teta de cada vez, para dentro da boca estreita de uma cabaça com gargalo, que equilibra nas coxas (ver Ils. III e V). Ela ordenha com o polegar e o indicador, porém, uma vez que os demais dedos estão fechados, a teta é até certo ponto pressionada contra toda a mão. É um movimento tanto de apertar, quanto de puxar. A cabaça fica em posição graças ao movimento descendente das mãos que a empurram contra as coxas. Quando se usa um pote ou uma cabaça de boca maior, esta é segurada entre os joelhos e a pessoa que ordenha aperta duas tetas ao mesmo tempo. Por vezes, vê-se duas meninas ordenhando uma vaca, uma de cada lado. Se a vaca está inquieta, um homem pode segurá-la firme, colocando a mão em sua boca e apertando seu focinho, e, se ela dá coices, passa-se um aro por suas patas traseiras e estas são juntadas (ver Il. III). Disseram-me que algumas vezes colocam um anel no nariz de uma vaca que normalmente fica agitada durante a ordenha.

O processo de aleitamento é o seguinte: o bezerro é solto e, com a corda em volta do pescoço, corre imediatamente para sua mãe e começa a bater violentamente contra seu ubre. Isso faz com que o leite comece a fluir, e os Nuer sustentam que se o bezerro não fosse o primeiro a mamar a vaca reteria seu leite. Eles não batem no ubre com as mãos a menos que o bezerro tenha morrido, pois consideram que isso é ruim para a vaca. Quando o bezerro mamou um pouco, é arrastado para longe, resistindo teimosamente, amarrado à cavilha de sua mãe, onde ele se esfrega em suas patas dianteiras e ela o lambe. A menina agora ordenha ó primeiro leite, chamado de *wic*. Quando as tetas ficam moles e vazias, o bezerro é solto novamente e o processo é repetido. A segunda ordenha é chamada de *tip indit*, o *tip* maior. Via de regra, há apenas duas ordenhas, porém, se se tratar de uma vaca leiteira muito boa no ponto mais alto de seu período de lactação, pode ser que o bezerro seja solto mais uma vez e que se faça uma terceira ordenha, chamada de *tip intot*, o *tip* menor. Quando a menina termina de ordenhar, ela limpa suas coxas e a cabaça de leite com a cauda da vaca e solta o bezerro para que este termine com o leite que sobra. A primeira ordenha leva mais tempo e produz mais leite do que a segunda, e a segunda, mais do que a terceira. A ordenha que é feita de manhã é maior do que a feita à tarde.

Il. III:

Ordenha de vaca indócil (Lou).

Uma série de medidas sugere que se pode considerar dois a dois litros e meio por dia como uma média genérica das vacas nuer durante o período de lactação, o qual dura, em média, cerca de sete meses. Deve-se lembrar, contudo, que é uma estimativa do que ela fornece para consumo humano. O bezerro leva sua parte antes, durante e depois da ordenha. É possível, além disso, que, como declaram os Nuer, algumas vacas retenham o leite para seus bezerros, já que estes frequentemente mamam durante vários minutos após a ordenha, antes que suas mães os afastem, dando-lhes patadas ou mexendo-se de modo que eles não consigam alcançar os ubres. Algumas vezes um menino pequeno leva o bezerro embora e ordenha ele mesmo os ubres, lambendo o leite de suas mãos, ou partilha as tetas com o bezerro, mas, via de regra, o bezerro fica com a sobra do leite. O fornecimento total, portanto, pode chegar até três litros e meio a quatro litros e meio por dia e parece ser muito maior do que o leite fornecido pelas vacas inglesas. Não seria de espantar que o fornecimento fosse pequeno, porque as vacas nuer não recebem alimentação artificial, pastagens suculentas muitas vezes são difíceis de conseguir e elas têm de suportar grandes provações. Deve-se, além disso, salientar que, enquanto os laticínios ingleses precisam apenas de leite, os boiadeiros nuer precisam de leite e desejam também preservar todos os bezerros. As necessidades humanas têm de se subordinar às necessidades dos bezerros, que constituem o primeiro ponto a ser levado em consideração se se quiser perpetuar o rebanho.

O leite é consumido de vários modos. O leite fresco é bebido, especialmente por crianças, e é também consumido em mingau de sorgo. Leite fresco é bebido por adultos principalmente no calor da estação da seca, quando uma bebida refrescante é mais apreciada e a comida é escassa. Parte do leite é guardada, e logo, com grande rapidez no tempo quente, azeda e engrossa, condição em que é muito apreciado. Os Nuer gostam de ter sempre à mão uma cabaça de leite azedo para o caso de aparecerem visitas. Parte do fornecimento diário é guardado para o fabrico de queijo, e, se há várias vacas em lactação, pode ser que uma delas seja reservada para essa finalidade. O leite a ser batido é ordenhado dentro de uma cabaça diferente da do leite para beber. É depois passado para uma cabaça de bater (ver Fig. 1), onde fica por várias horas, e, como as cabaças de bater não são limpadas a menos que estejam cheirando mal, os ácidos que ficaram da batedura anterior coalham o leite. Depois disso, é batido por uma mulher, ou menina, que fica sentada no chão com as pernas estendidas para a frente e que, levantando a cabaça, abaixa-a dando um golpe contra suas coxas, onde ela a balança algumas vezes antes de repetir os movimentos: um modo de bater simples, mas demorado. Coloca-se um pouco de água na cabaça quando os coágulos começam a formar, a fim de que eles assentem e para aumentar a quantidade de soro, e pode-se acrescentar um pouco de urina de boi para torná-los mais consistentes. Depois dos coalhos formados, a mulher despeja o leite dentro de uma cabaça com formato de taça e apanha os coalhos com uma concha de mexilhão, colocando-os em outra cabaça, que é pendurada dentro de uma cabana. O soro, misturado com leite fresco, é bebido principalmente por mulheres e meninos. Todos os dias aumenta-se a reserva de coalhos e, de vez em quando, mistura-se um pouco de urina de boi para que não se estraguem. A reserva pode ser aumentada durante várias semanas até a fervura final em fogo rápido, que transforma os coalhos, *lieth in bor*, em queijo sólido de cor amarelo-profundo, *lieth in car*. Depois de ferver durante algum tempo, o líquido é despejado em uma cabaça e o óleo sobrenadante é retirado para ser usado como tempero de mingau. O queijo é pendurado em uma rede, do teto de uma cabana, dentro de uma cabaça redonda, cuja casca foi cortada de modo que as cordas passem através dela e funcione como uma tampa que desliza (ver Fig. 2), e, se se impede a entrada de ar mediante uma cobertura de esterco bovino, o queijo ficará em boas condições durante meses. O leite pode, assim, ser preservado sob a forma de queijo. Ele é comido com mingau e também é usado para untar o corpo.

Ovelhas e cabras também são ordenhadas de manhã, mas dá-se pouca importância ao que elas fornecem, que é bebido por crianças pequenas e não é usado para a fabricação de laticínios. A mulher ordenha e as crianças e os cordeiros terminam com o que fica nos ubres. Quando os cordeiros estão correndo com suas mães no pasto, não se faz uma ordenha à tarde; durante o dia, porém, meninos pastores com fome muitas vezes apertam os ubres e lambem o leite de suas mãos.

Merecem ser enfatizados alguns pontos que surgem em um relato da ordenha e fabricação de laticínios. (1) O número e distribuição atuais do gado não permitem que os Nuer levem uma vida inteiramente pastoril como gostariam, como é possível que tenham levado em alguma época. Numa generosa estimativa, o fornecimento diário médio de um estábulo provavelmente não passa de seis litros, ou três quartos de litro por pessoa. Uma economia mista torna-se, portanto, necessária. (2) Além do mais, a flutuação nos recursos domésticos, devida a epidemias e transmissão de riquezas de casamento, acentua-se ainda mais pelo caráter orgânico da dieta principal, uma vez que as vacas apenas produzem leite por um determinado período depois do nascimento do bezerro e o fornecimento não é constante. Conclui-se que uma família única não é uma unidade autossuficiente, no que diz respeito ao leite, pois ela não pode garantir sempre um fornecimento adequado. Portanto, uma vez que o leite é considerado essencial, a unidade econômica deve ser maior do que o grupo familiar simples. (3) Condições do meio ambiente, bem como necessidade de cereais a fim de suplementar a dieta de leite, impedem que os Nuer sejam totalmente nômades, mas a alimentação baseada no leite permite-lhes levar uma vida errante durante uma parte do ano e lhes dá mobilidade e capacidade evasiva, tal como é mostrado por sua história e como ficou recentemente demonstrado na campanha do governo contra eles. O leite não exige estocagem nem transporte, sendo renovado diariamente; contudo, por outro lado, envolve uma dependência direta da água e da vegetação, o que não somente permite, mas força, a levar uma vida errante. Uma vida assim nutre as qualidades do pastor – coragem, amor à luta e des-

34 OS NUER

prezo pela fome e pelas dificuldades – mais do que forma o caráter trabalhador do camponês.

IV

Os Nuer também se interessam pela carne do gado, cozida ou assada. Eles não criam rebanhos para corte, porém frequentemente sacrifica-se carneiros e bois nas cerimônias. Sempre há almas e espíritos em cuja honra a qualquer momento um sacrifício é adequado, e tais sacrifícios em geral são devidos de há muito tempo, de modo que não falta um pretexto adequado para uma festa quando as pessoas desejam uma. Vacas férteis são sacrificadas em ritos mortuários; em outras ocasiões, entretanto, somente se mata fêmeas estéreis. Quando dos sacrifícios, as pessoas estão mais interessadas no caráter de festa do que no caráter religioso dos ritos. Algumas vezes, nas cerimônias de casamento, as pessoas que executam o ritual são diferentes daquelas que comem a carne, enquanto que, em outras cerimônias, ocorre uma corrida geral à carcaça. Em tais ocasiões, o desejo de carne é demonstrado sem constrangimentos, e os Nuer admitem que algumas pessoas executam sacrifícios sem motivo adequado. Em alguns anos, é costume que, na época das chuvas, os jovens se reúnam em uma casa com a finalidade de matar bois e refestelar-se com a carne. Excetuando-se tais ocasiões, entretanto, as pessoas não devem matar um boi exclusivamente pela carne – acreditando-se, mesmo, que o boi possa lançar uma maldição – e somente o fazem quando a escassez de alimentos é muito grande. Os Lou, que são ricos em gado, possuem a reputação – da qual eles se envergonham bastante – de matarem bois pela carne. Não obstante, em parte alguma da terra dos Nuer o gado é normalmente abatido para alimentação, e homem algum iria matar mesmo um carneiro ou um bode com o argumento de que ele deseja carne. Em ocasiões de menor importância, sacrifica-se carneiros ou bodes em vez de bois, pois são de menor valor.

Qualquer animal que morra de morte natural é comido. Mesmo quando morre o boi predileto de um jovem, este deve estar disposto a partilhar de sua carne, e diz-se que, se ele recusar, sua lança poderá vingar o insulto cortando seu pé ou mão em alguma oportunidade futura. Os Nuer gostam muito de carne e declaram que, quando morre uma vaca, "os olhos e o coração ficam tristes, mas os dentes e o estômago se alegram". "O estômago de um homem reza a Deus, independentemente de sua mente, por tais dons".

Embora bois sejam sacrificados e comidos, eles não são apreciados unicamente por tais finalidades, mas também para serem exibidos e pelo prestígio que sua posse confere. A cor e o formato dos chifres é significativo, mas as qualidades essenciais são tamanho e gordura, sendo considerado especialmente importante que

Fig. 1 – Cabaça para bater leite.

Fig. 2 – Cabaça para guardar queijo.

os ossos dos quadris não apareçam. Os Nuer admiram um quadril grande que balança quando o animal anda e, a fim de exagerar essa característica, eles frequentemente manipulam o quadril logo após o nascimento do animal.

Tal como outros povos pastoris da África Oriental, os Nuer extraem sangue do pescoço do gado, e o mesmo constitui um suplemento da alimentação em acampamentos da estação seca, quando se pode ver em geral ao menos uma sangria ao anoitecer. As vacas são sangradas para finalidades culinárias com maior frequência do que os bois. A operação, chamada de *bar*, consiste em amarrar uma corda apertada em torno do pescoço da vaca para que as veias fiquem salientes e uma delas possa ser cortada, do lado que fica para a cabeça, com uma pequena faca envolta em corda ou grama, o que impede que a mesma penetre muito fundo. O sangue esguicha, e depois de se encher uma cabaça grande, a corda é afrouxada e o sangue para de fluir. Passa-se um pouco de esterco na ferida. Examinando-se o pescoço de uma vaca, pode-se ver uma série de pequenas cicatrizes. As vacas parecem ficar um pouco tontas após a operação e podem ficar um tanto trôpegas, mas, sob outros aspectos, não parecem ser afetadas pela experiência. De fato, pode bem ser que, como afirmam os Nuer, elas fiquem melhor do que antes, pois levam uma vida inativa. O sangue é fervido pelas mulheres até ficar grosso e pode ser usado como tempero de carne no mingau; ou os homens podem deixá-lo coagular em um bloco sólido, e, depois de assá-lo nas brasas de uma fogueira, cortam-no em fatias e comem-no.

Os Nuer não consideram o sangue de vaca como artigo importante na alimentação, e ele não desempenha um papel de destaque em sua culinária. De fato, eles afirmam que não realizam a operação a fim de obter comida, embora confessem que o sangue assado é delicioso, mas sim em benefício das vacas. A sangria tem a finalidade de curar uma vaca de qualquer problema ao deixar sair o sangue ruim da doença. E também, dizem os Nuer, faz com que a vaca engorde, pois no dia seguinte ela estará mais esperta e pastará com avidez. A sangria, além disso, na opinião deles, diminui o desejo de uma vaca ser coberta. Os Nuer afirmam que, se uma vaca for coberta com muita frequência, ela poderá vir a tornar-se estéril, enquanto que, se for sangrada vez por outra, haverá necessidade de ser coberta uma só vez e ficará grávida. Algumas vezes o gado é sangrado por razões médicas na estação das chuvas, e pode acontecer que as pessoas estejam tão fartas de comida que o sangue seja dado aos meninos do *kraal* e aos cães. Algumas vezes fazem-se incisões nos narizes dos bezerros e deixa-se que o sangue escorra no chão a fim de que eles fiquem mais gordos. Já vi os Nuer fazerem escaras em suas próprias pernas e em suas costas para provocar rapidez e força.

Os dois aspectos seguintes parecem-nos ser significativos: (1) Embora os Nuer normalmente não mantenha seu rebanho a fim de obter alimentos, o fim de cada animal é, na verdade, a panela, de modo que eles obtêm carne bastante para satisfazerem sua vontade de comê-la e não sentem maiores necessidades de caçar animais selvagens, atividade a que pouco se dedicam. (2) Exceto quando grassam as epidemias, as ocasiões normais de comer carne são rituais e é o caráter festivo dos ritos que lhes dá muito de sua significação para a vida do povo.

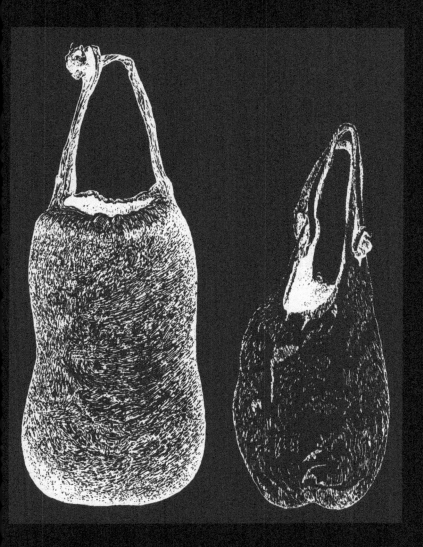

Fig. 3 – Sacolas feitas de escrotos de touro e girafa.

V

Além de leite, carne e sangue, o gado fornece aos Nuer inúmeros utensílios domésticos, e, quando consideramos o número reduzido de suas posses, podemos apreciar devidamente a importância do gado como matéria-prima. Os corpos e produtos corporais do gado possuem os seguintes usos:

As peles são usadas como camas, bandejas, para carregar combustível (Il. XVII), cordas para prender animais e para outras finalidades, manguais para malhar cereais (Fig. 15), cangas de couro para bois (Fig. 4), e para membrana de tambores. São empregadas na manufatura de cachimbos, lanças, escudos, recipientes de tabaco, etc. Escrotos de bois são transformados em sacolas para carregar tabaco, em colheres, e outros objetos pequenos (Fig. 3). Os pelos da cauda são transformados em borlas usadas pelas meninas como ornamentos de dança e para enfeitar os chifres dos bois preferidos (Il. IV). Os ossos são empregados na manufatura de braceletes, e como instrumentos para bater, esmagar e raspar. Os chifres são talhados em colheres (Fig. 14) e empregados na construção de arpões.

O esterco é usado como combustível e no revestimento de paredes, assoalhos e no exterior das choupanas de palha de pequenos acampamentos. Também é empregado como gesso em processos de tecnologia mais simples e para proteger feridas. As cinzas do esterco queimado são esfregadas nos corpos dos homens e usadas para tingir e alisar o cabelo, como ingrediente de bochechos e de pó para os dentes, na preparação de peles para cama e de sacolas de pele, e para várias finalidades rituais. A urina é usada na batedura do leite e na preparação do queijo, na preparação de utensílios feitos com cabaças, na curtição do couro e para a lavagem do rosto e das mãos.

As peles de carneiros e cabras são usadas como tangas pelas mulheres casadas (Il. XXIII, *a*), como tapetes onde sentar, são transformadas em sacolas para guardar tabaco e sorgo e cortadas em tiras que são amarradas nos tornozelos dos jovens quando dançam. Seu esterco e urina não são utilizados.

O árabe beduíno é chamado de parasita do camelo. Para se fazer justiça, o Nuer poderia ser chamado de parasita da vaca. Pode, contudo, parecer que a lista que compilamos não abrange uma gama muito ampla de usos, mas a cultura material dos Nuer é tão simples que ela explica uma parte considerável de sua tecnologia e contém itens dos quais os Nuer são altamente dependentes, por exemplo, o uso do esterco como combustível em uma região em que é difícil se obter bastante combustível vegetal para cozinhar, nem se falando das grandes fogueiras que queimam dia e noite em todo estábulo e abrigo contra o vento.

Vimos que, além de seus muitos usos sociais, os Nuer preocupam-se diretamente com o gado enquanto produtor de dois artigos essenciais para a alimentação: leite e carne. Podemos agora perceber que o valor econômico do gado é mais extenso. Levando em consideração também o valor social mais generalizado do gado, indicado sumariamente na Seção I, já podemos notar que existe uma superenfatização de um único objeto, que domina todos os

Il. IV:

Boi com borlas penduradas dos chifres (Lou)

40 OS NUER

outros interesses e é coerente com a simplicidade, sinceridade e conservadorismo, qualidades tão características dos povos pastoris.

VI

Em capítulos posteriores iremos descrever como se trata das necessidades do gado – água, pastos, proteção contra animais carnívoros e insetos que picam, etc. – e mostraremos de que maneira elas determinam a rotina dos homens e afetam as relações sociais. Deixando essas questões mais amplas de lado, perguntamos agora se os Nuer, que tanto dependem de seu gado e que tanto o valorizam, são boiadeiros competentes. E desnecessário afirmar que eles dão aos animais toda a atenção permitida por seus conhecimentos; é pertinente, contudo, perguntar se seus conhecimentos bastam. Isso foi observado especialmente onde a prática dos Nuer não combina com as convenções da criação de gado, e as razões da divergência foram investigadas. Registramos a seguir algumas das dificuldades mais evidentes e algumas observações gerais sobre a habilidade dos Nuer.

1. Uma vez que as vacas não são trazidas de volta aos *kraals* ao meio-dia, os bezerros menores têm de passar sem alimentação muitas horas por dia. O Cap. H.B. Williams, diretor do Departamento Veterinário do Sudão, contudo, afirma que os bois nuer possuem a reputação de serem tão bons quanto quaisquer outros no Sudão, de tal forma que não é provável que seu desenvolvimento enquanto são bezerros seja seriamente afetado. Na época de chuvas, poucas vezes as vacas são ordenhadas antes da nove, dez horas, e novamente por volta das cinco horas da tarde; na estação da seca, porém, pode ser que elas sejam levadas ao pasto já às oito horas da manhã e não voltem senão por volta das cinco e meia da tarde, de modo que não podem amamentar seus bezerros durante cerca de dez horas. Esse longo intervalo, porém, não pode ser facilmente evitado, pois ria estação da seca os pastos muitas vezes estão distantes e, devido à falta de bons pastos, o gado precisa de mais tempo para alimentar-se do que nas chuvas. Na estação de chuvas, seria fácil levar o gado para pastar ao nascer do sol e trazê-lo de volta ao meio-dia, como fazem muitos povos da África Oriental, a fim de que as vacas amamentem seus bezerros e ruminem. Mas os Nuer dizem que, quando o gado sai dos estábulos quentes e cheios de fumaça, ele gosta de descansar um pouco no *kraal* antes de ir para o pasto, e essa letargia, que contrasta com sua avidez em pastar depois de uma noite ao ar livre nos acampamentos da estação da seca, parece justificar essa afirmação. Os Nuer percebem que o calor e a fumaça dos estábulos não fazem bem ao gado, mas consideram que os mosquitos são ainda piores. E mais, ao esperarem até que o orvalho se

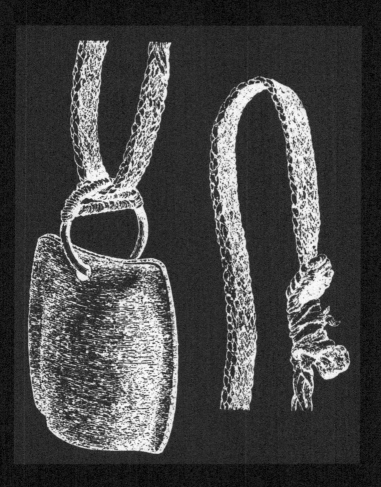

Fig. 4 – Sino de boi e coleira.

evapore, eles acreditam diminuir o risco de problemas digestivos, pois nas chuvas o solo fica frio e úmido até uma hora mais avançada. Uma razão adicional para manter o gado nos *kraals* até tarde é que, se for solto cedo, ele logo pasta até fartar-se e começa a caminhar em todas as direções, já que normalmente não são mantidos em rebanho na estação das chuvas.

2. Um europeu observa imediatamente que a condição da água potável na estação seca deixa muito a desejar, especialmente quando é ele mesmo que tem de bebê-la. Algumas vezes, as poças estão quase secas e contêm água estragada, até mesmo barrenta, que homens e gado bebem. Já me perguntei por que eles hão se afastam antes dessas pequenas poças, tal como a mostrada na Il. XXI, *b*, em torno das quais fixam acampamento quando começa a seca, para irem aos rios e lagos onde fazem suas concentrações finais; mas acho que o fazem de caso pensado, pois têm plena consciência de que água suja não tem nem bom gosto nem é boa para o gado, e, quando o permitem as circunstâncias, eles se dão ao trabalho de garantir um suprimento de água limpa com a frequência necessária. Ao mudarem o acampamento, eles têm de levar em consideração uma série de qualidades necessárias: pastos, peixes, a colheita da *Balanites aegyptiaca*, a segunda colheita de sorgo, etc., além da condição em que se encontra a água.

3. Ao contrário de algumas tribos da África Oriental, os Nuer não mantêm um número muito elevado de animais reprodutores. Se cometem algum erro, é ao manterem muito poucos. Nas limitadas observações feitas, foi estimado que há um touro adulto para cada trinta ou quarenta vacas adultas. Os Nuer tentam selecionar os touros reprodutores dentre os bezerros das melhores vacas leiteiras, a fim de que possam gerar boas vacas leiteiras. Eles afirmam que, se não castrassem a maioria dos bezerros machos, as vacas não teriam sossego e haveria brigas constantes nos *kraals* e agitação nos estábulos. Um bezerro não é castrado senão quando atinge de dezoito meses a dois anos: "quando sua mãe teve outro bezerro e um terceiro está em seu útero". Ele é derrubado, o escroto cortado com uma lança, os testículos puxados para fora e cortados. Há uma pequena perda de sangue e o animal logo se recupera. Um bezerro pode ser castrado com finalidades sacrificiais a qualquer época, mas, não sendo este o caso, os Nuer preferem executar a operação na estação da seca, pois a possibilidade de infecção é menor do que na das chuvas. Não se desencoraja os touros a lutar, a menos que pertençam ao mesmo rebanho, e frequentemente cita-se lutas como a causa do rompimento e migração de linhagens. Um número muito grande de novilhos e bois é abatido nos sacrifícios.

4. As vitelas não são cobertas senão quando têm três anos. Os Nuer sabem quando uma vaca está no cio pelo comportamento dela no *kraal*: fica inquieta, muge, agita a cauda, cheira as vulvas

INTERESSE PELO GADO

de outras vacas e tenta montá-las. Quando uma vaca foi coberta nos pastos – pois os touros ficam junto com o rebanho – diz-se que os primeiros sinais de gravidez são modificações vulvares. Se se perguntar a um Nuer quando uma vaca que foi coberta em determinada época vai dar à luz, ele pode dizer de imediato e com exatidão. Eles afirmam que uma vaca que não teve doenças sérias poderá gerar cerca de oito bezerros.

Pelo que pude ver, a mortalidade é muito baixa entre os bezerros. Os Nuer dão a eles toda atenção. Quando se percebe que uma vaca vai dar à luz pela primeira vez, seus donos ficam acordados a noite inteira com ela ou acompanham-na até o pasto, para assistir no parto. Deixa-se que uma vaca experiente dê à luz sozinha, mas geralmente há um homem presente para assisti-la se surgirem problemas. É preciso que ele esteja presente se ela der à luz no mato, porque o bezerro está fraco demais para seguir sua mãe, que ficará junto dele, e pode ser, então, que ambos fiquem separados do rebanho e caiam presa de animais selvagens. Quando um bezerro morre dentro do útero, os Nuer o extraem e, quando é necessário virá-lo dentro do útero, eles executam tal operação. Se as páreas não caem ou se a vaca não lambe seu bezerro, eles dão remédios. Quando um bezerro morre, eles lançam mão de vários recursos a fim de persuadirem a mãe a dar leite. Enchem a cabeça com palha (ver Fig. 5) e esfregam na vaca um pouco de sua urina; ou, especialmente, quando a vaca aborta, empalham o bezerro inteiro, colocam pedaços de madeira no lugar de pernas, põem-no na frente da mãe e empurram sua cabeça contra as tetas, enquanto delicadamente apertam e puxam as tetas e um menino sopra a vagina.

Os Nuer dizem que, se morre a mãe de um bezerro que tem apenas um dia ou dois, ele também morrerá, mas se já tiver tomado o *cak tin bor*, o "leite branco" que se segue ao colostro, poderá ser salvo. Ele é alimentado manualmente com uma cabaça pequena que tem boca em forma de funil e tenta-se conseguir outra vaca em lactação para alimentá-lo. Uma vez que os Nuer acreditam, aparentemente sem fundamento, que é perigoso para um bezerro beber o leite descolorido que sobrenada o colostro, eles o extraem antes de permitir que o bezerro mame, e, se inadvertidamente este mamar antes, eles administram um purgante. Consideram que o problema é ainda mais sério se há sangue no leite.

Nos primeiros três ou quatro dias, o bezerro mama todo o leite da mãe, exceto o que é extraído. Então chama-se os parentes próximos que morem perto, para comer mingau sobre o qual é despejado o primeiro leite ordenhado para consumo humano. Nessa cerimônia, os pelos da ponta da cauda do bezerro são cortados, o dono cospe neles e agita-os por cima do lombo da vaca, pois, caso contrário, o bezerro ficará doente, uma vez que não gosta que as pessoas roubem seu leite. Contudo, mesmo depois disso, eles ainda podem dizer que "ainda não partilhamos com seu bezerro", pois tomam muito pouco leite durante a primeira quinzena a fim de dar-lhe oportunidade de ficar forte e de que seus dentes endureçam. Quando o bezerro está mais forte, eles tomam mais leite e então dizem que o bezerro compartilha (*buth*) o leite com os homens. Ele continua a mamar até que a mãe fique novamente grávida e o rejeite. Como regra não se emprega artifícios para desmamar, mas se a vaca amamenta quando está grávida e torna-se impraticável mantê-la afastada do bezerro nos pastos, coloca-se um anel de espinhos em torno do focinho do bezerro (Fig. 6), o que permite com que ele paste mas impede que mame, uma vez que os espinhos picam o ubre da mãe e ela o afasta. Vê-se por esse relato como os Nuer

Fig. 5 – Cabeça de bezerro empalhada.

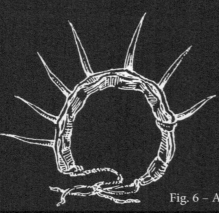

Fig. 6 – Anel para desmamar bezerros.

INTERESSE PELO GADO

resolvem o problema do boiadeiro de fazer com que as vacas forneçam leite para os donos sem que os bezerros fiquem privados da alimentação essencial. Bezerros pequenos, depois que o rebanho adulto foi para o pasto, são abrigados em estábulos nas aldeias na estação da chuva e amarrados à sombra de uma árvore nos acampamentos da estação seca. Eles recebem água durante a tarde, e os meninos trazem-lhes grama, especialmente *poon* (*Oryza Barthü*) que engorda muito. Eles começam a ir ao pasto com os bezerros mais velhos, sob os cuidados de meninos pastores, em seu terceiro mês e são mantidos afastados das mães, sendo levados na direção oposta àquela tomada anteriormente pelo rebanho adulto. Eles vão junto com o rebanho quando têm cerca de um ano de idade, sendo que por essa época as mães estão novamente grávidas.

Teremos oportunidade de observar mais adiante a atenção que os Nuer dão ao gado e a sabedoria dos métodos empregados. Nesta seção, dei simplesmente alguns exemplos a fim de ilustrar uma conclusão geral à qual cheguei durante meus estudos: que a habilidade dos Nuer para cuidar do gado não poderia, em algum aspecto importante, ser melhorada nas presentes relações ecológicas; que, consequentemente, de nada lhes serviria mais conhecimentos do que os que possuem; e que, como se verá, não fosse pela eterna vigilância e cuidado, o gado não poderia sobreviver às condições desfavoráveis do meio ambiente.

VII

Já foi observado que os Nuer poderiam ser chamados de parasitas da vaca, mas pode-se dizer igualmente que a vaca é um parasita dos Nuer, cujas vidas são gastas em garantir o bem-estar dela. Eles constroem estábulos, alimentam fogueiras, e limpam *kraals* para seu conforto; mudam de aldeias para acampamentos, de acampamento para acampamento e dos acampamentos de volta às aldeias, pela saúde dela; desafiam animais selvagens para protegê-la; e fazem ornamentos para enfeitá-la. Ela vive sua vida tranquila, indolente e inativa graças à dedicação dos Nuer. Na verdade, o relacionamento é simbiótico: gado e homens mantêm sua vida graças aos serviços recíprocos. Nesse íntimo relacionamento simbiótico, homens e animais formam uma única comunidade do tipo mais íntimo. Em alguns parágrafos chamo a atenção para essa intimidade.

Os homens despertam de madrugada no acampamento em meio a seu gado e ficam sentados, contentes, olhando-o, até que a ordenha seja terminada. Aí eles o levam para o pasto e passam o dia vendo-o pastar, levando-o até a água, compondo canções sobre ele e trazendo-o de volta ao acampamento, ou permanecem no *kraal* para beber seu leite, fazer cordas para prender bezerros e ornamentos para eles, dar água e cuidar dos bezerros, limpar o *kraal* e secar o esterco para servir de combustível. Os Nuer lavam suas mãos e rostos na urina do gado, especialmente quando as vacas urinam

Il. V: Menina ordenhando (Lou).

durante a ordenha, bebem seu leite e seu sangue, e dormem sobre suas peles ao lado do esterco fumegante. Cobrem o corpo, cuidam do cabelo e limpam os dentes com as cinzas do esterco, e comem os alimentos com colheres feitas de chifres. Quando o gado volta, ao anoitecer, eles amarram cada animal a sua cavilha com cordas feitas da pele de seus companheiros mortos e sentam-se nos abrigos contra o vento para contemplá-lo e observá-lo sendo ordenhado. Um homem conhece cada animal de seu rebanho e dos rebanhos de seus vizinhos e conterrâneos: a cor, o formato dos chifres, as peculiaridades, o número de tetas, a quantidade de leite que fornece, sua história, seus ancestrais e sua progênie. A Srta. Soule disse-me que a maioria dos Nuer conhece aspectos da mãe e da avó de um animal e que alguns conhecem os detalhes dos ancestrais até cinco gerações. Um Nuer conhece os hábitos de todos os seus bois, como um deles muge de noite, como outro gosta de liderar o rebanho quando volta ao acampamento, e como outro joga a cabeça para trás mais do que o resto. Ele sabe quais as vacas que ficam inquietas durante a ordenha, quais criam problemas com seus bezerros, quais gostam de beber no caminho para o pasto, e assim por diante.

Se for um jovem, conseguirá um menino para ir à frente de seu boi predileto (de cujas características o jovem recebe o nome) em torno do acampamento, de manhã, e salta e canta atrás dele; frequentemente, de noite ele caminha entre o gado tocando um sino e cantando os louvores de seus compatriotas, suas namoradas e seus bois. Quando seu boi volta para casa, de noite, ele lhe faz agrados, esfrega cinzas em seu lombo, extrai carrapatos da barriga e escroto e tira o esterco que aderiu ao ânus. Ele o amarra na frente de seu abrigo contra o vento, de modo que possa vê-lo se acordar, pois nada dá tanto contentamento e enche tanto de orgulho a um Nuer quanto os seus bois. Quanto mais ele puder mostrar, mais feliz fica, e, a fim de torná-los mais atraentes, decora os chifres com longas borlas, que pode admirar quando os bois jogam a cabeça para trás e sacodem-na ao voltarem para o acampamento, e o pescoço com campainhas, que tilintam nos pastos. Mesmo os bezerros são adornados pelos meninos que os possuem com contas de madeira e sinos (Fig. 13). Os chifres dos touros jovens, que serão castrados mais tarde, são em geral cortados de modo que cresçam com uma forma que agrada a seus donos. A operação, chamada de *ngat*, é executada provavelmente pelos fins do primeiro ano de vida e normalmente tem lugar durante a estação seca, uma vez que se diz que um novilho pode morrer se seus chifres forem cortados nas chuvas. O animal é derrubado e segurado enquanto os chifres são cortados obliquamente com uma lança. Eles crescem na direção contrária ao corte. Os animais parecem sentir muita dor durante a operação e, algumas vezes, ouvi os Nuer compararem essa provação com a iniciação dos jovens à idade adulta.

Quando um Nuer fala de um boi, sua morosidade habitual o abandona e ele fala com entusiasmo, lançando os braços para cima a fim de mostrar como os chifres estão puxados. "Tenho um belo boi", diz ele, "um boi malhado com uma grande mancha branca no lombo e com um chifre puxado para o focinho" – e lá vão seus braços, um por cima da cabeça e o outro dobrado no cotovelo por cima do rosto. Quando dançam e cantam, eles dizem os nomes de seus bois e imitam com os braços a posição dos chifres.

A atitude em relação ao gado varia de acordo com as situações variadas da vida social e com mudanças no desenvolvimento social. Logo que as crianças estão engatinhando, elas travam um contato íntimo com os rebanhos de cabras e vacas. O *kraal* é o lugar onde brincam e normalmente elas estão lambuzadas de esterco, no qual rolam e pulam. Bezerros, carneiros e cabritos são seus companheiros de jogos, e elas os puxam e se esparramam em meio a eles. Seus sentimentos em relação aos animais estão provavelmente dominados pelo desejo de comida, pois as vacas, ovelhas e cabras satisfazem sem mediação sua fome, frequentemente amamentando-as. Logo que um bebê pode beber leite animal, sua mãe o leva até as ovelhas e cabras e lhe dá leite quente para beber diretamente dos ubres.

Os jogos de crianças mais velhas de ambos os sexos giram em torno de gado. Elas constroem estábulos de areia nos acampamentos e de cinza molhada ou lama nas aldeias e enchem os *kraals* de brinquedo com bonitas vacas e bois de lama (Fig. 7), com os quais brincam de criar rebanhos e de casar. As primeiras tarefas da infância dizem respeito ao gado. Crianças muito pequenas seguram as ovelhas e cabras enquanto as mães ordenham; e quando as mães ordenham vacas as crianças carregam as cabaças, puxam os bezerros para longe dos ubres e amarram-nos em frente das vacas. Elas recolhem a urina em cabaças e lavam-se nela. Quando ficam um pouco mais velhas e fortes, têm de limpar os estábulos e o *kraal*, ajudar na ordenha e pastorear os bezerros pequenos, carneiros e cabras no pasto.

O contato através da alimentação e dos jogos transformou-se em contatos de trabalho. Nessa idade, os interesses dos dois sexos no gado começam a diferençar-se e a divergência torna-se mais aparente à medida que eles crescem. A tarefa das meninas e mulheres restringe-se aos estábulos e *kraals* e diz respeito principalmente às vacas, enquanto os meninos tanto pastoreiam os bezerros no pasto, quanto ajudam no *kraal*, e, depois da iniciação, pastoreiam o gado adulto e, no *kraal*, dedicam-se principalmente aos bois. As mulheres são leiteiras, os homens, boiadeiros. Ademais, para uma menina, as vacas são essencialmente fornecedoras de leite e queijo e permanecem como tais enquanto ela cresce, casa-se, ordenha e bate o leite para a família de seu marido; ao passo que, para um menino, elas são parte do rebanho da família ao qual ele tem direitos de propriedade. As vacas passam a integrar o re-

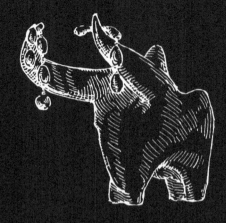

Fig. 7 – Bonecos de bois em barro enfeitados em borlas.

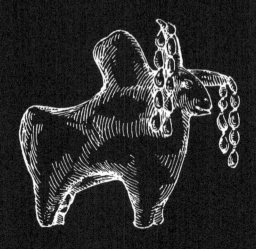

banho quando do casamento de mulheres de que ele é parente e um dia ele se casará por meio delas. Uma menina separa-se do rebanho pelo casamento; um menino continua como seu proprietário. Quando o menino se torna rapaz e é iniciado à idade adulta, o gado transforma-se em algo mais do que comida e motivo de trabalho. É também um meio para exibir-se e casar-se. É somente quando um homem se casa, tem filhos e um lar independente com rebanho, quando ele se tornou um homem mais velho e de certa posição, que frequentemente emprega o gado nos sacrifícios, investe-o com uma significação sagrada e usa-o no ritual.

Os Nuer e seu rebanho formam uma comunidade corporativa com interesses solidários, a cujo serviço as vidas de ambos estão ajustadas, e seu relacionamento simbiótico é de íntimo contato físico. O gado é dócil e responde prontamente à orientação e cuidado humanos. Não há uma grande barreira cultural separando homens e animais em seu lar comum, mas sim a absoluto nudez dos Nuer em meio ao gado e a intimidade de seu contato com este apresenta um quadro clássico do estado selvagem. Peço que o leitor olhe algumas das ilustrações, por exemplo, o frontispício e as Ils. III, V e XVII, que lhe transmitirão melhor, do que posso fazer com palavras, a crueza da vida no *kraal*.

O gado não é apenas um objeto de interesse absorvente para os Nuer, possuindo grande utilidade econômica e valor social, como também vive na mais íntima associação possível com eles. Além disso, sem se levar em consideração o uso, ele é, em si mesmo, uma finalidade cultural, e sua mera posse e proximidade dá ao homem tudo o que ele deseja. No gado concentram-se seus interesses imediatos e suas ambições maiores. Mais do que qualquer outra coisa, o gado determina as ações diárias do homem e domina sua atenção. Já fizemos comentários sobre a ênfase excessiva dada ao gado, ênfase produzida por sua ampla gama de usos sociais e econômicos. Tantas exigências físicas, psicológicas e sociais podem ser satisfeitas nessa única fonte, que a atenção dos Nuer em vez de encontrar-se difundida em uma variedade de direções, tem tendência, com excessiva exclusividade, a estar enfocada nesse único objeto e a ser introvertida, uma vez que o objeto possui uma certa identidade com eles. Examinaremos brevemente, agora, algum material linguístico, onde perceberemos maiores evidências dessa hipertrofia de um único interesse e da identificação dos homens com o gado a que já me referi.

VIII

A profusão linguística em determinadas seções da vida é um dos sinais pelos quais pode-se facilmente julgar a direção e a força dos interesses de um povo. É por tal razão, mais do que por sua im-

INTERESSE PELO GADO 51

portância intrínseca, que chamamos a atenção do leitor para o volume e variedade do vocabulário nuer referente ao gado. Tal como todos os nilotas pastoris, eles usam um enorme número de palavras e frases sobre gado, as tarefas de pastorear e trabalhar com laticínios, e, dentre essa grande variedade escolhemos para comentário uma única classe: os termos com que descrevem gado, especialmente referindo-se a suas cores[2]. Esses termos são mais do que uma técnica linguística que permite aos Nuer falar de gado com precisão em situações práticas e nos muitos contextos sociais em que eles figuram, pois estabelecem associações, de um lado, entre o gado e os animais selvagens e, de outro, entre o gado e seus donos; fornecem certas categorias rituais; e enriquecem muito a linguagem poética.

Ao se denominar uma vaca nuer deve-se observar suas cores e o modo pelo qual elas estão distribuídas pelo corpo. Quando ela não é de uma só cor, a distribuição das cores constitui o caráter significativo pelo qual ela é nomeada. Existem dez termos principais que se referem à cor: branco (*bor*), preto, (*car*), marrom (*lual*), castanho (*dol*), fulvo (*yan*), cinza-rato (*lou*), baio (*thiang*), cinza--areia (*lith*), ruço (*yil*) e chocolate (*gwir*). Quando uma vaca é de uma única cor, ela é descrita por um desses termos. Um animal pode combinar duas ou mais cores, mas uma combinação de mais de duas, chamada de *cuany*, é muito rara. Normalmente ocorre uma combinação de branco com uma outra cor, e são mostrados doze modos comuns de distribuição dessa combinação nas Figs. 8 e 9. Existem, contudo, muito mais combinações, ao menos vinte e sete, uma das mais comuns consistindo em variedades de pelo listrado ou malhado (*nyang*).

Ao descrever um animal, frequentemente denota-se tanto a forma de distribuição quanto a cor que está combinada com o branco. Assim, um boi pode ser totalmente cinza-rato (*lou*); ser cinza-rato com cara branca (*kwe looka*), com lombo branco (*kar looka*), com uma mancha branca no lado do tronco (*bil looka*), com uma pá branca (*rol looka*) ou com barriga branca (*reng looka*); ser malhado de cinza-rato (*nyang looka*); ser branco com grandes manchas de cor cinza-rato (*rial looka*), com manchas médias de cor cinza-rato (*kwac looka*) ou ter quadris cinza-rato (*jok looka*), etc. Existem pelo menos uma dúzia de termos para descrever diferentes combinações de branco e cinza-rato, e existe um número semelhante de termos para uma combinação de branco com cada uma das outras cores. Um outro exemplo é dado para ilustrar a ampla gama de variações: ombro e pata dianteira branca (*rol*) pode ser encontrado em uma vaca de qualquer cor; por exemplo: *rol cara*, *rol yan*, *rol thiang*, *rol yili*, etc. Pode também haver uma combinação de uma forma de distribuição com outra e, neste caso, as duas combinações constituem os pontos de referência e não há necessidade de denotar o colorido que ocorre nelas, por exemplo, uma pá e quarto dianteiro brancos (*rol*) podem vir combinados com uma cara branca (*kwe roal*), manchas pretas (*rol kwac*), pintas (*rol cuor*), manchas marrons (*rol paara*), lombo branco (*kar roal*), cara branca e orelhas pretas (*kur roal*), etc. Existem ao menos vinte e cinco termos que incluem a distribuição *rol*, e as demais distribuições têm, da mesma forma, amplas gamas de combinações de cores e uma combinação com a outra.

---

2. Registrei algumas informações sobre esse assunto normalmente negligenciado, entre um povo vizinho, em "Imagery in Ngok Dinka Cattle-Names". *Bulletin of the School of Oriental Studies*, 1934.

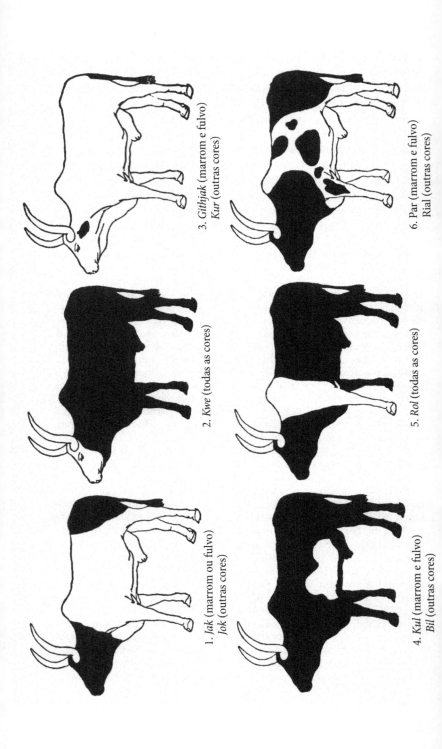

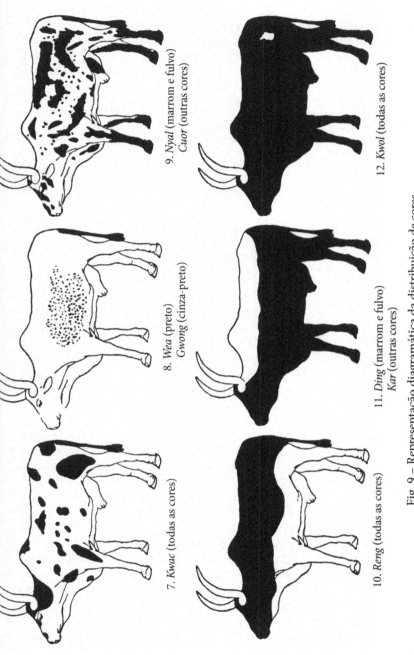

Fig. 9 – Representação diagramática da distribuição de cores.

Uma vez que, mais adiante e com maior profundidade, irei analisar os princípios da terminologia das cores e abstrair as regras de nomenclatura[3], somente preciso observar, aqui, que se torna evidente, face aos poucos exemplos citados, que existem várias centenas de permutações de cor.

Algumas cores e combinações de cores estão associadas a animais, pássaros, répteis e peixes, e essa associação é frequentemente indicada por termos de referência secundários e por usos rituais; por exemplo, *lou* (cinza-rato) é a abetarda (tipo de pássaro), *nyang* (listrado) é o crocodilo, *lith* (cinza-areia) é associado com *manlieth*, o francelho cinza, *thiang* (baio) é o tiang, *dwai* (marrom com listas brancas) é o *sitatunga** fêmea, *kwe* (rosto branco) é a águia de peixe, *kwac* (pintado) é o leopardo, *cuor* (com pintinhas) é o abutre, *gwong* (com manchas) é a galinha-de-angola, *nyal* (com manchas marrons) é o píton, etc. Essas identificações linguísticas e outras associações de cor levam a muitas elaborações complicadas de nomenclatura; por exemplo, um boi preto pode ser chamado de *rual mim*, carvão queimado, ou *won car*, nuvens escuras; um boi marrom, *riem dol*, sangue vermelho, ou *rir dol*, naja vermelha; um boi ruço azulado, *bany yiel*, como a garça azul; um boi cinza-rato, *duk lou*, a escuridão sombreada das florestas, etc. Esses nomes imaginosos aumentam de muito a lista dos termos nuer referentes ao gado.

Além do vasto vocabulário referente a cores, distribuição de cores, e associações de cores, o gado também pode ser descrito pelo formato de seus chifres e, já que os chifres dos bois são puxados à vontade do dono, existem ao menos seis designações comuns em uso além de vários nomes mais complexos. As palavras que denotam o formato dos chifres aumentam em muito o número de permutações, pois podem ser combinadas com muitos dos termos de cor e de distribuição de cor; por exemplo, uma vaca cinza-areia com chifres que quase chegam a se tocar em uma curva por cima da cabeça é uma *duot lieth*, uma de chifres curtos e marcas *rial* é uma *cot rial*, um boi malhado com um chifre passando por cima da cara é um *gut nyang*, etc. As orelhas do gado, carneiros e cabras frequentemente são cortadas em formas diferentes e é permissível, e usual quanto a carneiros e cabras, descrevê-los tomando-se por referências tais incisões. Carneiros e bodes possuem misturas de cores muito diferentes daquelas que se encontram no gado, mas os mesmos termos podem ser usados para cobrir todas as combinações, porque eles jamais são descrições exatas das disposições de cor mas sim representam distribuições ideais, de uma ou outra das quais qualquer disposição real se aproxima.

Uma gama ainda maior de permutações é criada por prefixos que denotam o sexo ou idade de um animal, por exemplo, *tut*, touro, *yang*, vaca, *thak*, boi, *nac*, vitela, *ruath*, bezerro, *dou*, novilha, *kol*,

---

3. "Nuer Cattle Termes", a ser publicado brevemente em *Sudan Notes and Records*.
* Tipo de Antílope. (N. do E.).

bezerro que ainda não começou a pastar, e assim por diante. Assim, pode-se falar de um *tut ma kar looka, dou ma rial, thak ma cuany*, etc. De fato, se se fosse contar todos os modos possíveis de referir-se aos animais do rebanho, descobrir-se-ia que chegam a vários milhares de expressões – sistema imponente e complicado de ramificações que testemunha de modo eloquente o valor social do gado.

Além do mais, como já dissemos, todo homem toma um de seus nomes a partir do termo pelo qual um de seus bois é descrito, e esses nomes-de-gado constituem as saudações preferidas entre pessoas da mesma idade. Um rapaz geralmente toma seu primeiro nome-de-gado do animal que o pai lhe dá por ocasião da iniciação, porém, mais tarde, ele pode adotar outros nomes a partir de qualquer boi de seu rebanho que lhe agrade. Os homens cumprimentam-se usando tais nomes e os despejam, elaborando-os com grande imaginação, sobre seus companheiros nas danças. Também os cantam quando se exibem nos acampamentos com seus bois, cantam-nos em seus poemas e gritam-nos quando atiram a lança contra homens, animais ou peixes.

Um homem pode ser chamado por nome idêntico ao de seu boi, como por exemplo, Bi(l)rial, Kwac(c)uor, Werkwac, e assim por diante, mas em geral uma parte do termo é deixada de lado e a outra parte recebe como prefixo um novo termo, usualmente uma descrição de algum ornamento usado pelo boi ou alguma característica dele, não empregada em definir seu próprio nome; por exemplo, *luth*, um grande sino (Fig. 4), *gier*, um sino pequeno, *lue*, uma borla comprida, *dhuor*, uma borla curta (Il. IV), *wak*, o repicar de um sino de boi, *lang*, um anel de bronze preso na canga ou na corda de amarrar (pode-se ver um no animal que está em primeiro plano na Il. II), *rot*, mugido de bois, *cwai*, gordura, *boi*, brancura brilhante, etc. Assim, um homem cujo boi predileto tenha uma distribuição *rial* de cores pode ser chamado de Luthrial, Gierrial, Luerial, Dhuorrial, Boirial, etc. Quando pessoas de mesma idade empregam os nomes-de-gado nas danças, estes geralmente vêm precedidos de nomes-de-dança que são escolhidos para harmonizar com os nomes-de-gado, sendo a eufonia considerada de grande importância em todas essas formações de palavras. Os nomes-de-gado são volumosos e obscuros, e, ao descrevê-los, tal como ao descrever as cores do gado, não apenas fiz uma magra seleção dentre a riqueza a minha disposição, como também escolhi, a título de ilustração, os exemplos mais simples, deixando de lado os mais complicados.

Nomes de gado, especialmente de bois, e nomes-de-gado de homens são grandemente empregados nas canções. Os Nuer, tal como a maioria dos povos pastoris, são poéticos, e a maioria dos homens e das mulheres compõe canções que são cantadas nas danças ou concertos ou que são compostas para o prazer individual do compositor, sendo cantadas por ele nos pastos distantes e em meio ao gado nos *kraal* dos acampamentos. Os jovens prorrompem em canto, louvando seus conterrâneos, namoradas e gado, quando se sentem felizes, onde quer que estejam. Faço a seguir

56 OS NUER

uma tradução livre dos primeiros versos de duas canções, a primeira cantada pelas meninas, quando estão sentadas juntas, ao anoitecer, depois que o trabalho do dia está feito, e a segunda cantada por seu autor quando está feliz.

1. O vento sopra *wirawira*[4];
Para onde ele sopra?
Ele sopra para o rio.
A vaca de chifres curtos leva seu ubre cheio aos pastos[5];
Que ela seja ordenhada por Nyagaak;
Minha barriga ficará cheia de leite.
Ó orgulho de Nyawal,
Sempre briguenta Rolnyang[6].
Esta região está repleta de estrangeiros;
Eles lançam nossos ornamentos dentro do rio;
Eles tiram água das margens[7].
Cabelos-Negros, minha irmã,
Estou espantado.
Cabelos-Negros, minha irmã,
Estou espantado.
Estamos perplexos;
Olhamos para as estrelas de Deus[8].

2. Boi branco bom é minha mãe
E nós, o povo de minha irmã,
O povo de Nyariau Bul.
Como meu boi branco de quadris negros,
Quando fui cortejar a jovem encantadora,
Não sou homem que as moças recusem.
Cortejamos as moças escondidos na noite,
Eu e Kwejok Nyadeang[9].
Trouxemos o boi através do rio,
Eu e Kirjoak
E o filho da irmã de minha mãe

4. Literalmente, "meu vento". O cantor corre contra ele e, ao fazê-lo, parece aumentar sua força. É o vento do norte que sopra na época dos pastos férteis quando as vacas fornecem muito leite; daí as conexões entre os primeiros três versos e aqueles que se seguem.

5. A vaca recusou-se a amamentar o bezerro ou a ser ordenhada antes de ir pastar.

6. Nyagaak é a irmã do poeta. Orgulho (*gweth*) é o nome de dança de uma moça, Nyawal. Rolnyang é o nome-de-gado de um jovem.

7. Os estrangeiros são as forças do governo. A referência a tirar água da margem é obscura.

8. Cabelos-Negros é o nome de uma moça. Os Nuer estão perplexos pela invasão estrangeira e o último verso é uma oração para que Deus os ajude na adversidade.

9. O boi a que se faz referência no primeiro e quarto versos é o boi do poeta. Kwejok é um amigo, cuja mãe é Nyadeang.

INTERESSE PELO GADO

Buth Gutjaak.
Amigo, grande boi dos chifres que se estendem,
Que sempre muge em meio ao rebanho,
Boi do filho de Bul
Maloa[10].

Não é necessário acrescentar mais exemplos dos termos de referência ao gado e seus usos para demonstrar que estamos tratando com uma galáxia de palavras, cujos arranjos permitiriam a compilação de um léxico de tamanho considerável. Desejo somente ressaltar que esse vocabulário intrincado e volumoso não é técnico e específico, porém é empregado por todos e em muitas situações da vida social normal. Somente abordei um fragmento de um fragmento do campo linguístico relativo ao gado. Poderia entrar em maiores detalhes, porém, na melhor das hipóteses, terei feito apenas um exame superficial, e de modo amadorístico, daquele campo, o que convida a pesquisas mais amplas e mais especializadas. Minha intenção foi chamar a atenção para ele e mostrar como um estudo do interesse dominante dos Nuer poderia ser abordado a partir desse ângulo. O tema é necessariamente vasto, porque, como já vimos, não é possível discutir com os Nuer seus afazeres diários, suas conexões sociais, atos rituais ou, na verdade, qualquer assunto, sem que ocorra uma referência ao gado, que constitui o âmago em torno do qual é organizada a vida diária e o meio através do qual se exprimem as relações sociais e místicas. E tampouco o interesse dos Nuer pelo gado confina-se aos usos práticos e funções sociais; pelo contrário, é exibido em suas artes poéticas e plásticas, das quais constituem o tema principal. A superenfatização que se dá ao gado é, assim, demonstrada de modo notável na linguagem, a qual, além de tudo, através das referências obrigatórias ao gado, seja qual for o tema do discurso, continuamente enfoca a atenção no gado e transforma-o no valor maior da vida nuer.

IX

Outra maneira pela qual se pode demonstrar o envolvimento dos Nuer com o gado – nosso último exemplo – é notando-se a vontade e a frequência com que lutam por ele, uma vez que as pessoas arriscam suas vidas por aquilo a que dão grande valor e em termos desses valores.

No momento, o gado constitui a causa principal de hostilidade, e suspeita, para com o governo, não tanto devido à taxação atual, quanto às patrulhas de coletores de taxas que vinham anteriormente

---

10. Buth é o nome de nascença de um amigo, cujo nome-de-gado é Gutjaak. O poeta, que é um dos filhos de Bul Maloa, dirige-se a seu boi como se fosse seu amigo nos versos finais.

e que não passavam de confiscadores do gado, e também devido às expedições de franco saque nos tempos do governo egípcio que precedeu o atual. A guerra dos Nuer com os Dinka tem sido quase que totalmente ofensiva e dirigida para a apropriação de rebanhos e anexação de pastos. O gado também tem sido a principal ocasião de atrito entre os próprios Nuer. Com efeito, depois de um ataque bem sucedido contra as reservas dinka, frequentemente há mais lutas pela presa. Além disso, as tribos nuer atacam-se umas às outras para pilhar gado. Assim, os Leek atacam os Jikany, Rengyan e outras tribos do oriente, e as pilhagens de gado são acontecimento comum nas fronteiras tribais em todas as demais partes, pois "roubar" (*kwal*) gado de outra tribo é considerado louvável. Também dentro de uma tribo, as brigas frequentemente resultam de discussões a respeito de gado, entre suas seções e entre indivíduos da mesma seção, até mesmo da mesma aldeia ou agrupamento familiar. Os Nuer estão prontos a brigar depois de qualquer provocação leve e fazem-no com ainda mais vontade e frequência quando alguma vaca está em jogo. Por tais questões lutam conterrâneos íntimos e lares são desmanchados. Quando a propriedade do gado está em discussão, os Nuer abandonam prudência e sobriedade, arriscando-se, demonstrando-se temerários e cheios de artimanhas. Como uma vez me disse meu empregado nuer: "Pode-se confiar a um nuer qualquer quantia de dinheiro, libras, libras e mais libras, e ir embora por anos e voltar e ele não o terá roubado; mas uma única vaca – isso é outra questão".

Os Nuer dizem que é o gado que destrói as pessoas, pois "mais pessoas morreram por uma vaca do que por qualquer outra causa". Eles têm uma estória que conta como, quando os animais desmancharam sua comunidade e cada um foi para seu lado viver sua própria vida, o Homem matou a mãe da Vaca e do Búfalo. O Búfalo disse que iria vingar sua mãe, atacando os homens no mato, mas a Vaca disse que ela iria permanecer nas habitações dos homens e vingar sua mãe causando infindáveis brigas por dívidas, riquezas de casamento, e adultério, o que levaria a lutas e mortes entre as pessoas. Assim, a rixa entre a Vaca e o Homem continua desde tempos imemoriais, e a cada dia a Vaca vinga a morte de sua mãe ocasionando a morte de homens. Daí, dizem os Nuer de seu gado, "ele terminará junto com a humanidade", pois os homens morrerão por causa do gado e homens e gado cessarão de existir juntos.

Não se deve supor, contudo, que os Nuer vivam em constante tumulto: o próprio fato de que estão preparados para resistir a qualquer infração de seus direitos sobre o gado provoca cautela nos relacionamentos entre pessoas que se consideram membros do mesmo grupo. Pode-se ainda dizer que a grande vulnerabilidade do gado, junto com o extenso espaço vital que ele requer, são compatíveis somente com um amplo reconhecimento de convenções na solução de disputas ou, em outras palavras, a existência de uma organização tribal que abrange um grande território e de algum tipo de sentimento de comunidade que se estende por áreas ainda maiores.

Lutar pela propriedade do gado e tomar gado pelo que se chama de dívidas e ressarcimento de perdas são de ordem um tanto diferente do que pilhar gado sobre o qual nenhum direito, senão o poder do mais forte, é admitido. A guerra contra povos estranhos, ao contrário da guerra dentro de uma tribo, visa quase que inteiramente o saque. A guerra dos Nuer contra os Dinka, portanto, diferencia-se da maioria das guerras primitivas em seu objetivo primário, que é a aquisição de riquezas, pois o gado é uma forma de riqueza que não somente dura longo tempo e se reproduz, como, também, pode ser facilmente tomada e transportada. Além disso, permite que os invasores vivam na região sem abastecimento de gêneros. Colheitas e moradias podem ser destruídas, mas o gado pode ser confiscado e levado para casa. Essa qualidade, que deu aos povos pastoris uma maior inclinação para as artes da guerra do que para as artes da paz, tem significado que os Nuer não são totalmente dependentes de seu próprio gado, mas, sim, podem aumentar seus rebanhos e restaurar a devastação feita pela peste, e de fato vêm, há tempo, aumentando seu rebanho, e assim suplementando suas reservas de alimentos através do saque; condição que conformou seu caráter, economia e estrutura política. Habilidade e coragem na luta são reconhecidas como as virtudes mais elevadas; pilhar, como a mais nobre, bem como rentável, ocupação; e algum tipo de acordo político e unidade, como necessidade.

Apressamo-nos em acrescentar que explicar a guerra entre Nuer e Dinka fazendo referências somente a gado e pastos é simplificar demais. A hostilidade é expressada em termos de gado, e o desejo de ter gado explica algumas das peculiaridades da luta e algumas características das organizações políticas envolvidas nela, mas a luta em si somente pode ser totalmente compreendida enquanto processo estrutural e é assim que a apresentaremos mais adiante.

Passamos agora a um breve exame do sistema ecológico do qual fazem parte os Nuer e seu gado, para descobrir as contradições em que se pratica a criação de gado e até que ponto a prática em um determinado meio ambiente influencia a estrutura política.

2. Ecologia

I

Do ponto de vista de um europeu, a terra dos Nuer não possui qualidades favoráveis, a menos que se considere como tal sua severidade, pois seus pântanos intermináveis e amplas savanas têm um encanto austero, monótono. É muito duro viver nela tanto para homens, quanto para animais, sendo a maior parte do ano ou seca ou um pântano. Os Nuer, porém, acham que vivem na melhor região do mundo e, deve-se reconhecer, para criadores de gado, a região tem muitas características admiráveis. Eu logo desisti de convencer os Nuer de que existem regiões mais adequadas para a criação de gado do que a deles, tentativa que se tornou mais inútil ainda desde que alguns deles foram levados a Karthum – que é considerada por eles como o lar de todos os homens brancos – e, tendo visto a vegetação desértica daquela latitude, viram confirmar-se a opinião de que a terra deles é superior à nossa.

A grama necessária para o bem-estar dos rebanhos depende, para existir, de condições adequadas de solo e água. Os solos da terra dos Nuer são argilas pesadas, profundamente rachadas pelo sol nas secas e alagadas nas chuvas. Eles retêm a água e, consequentemente, permitem que certas espécies de grama sobrevivam durante os meses de seca e forneçam pasto para o gado. Os Nuer e seu gado, contudo, não poderiam viver se não fosse pelos locais arenosos mais elevados, onde podem abrigar-se nas inundações e praticar a horticultura.

62   OS NUER

A água da superfície provém principalmente da chuva e parcialmente das enchentes de rios que atravessam a terra dos Nuer e é mais do que apropriada para formar grama. Em um ano médio, as chuvas começam em abril, quando caem algumas pancadas e o céu fica coberto de nuvens, mas não é senão em fins de maio que elas realmente se intensificam. Quando estão no ponto máximo, em julho e agosto, o tempo fica fresco, até mesmo frio de manhã e à noite, o sol fica escondido durante a maior parte do dia e prevalece um vento sudoeste. As pancadas tornam-se mais leves e menos frequentes em outubro e normalmente cessam de todo em meados de novembro, quando o vento do norte começa a soprar. Ele sopra firmemente pelo vale do Nilo até março. Em março e abril, o calor é intenso. A precipitação de chuvas, que é mais ou menos constante em todas as partes da terra dos Nuer, não é tão pesada quanto mais a leste, no planalto da Etiópia, ou ao sul, na bacia do Nilo-Vitória e ao longo da divisa do Nilo-Congo, embora os efeitos sejam ali mais sentidos porque as camadas de argila retêm a água, a planura da região impede que a água seja drenada pela superfície e a enchente anual dos rios ocorre simultaneamente.

Os principais rios que influenciam grandemente a vida nuer são mostrados no mapa da p. 13. São: o próprio Nilo, conhecido nessas regiões como Bahr el Jebel, que recebe sua água do planalto dos Grandes Lagos; seus tributários do oeste, o Bahr el Ghazal e o Bahr el Arab, que são alimentados por riachos que fluem a partir da divisa do Nilo-Congo; o Baro, cujos braços mais baixos são conhecidos como Sobat, que vem do planalto etíope; e o Pibor, que corre da mesma direção e também recebe água das encostas setentrionais do planalto dos Grandes Lagos e das planícies do Sudão. O Bahr el Zeraf é outro canal do Bahr el Jebel[1]. Todos esses rios sofrem enchentes na época das chuvas, e, devido a sua planura, a região é transformada em um vasto brejo.

Toda a terra dos Nuer quase não apresenta qualquer elevação, fica coberta durante as chuvas por grama alta que chega até a cintura e, perto dos riachos, onde fica mais alta e mais cerrada, até os ombros dos altos nuer. Ela coincide aproximadamente com a extensão das verdadeiras savanas do Sudão. Aqui e ali encontra-se pedaços de florestas de espinheiros; muitas vezes, porém, não se vê qualquer árvore em direção alguma, e uma planície desoladora estende-se para todos os lados até o horizonte (Ils. VI e XI, *a* e *b*). Um cinturão de florestas algumas vezes alinha-se ao longo de um rio onde as margens são altas, mas jamais chega a estender-se muito para o interior. Ao norte do Sobat, em seus braços mais baixos, as savanas verdadeiras cedem lugar a savanas de espinheiros

---

1. Para uma descrição excelente de tais rios, ver H.E. Hurst e P. Phillips, *The Nile Basin*, v.i, 1931.

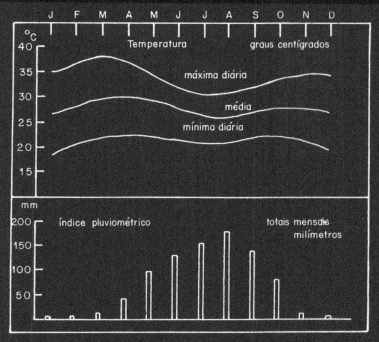

Previsão de temperatura e chuva entre os Nuer.
(*Departamento de Física do Governo Egípcio*)

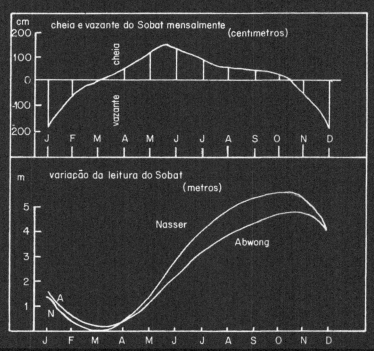

Cheia e vazante do rio Sobat.
(*Departamento de Física do Governo Egípcio*)

e, além das extremidades meridionais da parte oriental da terra dos Nuer, entra-se em savanas cobertas de florestas que se tornam mais fechadas à medida que se caminha para o sul, embora normalmente se transformem em pantanais quando se chega perto do Bahr el Jebel. As fronteiras meridionais da parte ocidental da terra dos Nuer beiram zonas de minério de ferro, também cobertas de florestas de savana. Como regra, quando os rios estão cheios, não há margens e a zona que fica ao lado deles consiste em pântanos onde se enfileiram amplas lagoas, frequentemente correndo paralelas ao canal principal. Esse é o caso especialmente com o Bahr el Jebel e com a maior parte do Bahr el Ghazal e do Bahr el Arab, já que o Jebel e o Ghazal estão praticamente unidos pela água à flor da terra na estação da chuva. O Bahr el Zeraf é rodeado por menos pântanos, e os braços mais baixos do Sobat não o são de modo algum.

Essa vasta planície está cortada por depressões, como as que são mostradas na Il. XIX, *b*, que correm em todas as direções, frequentemente cruzando-se e ligando-se aos rios principais. Onde são contínuas, tais depressões têm a aparência de pequenos rios, embora raramente corra água dentro delas. Enquanto chove na região, os rios principais transbordam para essas depressões, formando uma rede de aquedutos que impede a drenagem pela terra saturada, de modo que a água de chuva empoça profundamente por toda parte e estende-se vagarosamente até que, em meados de junho, toda a região, exceto ocasionais terras mais altas, está inundada. A água permanece com uma profundidade de vários centímetros até setembro, e a terra dos Nuer têm a aparência de um grande pântano coberto de relva; há riachos, lagoas e poças onde quer que haja pequenas depressões, e ilhas, nas quais estão encarapitadas as aldeias, onde quer que haja saliências e montículos. Os rios começam a baixar aproximadamente ao mesmo tempo em que as chuvas diminuem, a baixa sendo mais rápida no Sobat (diagrama na p. 63). O sol ardente, então, rapidamente faz a água à flor da terra evaporar, enquanto que os riachos, em vez de ser canais para dentro dos quais os rios transbordam, passam, agora, a alimentá-los, e, em meados de novembro, a relva está suficientemente seca para ser queimada. Em fins de dezembro, grande parte da região já sofreu queimadas e está rachada em profundas fissuras. As estações de chuva e seca são, portanto, muito marcadas e a transição de uma para outra, muito repentina.

A escassez de chuva é provavelmente mais séria do que um nível baixo no rio, mas ambos podem causar inconvenientes aos Nuer, inconvenientes que chegam à escassez de alimentos, porque pode ser que as camadas de argila não retenham água suficiente para permitir que a relva se recupere da queimada; os cursos de água do interior podem secar rapidamente e forçar a mudança para

Il. VI:

Savana típica
em outubro
(Nuer ocidentais).

lagos e rios mais cedo que se deseja; e pode haver falta da pastagem de charco que normalmente constitui o alimento principal do gado no final da estação seca. Chuva insuficiente pode também destruir o sorgo. Além disso, é provável que um baixo índice de precipitação em todo o nordeste da África provoque simultaneamente insuficiência de chuvas e rios baixos na terra dos Nuer. A região oeste da terra dos Nuer está menos sujeita à seca do que a região leste, e, a oeste do Nilo, há sempre água ao alcance fácil das aldeias. Isso parece ser grandemente devido ao fato de que o Bahr el Jebel e o Bahr el Ghazal não diminuem em seus leitos de forma apreciável, uma vez que são alimentados por riachos perenes e possuem enormes reservatórios de pântanos e lagos. Um alto índice de precipitação e nível alto dos rios também é provável que vão juntos, e, nesses anos de inundações, dificilmente o gado encontra pasto bastante para subsistir.

As principais características da terra dos Nuer são: (1) Ela é absolutamente plana. (2) Possui solo argiloso. (3) Possui florestas muito ralas e esporádicas. (4) Fica coberta com relva alta nas chuvas. (5) Está sujeita a chuvas fortes. (6) É cortada por grandes rios que transbordam anualmente. (7) Quando cessam as chuvas e os rios baixam de nível, fica sujeita a seca severa.

Tais características interagem umas com as outras e compõem um sistema ambiental que condiciona diretamente a vida dos Nuer e influencia sua estrutura social. A determinação é de natureza tão variada e complexa que não tentamos resumir toda sua significação neste estágio de nossa descrição; em vez disso, faremos a nós mesmos uma pergunta mais simples: até que ponto os Nuer são controlados pelo meio ambiente enquanto pastores, pescadores e agricultores? Já mostramos que seu interesse principal está em seus rebanhos, e discutiremos em primeiro lugar como esse interesse, combinado com condições físicas, exige um determinado modo de vida.

Fazemos aqui duas observações de ordem mais geral. (1) Embora os Nuer tenham uma economia mista pastoral-hortícola, a região que ocupam é mais adequada para a criação de gado do que para a horticultura, de tal maneira que a tendência do meio ambiente coincide com suas preferências e não encoraja uma mudança do equilíbrio em favor da horticultura. Não fosse pela peste bovina – de introdução recente –, seria possível levar uma vida puramente pastoril, mas, como veremos mais adiante, uma vida puramente hortícola seria precária. (2) Os Nuer não podem, exceto alguns pontos mais favorecidos, viver num só lugar durante todo o ano. As inundações levam-nos, e a seus rebanhos, a procurar a proteção de terras niais altas. A falta de água e de pastos nesse solo mais elevado força-os a mudar durante a seca. Daí sua vida ser migratória por necessidade, ou, mais estritamente, transumante.

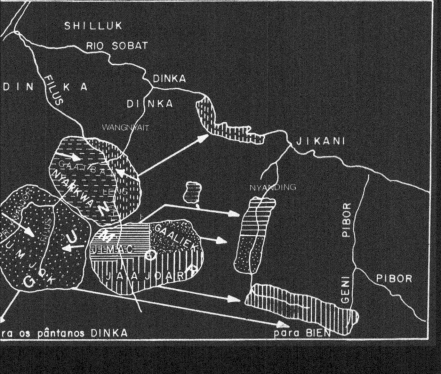

O mapa mostra a distribuição das seções lou (as setas partem da área das aldeias e conduzem aos acampamentos da estação da seca).

68 OS NUER

Ainda outra razão que faz com que eles mudem de moradia de acordo com as estações é sua falta de habilidade, no presente, para subsistir unicamente com os produtos do gado. Uma dieta de leite e carne tem de ser complementada por cereais e peixe; e, enquanto que o local mais adequado para o cultivo do sorgo é no interior, ao lado de solo ligeiramente mais elevado, os peixes são encontrados em rios que normalmente se encontram distantes desses trechos elevados.

II

Excesso ou falta de água é o primeiro problema com que se depara o Nuer. É essencial que o gado seja protegido da água que cobre a região nas chuvas, pois ele logo apanha doenças no casco se tem de ficar dentro da água por períodos longos. Os locais para construir as aldeias são escolhidos entre únicos lugares que fornecem proteção aos homens e animais: trechos de solo ligeiramente mais elevados. Quando as chuvas passam, os suprimentos de água perto das aldeias esgotam-se logo porque, naturalmente, os lugares mais altos e mais secos foram os escolhidos para construir, e torna-se necessário mudar para perto de poças, lagos, lagoas, pântanos e rios. Devido aos vastos rios que cortam a terra dos Nuer e à completa irrigação que fornecem à região através de uma rede de canais, raras vezes há dificuldades em encontrar água à flor da terra, embora possa acontecer de as pessoas terem de ir longe para obtê-la. Somente em partes das regiões dos Lou, Gaawar e Jikany do leste, ao que se sabe, é que eles são forçados regularmente a cavar poços nos leitos de rios no auge da seca. Há vinte anos, é provável que isso fosse mais usual do que hoje, pois naquela época não havia o acesso pacífico à água que tem hoje a maior parte das seções. Os poços, que têm de ser abertos novamente a cada ano, possuem de trinta a sessenta centímetros de diâmetro e de seis a nove metros de profundidade, e leva-se dois a três dias de trabalho duro para cavá-los. A água, com cerca de trinta centímetros de profundidade, é limpa e fresca, e frequentemente os poços são limpados, cortando-se degraus nas paredes para essa finalidade (Il. XV, b). Cada agrupamento doméstico possui seu próprio poço, que é rodeado por valas rasas de lama onde o gado recebe água três vezes por dia. É preciso um trabalho considerável para tirar água deles e dedica-se muita atenção a impedir que ela não seja sujada por carneiros e cabras, os quais têm suas valas especiais. Algumas vezes surgem brigas por causa dessas valas.

O problema da água relaciona-se intimamente com o da vegetação. Em seus movimentos periódicos, os Nuer procuram tanto pastagens quanto água para beber, e conduzem o gado para onde sabem que se pode obter ambas as coisas. Quando os boiadeiros

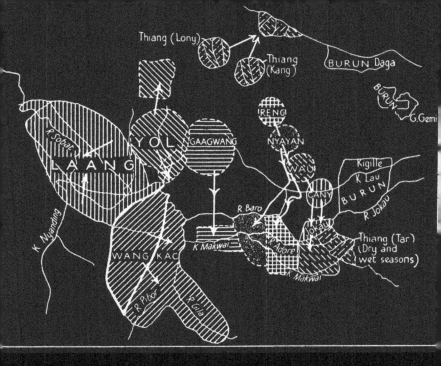

O mapa mostra a distribuição das seções tribais dos Jikany orientais (as setas partem da área das aldeias e conduzem aos acampamentos da estação da seca) (segundo C. L. Armstrong)

levam o gado do acampamento para o pasto, não o guiam de maneira acidental através da planície, mas intencionalmente através de trechos de grama suculenta. É também provável que não só os movimentos diários e periódicos sejam influenciados pela distribuição da relva, mas também que a direção em que se dá a expansão dos Nuer tenha sido controlada por seu *habitat*. Os Nuer afirmam que não invadiram a terra dos Ngok Dinka porque é uma terra de pastagens pobres e que pouco se interessam pelo reino Shilluk pela mesma razão.

O começo das chuvas é a estação da engorda, pois é quando a relva germina ou renova seu crescimento depois da longa estiagem, e o gado pode pastar os brotos até se fartar. À medida que aumentam as chuvas, pastar torna-se mais difícil, estando o solo inundado e a vegetação espessa, e isso, nos anos de água alta, pode ser um problema sério. O gado tem de depender da relva baixa que predomina nas elevações das aldeias: mais uma outra razão que leva os Nuer a ocuparem esses lugares nas chuvas. Quando para a chuva, a relva muito podada dessas elevações logo murcha, enquanto que a relva espessa das planícies impede os movimentos dos rebanhos e não constitui mais boa pastagem. Por conseguinte, os Nuer apressam-se em queimá-la tão logo esteja seca, já que algumas espécies brotam de novo poucos dias após a queimada – provavelmente aquelas que possuem raízes bastante longas para absorver a água retida nas camadas de argila e uma formação em moita que protege o miolo das plantas das chamas. Não fosse esse hábito, o gado não poderia sobreviver, em qualquer caso no interior, durante um ano seco. Quando a relva foi queimada, o gado pode andar para onde quer, não sendo mais impedido pela água à flor da terra e pelo crescimento excessivo da relva, e satisfaz seu apetite com os brotos novos. Quando a água vai ficando mais escassa e as pastagens mais pobres, os Nuer lançam mão dos reservatórios permanentes, onde fazem grandes acampamentos, e o gado pode pastar as plantas de brejo que abundam em inúmeras depressões e dão bom leite. Em maio, quando começam as novas chuvas, eles podem retornar a suas aldeias. O pouco gado que os Nuer possuem, os vastos espaços que podem explorar e sua existência nômade garante que em parte alguma o gado prejudicará a vegetação pastando demais.

Assim, variações nas reservas de água e na vegetação forçam os Nuer a se mudarem e determinam a direção de tais mudanças. Numa seção mais adiante, veremos que a pesca também tem peso nesses movimentos. Em fins de novembro ou começo de dezembro, os rapazes e algumas das moças levam o gado das aldeias para acampamentos, geralmente a alguns quilômetros de distância, deixando os mais velhos para fazer a segunda colheita de sorgo e efetuar reparos em choupanas e estábulos. Geralmente deixa-se

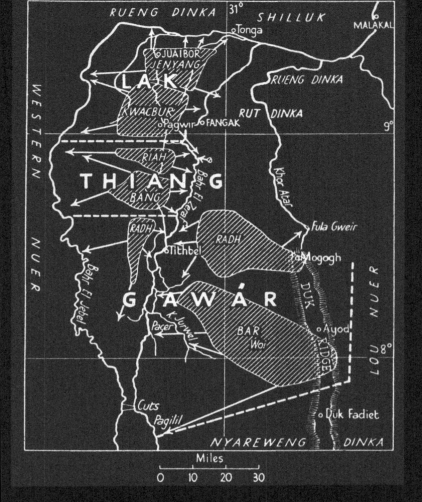

O mapa mostra a direção (indicada pelas setas) da movimentação na estação da seca das tribos do Zeraf (segundo B. A. Lewis).

72 OS NUER

algumas vacas de leite para fornecer leite às crianças pequenas. Esses primeiros acampamentos (*wec jiom*) são feitos perto de poças, em lugares onde a relva já foi queimada. Na região dos Lou, eles são feitos muitas vezes em florestas de espinheiros, onde a *Balanites aegyptiaca* é abundante, mas em muitas partes da terra dos Nuer, especialmente a oeste do Nilo, eles são feitos nas margens dos rios por causa da pesca. Quando foi feita a segunda colheita, o gado, se está bastante próximo, é trazido de volta às aldeias para comer os talos de sorgo. À medida que as poças vão secando, os pastos se esgotando ou a pesca ficando mais pobre, os jovens fazem novos acampamentos, onde vêm juntar-se as pessoas casadas e podem chegar a mudar de acampamento várias vezes antes de se fixarem no local do acampamento final (*wec mai*), ao lado de rios ou lagos em janeiro e fevereiro. Os primeiros acampamentos são pequenos, sendo cuidados por alguns poucos parentes, mas tendem a aumentar de tamanho à medida que a estação avança e a água torna-se mais rara, e os acampamentos finais podem chegar a abrigar várias centenas de pessoas.

Os movimentos feitos na estação das secas pelas tribos lou, jikany do leste e do rio Zeraf são mostrados nos mapas esquemáticos que acompanham esta seção. Pertencentes às tribos do Sobat, os Lou ficam no interior até quando podem e, em anos úmidos, permanecem no interior por toda a estação da seca, procurando as poças mais fundas, algumas grandes o bastante para serem chamadas de lagos, por exemplo Muot tôt, Muot dit, Fadin, Fadoi, Gwong-gwong, Yollei, TepjoreNyerol. Se forçados a abandoná-las, a seção primária *gun* muda-se para norte do Sobat e sudoeste das planícies alagadas do Bahr ei Zeraf, na região dos Twic Dinka, e a seção primária *mor* muda-se para nordeste do rio Nyanding e para leste do Geni e Pibor. Em épocas antigas, ocorriam frequentemente lutas se os Lou se mudassem para esses locais de acampamento, porque as margens do Sobat estavam em mãos dos Balak Dinka, enquanto que a ocupação do Geni e Pibor era disputada pelos Anuak e Beir e a mudança para o sudoeste constituía uma invasão das pastagens dinka. Até mesmo os braços mais inferiores do Nyanging não pertencem aos Lou, mas aos Gaajok. Por conseguinte, é provável que eles só se mudassem para tais locais quando absolutamente necessário.

Os Jikany do leste não têm tanta necessidade de mudar-se quanto os Lou. Não obstante, eles procuram os rios ou pântanos antes que a estiagem esteja muito avançada. As três seções primárias dos Gaajok mudam-se da seguinte maneira: os *laang* concentram-se no Sobat, os *wangkac* mudam-se para sudeste às margens do Pibor e Gila, e os *yol* ou fazem acampamento perto da junção do Wokau com o Sobat, ou vão para o norte, ao longo das margens do pântano Machar. Os Gaagwang mudam-se para a extremidade ocidental do Khor Makwai. As seções primárias dos Gaajak mudam-se como se segue: as seções *thiang* do norte (*kang* e *lony*) vão para o rio Daga, enquanto que a seção *thiang* do sul (*tar*) e as seções *reng, nyayan, wau* e *cany* fazem acampamento nas margens do Baro, do Jokau, do Adura e do Makwei, principalmente na Etiópia.

As três tribos do rio Zeraf procuram o Bahr ei Jebel e o Bahr ei Zeraf e os afluentes desses dois rios, como é mostrado no esboço feito pelo Sr. Lewis. Os

Il. VII:

a) Casas no solo elevado (Lou).

b) Casas no solo elevado (Lou).

Gaawar que vivem na margem esquerda do Zeraf podem construir suas aldeias em terreno alto perto do rio e não precisam mudar-se para longe na estiagem. Os Nuer do oeste acampam principalmente perto de riachos do interior que não se distanciem muito de suas aldeias. A seção primária *karlual* da tribo leek principalmente concentra-se primeiro no riacho Loogh e, depois, no Cal e no Wangtac, que estão ligados ao Bahr el Ghazal. Os Dok fazem acampamento perto de poças no leito de riachos do interior. Os Jikany do leste mudam-se para os pântanos jikany às margens do Bahr el Ghazal. Sem entrar em detalhes (que, na verdade, não poderia fornecer) sobre a disposição dos Nuer do oeste na estação da seca, pode-se dizer que eles viajam muito menos do que as tribos Nuer do leste, especialmente os Lou.

Seções e aldeias diferentes tendem a mudar-se por volta da mesma época e a visitar os mesmo reservatórios todos os anos, embora variem o tempo, o espaço e, até certo ponto, o grau de concentração de acordo com as condições climáticas. Geralmente, contudo, os principais acampamentos da estação seca são formados anualmente nos mesmos locais. Quando começam as chuvas em maio, as pessoas mais velhas voltam às aldeias a fim de preparar o solo para o plantio, e a elas se reúnem os rapazes e moças, em junho, trazendo consigo o gado. Quando os jovens retornam, todo o acampamento é desfeito no mesmo dia, e o gado levado à aldeia com o mínimo possível de paradas. O movimento de aldeias para acampamentos, pelo contrário, é menos harmonioso e abrupto. Os membros mais jovens de duas ou três famílias formam um pequeno acampamento, depois da queimada de novembro, quando e onde desejam. Alguns dias mais tarde, podem-se reunir a eles outras pessoas da mesma aldeia, ou estas podem formar um acampamento separado. Ainda há água e algum pasto nos locais das aldeias e ainda há trabalho a ser feito em hortas e casas. Assim, enquanto que os acampamentos transformam-se em aldeias da noite para o dia, as aldeias se transformam mais vagarosamente em acampamentos. No auge da estiagem, todos estão em acampamentos e as aldeias estão silenciosas e desertas.

O ano consiste, assim, em um período nas aldeias e um outro nos acampamentos; e o período no acampamento divide-se em começo da estiagem, quando os jovens mudam de um pequeno acampamento para outro, e parte mais avançada da estiagem, quando todos se concentram nos grandes acampamentos em torno de reservatórios permanentes, que não deixam enquanto não voltam para suas aldeias.

III

Os Nuer são forçados a formar aldeias para ter proteção contra inundações e mosquitos e para poderem dedicar-se à horticultura, e são forçados a deixar as aldeias para formar acampamentos em virtude da seca e escassez da vegetação e para dedicar-se à

ECOLOGIA

pesca. Descreverei tais aldeias e acampamentos de modo muito sumário.

Algumas tribos estão melhor providas em matéria de localização do que outras. Os Lou e os Jikany do leste são especialmente afortunados nesse aspecto, mas na parte ocidental da terra dos Nuer, embora haja muitas elevações adequadas, a região é mais inundada e há menos trechos elevados; excetuam-se, pelo que pude observar, algumas seções das tribos leek e dok, que estão melhor providas do que as tribos que se situam entre elas.

O que se precisa em um local para aldeia não é espaço apenas para construir, mas também para cultivar e pastar. Muitas aldeias estão encarapitadas em montes (Ils. VII e XVI), cujas superfícies são acumulações de detritos, ao lado de rios cujas margens são alagadas, e o gado pasta nas encostas ou em florestas de espinheiros próximas, onde também são cultivados jardins. É mais comum que as casas estejam enfileiradas em elevações de areia (Il. VIII), com comprimento de um quilômetro e meio a três e algumas centenas de metros de largura, locais que permitem uma maior divisão espacial entre elas; as hortas situam-se atrás e os pastos a sua frente. Nalgumas partes da terra dos Nuer, especialmente nas tribos mais favorecidas que mencionei, trechos de terreno mais elevado, algumas vezes com vários quilômetros de comprimento, permitem que as pessoas construam em qualquer lugar (exceto perto das depressões estreitas que os cortam), e grupos pequenos de casas pontilham aqui e ali, rodeados e separados pelas hortas e pastos. Os Nuer preferem viver nessa maior intimidade e não mostram ter inclinações para a verdadeira vida de aldeia.

Ao fazerem suas aldeias em terreno elevado, os Nuer mantêm a si mesmos e a seu gado acima da inundação que ocupa toda a vasta planície embaixo e ganham alguma proteção contra as nuvens de mosquitos que se criam nas águas paradas. Na parte ocidental da terra dos Nuer, pude ver diques baixos de lama nos sopés das elevações ocupadas, os quais retêm a água nas grandes cheias. Como sempre se constrói nos pontos mais elevados, as chuvas torrenciais que caem diariamente depois de junho escorrem pelos declives, de modo que o chão duro dos *kraals* logo seca. Pode-se julgar como são terríveis essas chuvas pela Il. XIV, tirada sob o abrigo de minha barraca durante uma chuva moderada de agosto, e a maneira como alagam tudo consideravelmente, exceto os locais das aldeias, pode ser visto na Il. XII, que mostra uma plantação de sorgo, em local mais elevado do que a planície, em outubro. Num giro pela parte ocidental da terra dos Nuer feito em outubro de 1936 – ano bastante seco –, caminhamos quase que continuamente dentro de vários centímetros de água, durante dezessete dias, além de termos tido de atravessar várias depressões profundas. Nalgumas partes do território lou e jikany oriental, especialmente na região dos Gaajak, as pessoas constroem em clareiras da floresta de espinheiros; mas, em geral, os Nuer preferem fazer suas aldeias em terreno aberto, mesmo quando há florestas por perto, porque o gado fica melhor protegido dos animais selvagens, das pestes transmitidas por insetos e da umidade, e, aparentemente, também porque o sorgo não se dá bem em regiões com florestas. Parece que construir no aberto também livra dos cupins.

Uma casa nuer consiste de um estábulo e algumas choupanas. Os estábulos são de um tamanho e habilidade que têm provocado a admiração de todos os viajantes. Sua forma, e a aparência que têm as choupanas, pode ser vista em várias ilustrações, e seu modo de construção é retratado de maneira excelente na foto batida por Corfield (Il. XVIII). É necessário, apenas, explicar que os telhados são sustentados por troncos de árvores erguidos dentro dos celeiros. Tanto estábulos, quanto choupanas, são de taipa, embora na região ocidental da terra dos Nuer, onde há menos florestas, feixes de talos de sorgo sejam empregados como vigas. A construção e reparação em geral têm lugar no começo da estação da seca, quando há bastante palha para os telhados e bastante sorgo para fornecer cerveja aos que ajudam no trabalho. Durante as chuvas, ergue-se cercas a partir dos estábulos, seguindo dois lados do *kraal* e em torno das choupanas, a fim de controlar os movimentos do gado e impedir que este provoque confusão nas casas e estrague as colheitas (Il. XVII). Usar os pastos, relva, árvores, etc. é direito comum de todos os membros de uma comunidade aldeã.

É frequente que as famílias mudem sua residência de uma parte da aldeia para outra e de aldeia para aldeia, e, no caso de aldeias pequenas, se ocorreram muitas mortes, o gado escasseia e há muitas lutas dentro da aldeia, ou se os pastos e culturas estão exauridos, pode ser que toda a comunidade se mude para novo local. Depois de uns dez anos, tanto os pastos quanto as hortas mostram sinais evidentes de exaurimento na elevações menores, e choupanas e estábulos precisam ser reconstruídos depois de uns cinco anos.

Nos acampamentos da estação seca, os homens dormem em abrigos contra o vento e as mulheres em choupanas com forma de colmeia, ou ambos os sexos, em choupanas com forma de colmeia. Esses frágeis abrigos são erguidos a poucos metros da água, geralmente formando um semicírculo ou enfileirados, dando as costas ao vento mais frequente, e são construídos com simplicidade, enterrando-se bem compactas as raízes de grama ou, vez por outra, os talos do sorgo, dentro de uma vala estreita (no caso de abrigos contra o vento), e juntando-se os topos da relva e cobrindo-se a parte exterior com esterco (no caso de choupanas) (Ils. XV, *a*, XIX, *a* e XXI, *b*). Todo o espaço interno dos abrigos contra o vento é ocupado por uma camada de cinzas, sobre as quais os homens dormem agrupados em torno de uma fogueira; as aberturas dão

ECOLOGIA

frente para o *kraal*. Se as pessoas não pretendem passar mais do que uns poucos dias em determinado lugar, frequentemente dormem ao relento e não se dão ao trabalho de erguer abrigos contra o vento, nem choupanas. Essas moradias frágeis podem ser erguidas em poucas horas.

IV

Outra circunstância que determina os movimentos dos Nuer é a abundância de insetos, que constituem uma ameaça sempre presente, pois o gado descansa pouco com picadas de moscas e carrapatos da manhã até a noite e chega mesmo a morrer se seu dono não lhe dá alguma proteção.

Os mosquitos abundam na estação das chuvas, causando terríveis danos entre julho e setembro, quando, no momento em que o sol se põe, homens e animais têm de procurar refúgio em choupanas e estábulos. As portas das choupanas são fechadas firmemente, as aberturas de ar são tampadas, e acende-se fogueiras. No centro dos estábulos que abrigam o gado, queimam grandes fogueiras de esterco que os enchem de fumaça tão densa que não se pode nem ver o gado. Rapazes dormem em plataformas situadas acima das fogueiras e, se a fumaça diminui – as portas estão fechadas, mas ela escapa através do telhado de palha –, eles descem para colocar mais combustível. Graças a esse meio, os animais conseguem descansar um pouco de noite. No final da estação das chuvas, enquanto o gado ainda está nas aldeias, ele é deixado nos *kraals* até o momento de os donos irem dormir, quando ele é fechado nos estábulos a fim de protegê-lo contra os leões. Nessa estação, as fogueiras não são tão altas, pois os mosquitos dão menos trabalho, já que não há água à flor da terra, o sorgo já foi cortado e a relva está aparada. Quando a estação já vai mais adiantada, é frequente que os homens que permaneceram nas aldeias enquanto os demais foram para os acampamentos ergam abrigos contra o vento nos *kraals* e passem a noite ao ar livre, junto com algumas vacas que tenham sido deixadas para trás. Na estação da seca, os mosquitos estão ausentes exceto perto de poças e pântanos, e mesmo nas vizinhanças da água eles não criam problemas de janeiro a maio, de modo que os rebanhos podem dormir ao relento. Não obstante, os rebanhos são rodeados por abrigos contra o vento, dentro dos quais dormem os donos, ao lado de fogueiras de esterco das quais, por toda parte, ergue-se uma fumaça que envolve todo o acampamento.

Outra praga desagradável é a mosca *seroot*. O aparecimento dela é sazonal, florescendo nos dias chuvosos de maio a julho, embora algumas vezes surja em outras épocas do ano. As *seroot* atacam o gado de manhã e acompanham-no ao pasto, onde picam com tanta eficácia que ele muitas vezes é trazido, manchado de sangue, de volta ao acampamento, onde se acendem fogueiras de esterço para protegê-lo. Em tais dias o gado fica impossibilitado de pastar adequadamente por mais do que duas ou três horas. Outra mosca que pica, a *stomoxys*, e subsiste o ano inteiro, sendo especialmente notada na estação seca e no começo das chuvas. Esta mosca é provavelmente a responsável pela presença de tripanossomíase em regiões da terra dos Nuer, especialmente entre os Jikany do leste, ao transmitirem os tripanosomas diretamente de sua probóscide de animal para animal, já que a tsé-tsé não existe na terra dos Nuer, talvez com exceção de suas extremidades mais orientais (embora o caráter letal delas seja bem conhecido pelos Nuer). Existem outros insetos que incomodam o gado, mas não se sabe se algum deles é transmissor de doenças nessa latitude. Pode-se mencionar o carrapato bovino de oito pernas, que os Nuer extraem do corpo de seus animais quando estes voltam ao acampamento ao anoitecer – embora não o façam com bastante frequência ou sistematicamente –; um inseto chamado *tharkwac*, que dizem alimentar-se do corpo do gado embora suas picadas não provoquem sangramento; uma mosca chamada *miek*; e a mosca preta comum, cuja aparência é a mesma de nossa mosca doméstica, e que incomoda bastante o gado no tempo de calor – parece que a umidade e o frio a exterminam. Vez por outra as formigas vermelhas infestam os estábulos, fazendo com que o gado tenha de ser retirado enquanto o chão é coberto com cinzas; contudo, elas são raras na terra dos Nuer. Os Nuer ficam indefesos perante a maioria desses insetos, embora, sem dúvida alguma, a fumaça contribua para afastá-los.

Falando por experiência própria, posso dizer que se é continuamente atormentado pelos insetos na terra dos Nuer, especialmente pela mosca preta e pelo mosquito. É evidente que o gado sofre consideravelmente com as atenções destes e restam poucas dúvidas no sentido de que essa irritação constante diminua sua vitalidade e afete o fornecimento de leite, pois raramente chega a ter algum descanso real. Em tais circunstâncias, sua resistência e capacidade para suportar provações é notável.

Uma vez que várias espécies de tsé-tsé no Sudão meridional carregam tripanosomas patogênicos ao gado, é bom para os Nuer que elas não existam em sua região. Essa imunidade deve-se indubitavelmente à falta de florestas sombreadas, falta essa que, por sua vez, deve-se provavelmente às enchentes, em parte maior, e às queimadas, em parte menor. A existência da tsé-tsé no cinturão de florestas que se estende ao longo das encostas da cadeia etíope impediu que os Nuer se expandissem mais para leste do que o fizeram, pois é claro que uma das razões pelas quais evacuaram a terra dos Anuak foi a perda de gado. No que diz respeito à tsé-tsé, os Nuer, no território atual, ocupam uma posição mais favorável do que a maioria dos povos do Sudão meridional.

Outro ponto de grande importância que deve ser levado em consideração é a presença de muitos organismos microscópicos causadores de doenças em homens e reses. Esse não é um assunto sobre o qual podemos discorrer longamente. Pode-se dizer, contudo, que, no que se refere ao gado, este sofre de muitas doenças

Il. VIII: Areial com estábulos no horizonte (Dok).

diferentes, e os Nuer em geral têm algum tratamento para elas, embora se possa duvidar da existência de algum valor terapêutico. As duas doenças contagiosas mais sérias são a pleuropneumonia bovina, que em alguns anos provoca grande mortalidade entre os rebanhos, e a peste bovina. A peste bovina entrou no Sudão há não mais de cinquenta anos, e os Nuer referem-se ao período anterior a sua vinda, juntamente com os invasores árabes e na época da iniciação do conjunto etário *boiloc*, como "a vida do gado". Eles não têm meios de combater a praga depois de esta ter atacado um rebanho, mas sabem que o rebanho contaminado precisa ser isolado. Agora já estão tão acostumados com ela que geralmente tomam a precaução de dividir seu rebanho na estação da seca, quando a peste prevalece, e colocam os animais em acampamentos bem distanciados uns dos outros, de modo que, se a peste surgir em alguma parte da região, o gado que se encontra em outras partes poderá escapar. Sabe-se que o animal que se recupera da doença está imune de outros ataques e seu valor, por esse motivo, é aumentado, embora os Nuer saibam que os bezerros gerados por esse animal não gozam da mesma imunidade. A Srta. Soule diz-me que os Nuer afirmam poder dizer se um animal teve peste bovina, raspando a ponta dos chifres e observando a cor sob a superfície. Se for branca, o animal está imunizado. Embora ameaçados pela fome nos anos em que há peste, os Nuer enfrentam a praga com resignação e frieza.

A peste bovina tem causado e continua a causar uma terrível devastação nos rebanhos. Não se pode fazer uma estimativa de quais, e até que ponto, foram as mudanças sociais que resultaram dessa perturbação do equilíbrio ecológico. Já que a riqueza de casamentos consiste em gado, deve ter havido por algum tempo um deslocamento considerável de arranjos matrimoniais, mas atingiu--se a estabilidade, hoje, diminuindo-se o número de cabeças de gado que têm de ser pagas. Um entendimento semelhante em novas bases não parece ter sido alcançado nas negociações por homicídio, onde, entre as partes, não existe a mesma boa vontade que há nos casamentos, e parece que a indenização de sangue tem sido exigida, no presente, nas antigas bases de pagamento, embora os Nuer reconheçam que as riquezas de casamento e de sangue devem subir e baixar juntas. Não se pode fazer qualquer afirmação precisa sobre o assunto, mas é provável que as rixas fossem concluídas com menos facilidade do que antes e que, consequentemente, as relações tribais fossem afetadas. Também se pode supor que a diminuição nos rebanhos levou a uma deterioração geral do padrão de vida, pois as condições climáticas não permitem compensações adequadas através de maior trabalho na horticultura. Não há dúvida de que os Nuer cultivavam mais sorgo do que antes, mas devem ter sofrido um decréscimo em sua reserva total de ali-

ECOLOGIA 81

mentos e, acima de tudo, em sua segurança. Mais adiante veremos que os Nuer não podem subsistir em uma economia puramente agrícola mais do que podem (em todo caso desde que apareceu a peste bovina) subsistir em uma economia puramente pastoril. Eles precisam ter uma economia mista e podem compensar um aspecto ou outro apenas até um ponto muito limitado. Os Nuer procuraram, como alternativa, reparar suas perdas pilhando intensivamente seus vizinhos dinka, transferindo para estes as perdas de cabeças de gado que sofreram. Sabemos que os Nuer pilhavam os Dinka antes que a peste surgisse na região, mas é provável que as relações estrangeiras tenham sido afetadas por um maior estímulo à agressão. Outros efeitos prováveis poderiam ser apontados, especialmente nas relações de parentesco, porém pode-se apenas conjeturar sobre sua importância; por conseguinte, limitamos nossas especulações àquelas poucas que podemos supor terem ocorrido na economia e vida política nuer.

V

Já foi observado no Cap. 1 que, para subsistir, os Nuer têm de lançar mão de uma economia mista, já que seus rebanhos não fornecem alimentação adequada. Veremos mais adiante que a safra de sorgo não raro é magra e incerta. Peixes, portanto, constituem um artigo indispensável na alimentação e a procura deles influencia os movimentos periódicos.

Os rios abundam em peixes de muitas espécies comestíveis, que complementam grandemente a dieta dos Nuer na estação da seca e permitem que eles sobrevivam nos anos em que as safras são destruídas ou há epidemias de gado. Ao escolher locais para os acampamentos, leva-se em consideração as possiblidades de pesca, além da água e dos pastos. Não obstante, os Nuer não se consideram um povo aquático e desprezam povos como os Shilluk que, segundo eles, vivem principalmente da pesca e da caça aos hipopótamos. Apesar dessa insinuação de superioridade, os Nuer apreciam a pesca e a sensação de bem-estar fornecida por uma dieta completa de peixe. Pode-se julgar como eles pescam bastante no ápice da estação da seca pelo fato de que se pode ver, ao longo do Baro e do Sobat, acampamentos de pesca sem gado (*kal*), nos quais, exceto um pouco de cereais, leite de cabra e um eventual animal selvagem, as pessoas vivem exclusivamente de peixe durante várias semanas. São pessoas pobres que, ou não possuem gado, ou possuem uma ou duas vacas que foram deixadas sob os cuidados de parentes mais ricos (pois, se pudesse, Nuer algum iria viver sem seu gado), e que são desprezadas como tendo ascendência anuak ou balak dinka. Algumas tribos nuer pescam mais do que outras, segundo as oportunidades. Assim, a região Lou tem

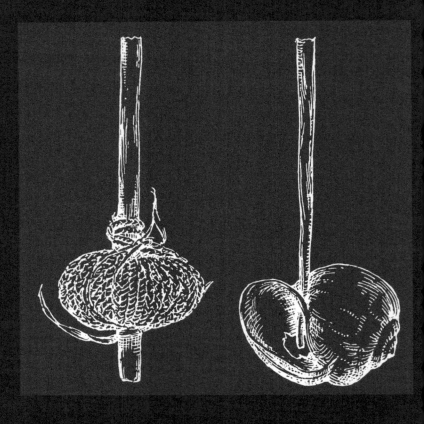

Fig. 10 – Instrumentos para atrair peixes.

ECOLOGIA

pesca pobre quando comparada com a Jikany oriental, que possui uma rede de cursos de água. As tribos e seções tribais guardam zelosamente seus direitos de pesca, e as pessoas que quiserem pescar intensivamente em um reservatório precisam primeiro obter permissão de seus proprietários se não quiserem provocar lutas.

São as enchentes periódicas, devido ao subir e baixar do nível dos rios e à planura da região, que permitem aos Nuer exterminar peixes em quantidades tão grandes, pois estes são levados para fora dos rios, onde são pouco acessíveis aos métodos simples de pesca nuer, para riachos e lagoas onde são mais vulneráveis. Os melhores meses são novembro e dezembro, quando os rios começam a baixar e a drenar riachos e lagoas, que podem ser represados em pontos convenientes e os peixes, arpoados, enquanto fazem esforços para continuar seguindo a correnteza. A pesca nos diques é feita principalmente à noite, acendendo-se fogueiras por trás dos pescadores, que fixam a atenção em uma fileira de varinhas de vime colocada a montante do dique e atiram suas lanças contra qualquer ponto da fileira que se mova, pois os peixes revelam sua presença ao baterem contra as varinhas. Meu amigo, o finado Sr. L.F. Hamer, que tirou as fotografias reproduzidas na Il. XXII, *a*, ao nascer do sol, calculou que se pesca quase uma centena de peixes por dique numa só noite. Os diques são baixados à medida que a água diminui.

Com o avanço da estação da seca, grande número de peixes fica preso em lagos e lagoas que não possuem vertedouro; à medida que vão secando, os peixes ficam confinados em espaços de água cada vez menores e são mortos por pescadores isolados que empregam lanças com rebarbas e arpões compridos (Ils. X e XXII, *b*) e, no final da estação, há matanças nas quais se pode empregar também ganchos e armadilhas feitas de cestos. A pesca é produtiva de modo bastante uniforme por toda a estiagem, aumentando um pouco no período da matança e aumentando por uma segunda vez no começo das chuvas, em abril e maio, quando os rios começam a encher novamente e a trazer os peixes para o raso, onde são facilmente arpoados entre caniços e ervas. Há pouquíssima pesca – com arpões em lagoas eventuais – depois que os Nuer voltaram a suas aldeias, pois estas situam-se principalmente no interior, distantes da água aberta, e os riachos são muito profundos e estão infestados de crocodilos para estimular a pesca. E também os peixes estão esparsos na água de enchente e são protegidos pela espessa vegetação de pântano. Os Nuer cujas aldeias situam-se nas margens de grandes rios, algumas vezes pescam de canoas escavadas em troncos de árvores (Il. IX) com arpões compridos; mas os Nuer possuem muito poucas canoas boas – e estas foram trocadas ou roubadas dos Anuak – pois não têm árvores nem habilidade para fazer mais do que embarcações grosseiras escavadas a fogo em coqueiros e sicômoros.

Os Nuer são bons arpoadores, mas, sob outros aspectos, não são pescadores muito engenhosos. Exceto eventuais peixes espetados com espantosa rapidez das proas das canoas e com arpões ou lanças, quando eles pulam ou sobem à superfície, os Nuer jamais veem sua presa; simplesmente atiram as lanças ao acaso em lugares prováveis, entre caniços e plantas, ou colocam relva e varinhas de vime para indicar a presença deles. Conta um mito que, era uma vez, todos os peixes eram visíveis ao olho humano, mas que Deus, depois, tornou-os invisíveis na água. A principal arma nuer é a lança com rebarbas, embora o arpão seja bastante empregado. Quando pescam no raso com lanças, eles algumas vezes batem na água com um maço de cordas ou com a casca de um caracol gigante preso a um pau (Fig. 10), a fim de atrair os peixes. Os peixes são comidos assados ou cozidos.

VI

A terra dos Nuer é também muito rica em caça, embora os Nuer não explorem intensivamente essa fonte de alimentos. Há enormes rebanhos de *tiang* e *cob*; abundam outros tipos de antílopes, bem como búfalos, elefantes e hipopótamos. Os Nuer comem todos os animais, exceto os carnívoros, os macacos, alguns dos roedores de menor porte e as zebras, e matam estas últimas para utilizar a pele e a cauda no sul da região Lou, por onde ela vagueia na estação da seca. Abundam leões, especialmente a oeste do Nilo, e constituem uma ameaça séria para os rebanhos, mas os Nuer os matam, bem como os leopardos (cujas peles são usadas pelos chefes), apenas quando atacam o gado nos *kraals* ou pastos, como ocorre frequentemente, em particular no começo da estiagem. Raras vezes saem para caçar animais, exceto gazelas e girafas, e perseguem apenas aqueles que se aproximam dos acampamentos. De fato, não se pode considerá-los caçadores entusiastas e pode-se mesmo dizer que tratam o esporte com alguma condescendência, sustentando que apenas a falta de gado faz com que o homem se dedique a ele com maior constância. Os rebanhos de vacas e ovelhas fornecem-lhes carne, e é provável que esse fato explique, em parte, sua falta de interesse pela caça; essa falta de interesse, contudo, também deve ser relacionada à natureza da região, uma vez que suas planícies abertas oferecem poucas oportunidades para a caça com lanças.

Os Nuer recusam todos os répteis, exceto crocodilos e tartarugas. Abundam avestruzes, abetardas, francolins e galinhas-de-angola, gansos, patos, marrecos e outras aves aquáticas, porém os Nuer acham vergonhoso que os adultos as comam e, exceto quando a escassez é muito grande, é provável que somente crianças, homens pobres sem gado e eventualmente um ancião as comam, e isso ra-

Il. XII:

Roça de sorgo
em outubro (Rengyan).

ramente e às escondidas, no mato. Eles não criam aves domésticas e demonstram uma repugnância particular à ideia de comê-las. Da mesma forma não se come ovos. Não se come insetos, mas o mel das abelhas selvagens é colhido depois da queimada de dezembro e janeiro e é comido ou no mato, ou em casa, com mingau.

A única tribo que possui mais do que um ou dois rifles são os Gaajak do leste, que os obtêm da Etiópia. Os Nuer caçam com cães e lanças, e dependem de sua rapidez, fôlego e coragem. Caçar durante as chuvas é, portanto, impossível, porque, não somente a vegetação espessa impede a perseguição, mas também os animais podem escolher qualquer lugar para ficar, havendo em toda parte água e alimentação suficiente. No ponto mais alto da estação da seca, eles são forçados a beber nos mesmos reservatórios, lagoas e rios que os homens, e a terra seca e nua permite caça aberta, já que, exceto quando seguem a pista de girafas, os Nuer caçam pela vista e não pelos rastros. Um ou dois homens podem enfrentar apenas gazelas, que são incomodadas pelos cães, e búfalos, que preferem o ataque à fuga. Outros animais, tais como ó *tiang*, o *cob* e o *gamo*, são mortos somente quando se aproximam de um acampamento e podem ser cercados por um grande número de homens jovens. Vi vários animais serem mortos no Sobat, sendo cercados do lado da terra e forçados a se embrenhar nos caniços, de onde só podiam fugir nadando pelo rio. Nesse distrito, e talvez em outros, os Nuer, impelidos pela fome, deixam os acampamentos depois das primeiras pancadas de chuva para procurar rastros de girafa e perseguem esses animais sem esmorecer, até alcançá-los. Isso é possível somente na época das primeiras chuvas, quando os animais ainda têm de aproximar-se dos acampamentos para beber e seus grandes cascos ficam grudados no solo molhado, tornando seus movimentos mais lentos. Os Nuer, especialmente os do rio Zeraf, possuem a reputação de terem coragem e habilidade na caça aos elefantes, que são cercados e atingidos pelas lanças de grandes grupos.

A caça nuer tem, assim, o mesmo caráter de simplicidade da pesca. Os Nuer usam poucos artifícios e, exceto a armadilha de rodas denteadas, nenhum artefato mecânico. Essa armadilha é usada pelos imigrantes dinka na maior parte das terras dos Nuer e por alguns dos Nuer lou, os quais, não obstante, consideram-no um artifício dinka e, em consequência, tendem a desprezá-lo, considerando seu uso como indigno de homens que possuem gado, mas permissível para pessoas pobres que podem, por esse meio, obter carne e mesmo gado, já que o pelo da girafa é muito valorizado para colares, tais como os que podem ser vistos nos Nuer em muitas ilustrações (especialmente Ils. I e XXVIII, *b*). Daí encontrar-se alguns membros de um acampamento colocando armadilhas enquanto que o restante não o faz. Eles as colocam em volta de reservatórios de água, no final da estiagem ou no começo das chu-

ECOLOGIA

vas, quando ainda há pouca água à flor da terra e o solo ainda não está bastante úmido para fazer com que os laços de couro apodreçam. Em 1930, no Sobat, foi capturado um grande número de girafas por meio das armadilhas de rodas denteadas, mas parece ter sido um ano excepcional. Se os Nuer cavam buracos para caça, eles são muito raros e podem ser encontrados apenas nas fronteiras das tribos dinka; e atear fogo a trechos de relva que sobreviveram à queimada anual a fim de atingir com lanças ou paus os animais que fogem das chamas é uma prática muito esporádica. Na estação da seca na região ocidental, e provavelmente em outras partes – embora não no Sobat –, os homens arpoam hipopótamos ao longo das trilhas que levam a suas pastagens noturnas. A caça aos hipopótamos, contudo, não é considerada prática nuer, mas sim um hábito shilluk e de algumas tribos dinka; e mesmo nas regiões em que os Nuer a praticam, diz-se que apenas homens com pouco gado se dedicam a ela. Podemos concluir que a caça não fornece aos Nuer muita carne e que eles não a apreciam muito enquanto esporte.

VII

Na maioria dos anos, frutas selvagens, sementes e raízes não constituem itens importantes da dieta nuer. A região está, em grande parte, destituída de árvores, e as frutas, portanto, são poucas; somente "tâmaras selvagens" (*Balanites aegyptiaca*), encontradas esporadicamente em trechos a oeste do Nilo e em trechos mais extensos a leste, fornecem muito sustento. As frutas amadurecem de janeiro a março, e come-se tanto as sementes quanto a polpa adocicada. Uma série de outras frutas são consumidas, especialmente pelas crianças. Os jovens que já foram iniciados recusam a maioria delas. As sementes e raízes dos nenúfares (*Nymphaea lotus*), que são encontrados em poças e lagoas no começo da estação da seca, são muito apreciadas. Colhe-se as sementes de "arroz selvagem" (*Oryza Barthü*), e várias plantas selvagens que crescem nas aldeias são usadas como tempero de mingau. Nos anos de escassez, presta-se muito mais atenção à safra selvagem. "Tâmaras selvagens" são, então, um grande substituto e as pessoas comem uma ampla variedade de frutos, que amadurecem principalmente no começo da estiagem, que são deixados de lado quando a fome não é grande; emprega-se também inhame-do-mato e as sementes de sorgo selvagem e outras relvas.

VIII

Ter-se-á notado que pesca, caça e colheita são ocupações da estação da seca e produzem, nessa estação, o complemento necessário a uma dieta de leite insuficiente. Na estação das chuvas, quando tais atividades não são mais rentáveis e o leite tende a diminuir, as chuvas pesadas, que provocam as mudanças responsáveis por essas perdas de suprimento, produzem condições adequadas à horticultura, impossível na seca, que irá substituí-las. A variação no suprimento de alimentos durante o ano inteiro e sua suficiência para a vida em todas as estações é, assim, determinada pelo ciclo anual de mudanças ecológicas. Sem cereais na estação das chuvas, os Nuer estariam em péssima situação, e, já que eles podem ser guardados, os Nuer podem também, até certo ponto, fazer reservas, para enfrentar a fome na estiagem.

As condições climáticas, juntamente com as enchentes e a planura da região, tornam impossível cultivar a maioria das plantas alimentícias da África Central, e os Nuer são especialmente desafortunados por não terem uma safra de raízes como reserva para os anos de fome. Pode-se duvidar que eles pudessem cultivar quaisquer outras colheitas além das que têm agora sem uma irrigação intensiva na estação da seca, e isso não é compatível com seu nomadismo. Essas colheitas não formam uma lista que impressione. O principal cultivo é o sorgo (*Sorghum vulgare*), do qual fazem duas colheitas, e plantam um pouco de milho perto de suas choupanas e algum feijão (*Vigna*), o único vegetal hortícola, entre o sorgo. Além dessas três plantas alimentícias, eles cultivam um pouco de tabaco sob o beiral do telhado das choupanas e plantam cabaças que trepam pelas cercas do *kraal*. O sorgo é consumido sob a forma de mingau e cerveja; o milho é assado, principalmente, embora às vezes seja comido como mingau; come-se feijão fervido ou cozido com mingau; o tabaco é usado como fumo de cachimbo, como rapé e para mascar; e as cabaças, segundo a espécie, são comidas ou transformadas em utensílios diários.

Sorgo, a safra principal, é a única dentre todas essas plantas, que precisamos fazer uma referência mais do que passageira. Depois de criar raízes, ele suporta bem condições que seriam fatais à maioria das plantas, e deve-se observar que espécies selvagens de sorgo florescem nessa latitude. O milho também é resistente, porém, embora seja importante para os Nuer porque é o primeiro cereal a ser colhido quando as reservas começam a se esgotar ou já terminaram, sua quantidade é desprezível, exceto nas margens do Baro. Os Nuer distinguem várias espécies de sorgo, principalmente pela cor das sementes, e conhecem as variedades que dão mais cedo, as que dão mais tarde, em que ordem amadurecem, as que fornecem boa farinha para mingau, e as que têm talos doces para mascar. A planta prefere argilas negras que retêm água, mas é muito adaptável e também amadurece nos trechos mais arenosos onde os Nuer constroem suas aldeias, embora nesses lugares apresente menos resistência à seca e uma segunda colheita seja muito incerta. A região Jikany oriental é talvez a melhor para o sorgo dentre todas as das terras dos Nuer e, embora muitas partes fiquem

ECOLOGIA 89

por demais alagadas para uma segunda safra, é a única seção que vi que chega em geral a fornecer cereal suficiente para o sustento da população. As áreas das tribos lak e thiang na ilha Zeraf, que não visitei, possuem a reputação de serem boas para cereais.

O sorgo não dá dentro da água, de modo que as hortas têm de ser feitas em solo mais elevado. Quando as circunstâncias permitem que se construa casas num amplo trecho de terreno, as hortas podem ser feitas quase que em qualquer parte entre elas; contudo, quando as casas se enfileiram ao longo de uma elevação, há menos escolha, pois o espinhaço da elevação é duro demais, não retém suficiente água e é necessário para pastagem. Cultiva-se, portanto, entre as choupanas e os estábulos, entre a parte mais alta da elevação e a planície. Entre os Nuer ocidentais, frequentemente constrói-se nas partes mais altas, onde há um ligeiro declive, pequenas represas para impedir que a água escoe das hortas. Se, pelo contrário, há probabilidades de que o sorgo fique alagado no declive da elevação para a planície, cava-se canais de drenagem, algumas vezes com várias dezenas de centímetros de profundidade e mais de cinquenta metros de comprimento, para levar o excesso de água para o mato. Essas hortas formam uma linha contínua por trás das casas e, se houver ali bastante terra para cultivo, as pessoas não irão cultivar em outro local. Se não há bastante terra, elas ou cultivam ao longo da elevação, além dos confins da aldeia, onde há muita umidade para construir, mas o terreno não fica encharcado demais para o sorgo, ou fazem hortas na floresta vizinha.

Há terra suficiente para todos dentro da escala nuer de exploração do solo e, consequentemente, não surgem questões sobre sua propriedade. Parte-se do princípio de que um homem tem o direito de cultivar o solo situado atrás de sua casa, a menos que alguém já o esteja usando, e o homem pode escolher qualquer lugar fora da aldeia que não esteja ocupado pela horta dos outros. Os recém-chegados sempre são, de alguma forma, aparentados a algum dos habitantes da aldeia, e parentes não brigam por causa de hortas. Além do mais, devido à conformação das aldeias nuer, existe uma correlação grosseira entre o tamanho da população e a área de terra cultivável, pois onde a terra adequada é limitada, também o é o espaço para construir.

Já foi observado que, uma vez pegado, o sorgo demonstra ter grande resistência às variações climáticas. O difícil é ele pegar. Muitas vezes, logo depois da semeadura, há um curto período de seca, e os brotos murcham e morrem. Algumas vezes isso ocorre porque as pessoas, famintas, plantam muito cedo, mas, em geral, isso é inevitável, porque, se esperarem demais antes de plantar, o sorgo pode ser atacado pela ferrugem e, nem dá, nem amadurece de modo adequado. Também acontece com frequência que chuvas pesadas e violentas destruam os brotos, golpeando-os contra a argila pegajosa ou lavando a terra de suas raízes. Não conheci uma única estação na terra dos Nuer em que a seca ou a chuva excessiva não tenham, até certo ponto, destruído as colheitas depois da semeadura. Os elefantes causam muitos danos depois que o sorgo superou o vulnerável estágio do broto, e soube de hortas de aldeias que foram parcialmente destruídas, três anos em seguida, por esses animais. Os pássaros também cobram um tributo anual quando o sorgo amadurece, mas os Nuer nada fazem para espantá-los, a menos que sejam em tal número que ameacem consumir toda a safra, caso em que constroem plataformas nas hortas para vigiar os pássaros. Nalguns anos – não sei com quanta frequência –, a região é visitada por gafanhotos que provocam uma destruição imediata e total. Em vários estágios de crescimento, galinhas-de-angola, corvos, avestruzes e alguns dos antílopes de pequeno porte causam muitos danos, e os gamos aquáticos mostram gostar muito da segunda safra. Algumas vezes, embora creia que seja raro, os Nuer constroem choupanas em suas hortas, se estas ficam distanciadas da aldeia, a fim de guardar o sorgo dessas depredações; mas em geral mostram-se pouco preocupados, esperando que a proximidade de moradias mantenha afastados os animais e – se isso não ocorre – aceitando as consequências com um desinteresse que algumas vezes beira a indiferença.

CALENDÁRIO HORTÍCOLA

abr.	mai.	jun.	jul.	ago.	set.	out.	nov.	dez.	jan.
plantar milho			colher milho						
	plantar o primeiro sorgo				colher a primeira safra de sorgo				
		plantar feijão			colher feijão				
			plantar sorgo *jaak*				colher sorgo *jaak*		
			plantar tabaco		colher tabaco				
					plantar a a safra de sorgo		colher a sergunda safra de sorgo		

Pesca de arpão em baixio (rio Sobat).

92   OS NUER

O calendário acima é aproximado, já que o tempo de semear e colher depende do começo das primeiras chuvas fortes, que varia de ano para ano. A estação hortícola começa em geral em fins de março para aqueles que podem passar a estiagem em suas casas ou, perto delas, às margens dos rios, mas a maioria das pessoas têm de esperar até poder voltar para suas aldeias em abril ou maio antes de poder começar a preparar as hortas. Pessoas casadas em geral voltam às aldeias na primeira metade de maio e começam a preparar o solo em torno de suas casas para o milho. No fim do mês, ou em junho, os mais jovens voltam com o gado e ajudam a limpar as hortas de sorgo do ano anterior e colaboram com o duro trabalho de preparar novo solo. Ervas em profusão crescem com o sorgo e é preciso carpir ao menos três vezes, e talvez quatro ou cinco. Quanto mais se carpe para a primeira safra, menos é preciso para a segunda.

Enquanto amadurece a primeira safra, faixas adjacentes são preparadas para a segunda (Il. XI, *b*), que é semeada pouco depois de a primeira ser colhida, em fins de agosto ou em setembro, e que cresce junto com os novos brotos que surgem das raízes da primeira safra, depois que os talos foram cortados. Na região oriental, a segunda semeadura é feita em meio a safra ainda não colhida ou num prolongamento da horta, mas, na região ocidental e em partes da ilha Zeraf, o solo está tão inundado que a semeadura é feita em montes de terra preparados para isso. Chamo novamente a atenção para a Il. XII, onde vê-se tais montes, pois ela mostra de maneira admirável como fica a terra dos Nuer nas chuvas e transmite uma impressão clara dos obstáculos com que se defronta a horticultura nuer. A segunda safra também tem de ser carpida várias vezes e,- já que a mesma horta será usada para a primeira semeadura quando das próximas chuvas, quanto mais for carpida agora, menos trabalho haverá depois. Em muitas partes da terra dos Nuer, a segunda safra pode ser tão grande quanto a primeira e é provável que, quando as condições locais são adversas para uma safra, elas favoreçam a outra. Parece que, enquanto o sorgo semeado no segundo plantio exige muita umidade e não floresce se as chuvas param cedo, o sorgo que brota dos antigos talos se dá melhor em condições mais secas e pode ser estragado por fortes pancadas de chuva que venham com atraso, de tal maneira que é provável que um ou outro amadureça e, em condições médias, ambos irão florescer.

Em alguns distritos das tribos lou e jikany do leste, a cultura do sorgo que amadurece devagar, chamado *jaak* (*Sorghum durra*), foi copiada dos Dinka. O local escolhido para plantar não sofre a queimada anual junto com a relva, mas sim no começo das chuvas que vêm a seguir, quando nova grama já brotou no meio da velha. Embora esse tipo de sorgo apresente certas desvantagens, firmou-se em alguns lugares porque exige menos preparação e carpidura e é muito resistente.

Os Nuer não conhecem nada sobre rotação de plantio, não possuindo, com efeito, vários tipos de plantio para fazer rotação, nem sobre adubação, embora o esterco do gado, as cinzas da relva e mato queimado funcionem, sem dúvida, como fertilizantes. Eles jamais deixam que suas hortas fiquem sem cultivo durante um ano a fim de que o solo possa recuperar-se, mas, pelo contrário, plantam ano após ano até que o solo fique totalmente exaurido, ocasião em que mudam o local de moradia, frequentemente transferindo--se durante alguns anos para nova aldeia. Não obstante, sabem que cada ano de cultivo significa maior deterioração e avaliam o em-

ECOLOGIA

pobrecimento do solo pelo tamanho dos pés de sorgo e da safra e pela presença de certas ervas que somente florescem em solo cansado. Uma horta é cultivada, anualmente, de cinco a dez anos e, após ter sido deixada sem cultivo durante algumas estações, é testada para ver se o solo ainda está duro e compacto, ou solto, macio e pronto para dar nova safra. Nas hortas cultivadas no mato, longe das aldeias, por outro lado, as pessoas não estão confinadas pelas hortas dos vizinhos e pode-se preparar a cada ano um pedaço virgem de solo numa das extremidades delas, abandonando-se um pedaço esgotado na outra extremidade.

As hortas nuer são muito pequenas. As medidas não fornecem uma ideia tão clara de seu tamanho quanto o fato de que, num ano médio, na maior parte da terra dos Nuer há cereal que basta somente até a safra seguinte se as pessoas forem muito econômicas durante a estiagem e subsistirem principalmente com leite e peixe, enquanto que, num ano ruim, é possível que tenham de passar sem mingau durante várias semanas. Também pode-se notar que os Nuer não constroem celeiros, mas acham suficiente, para o armazenamento, receptáculos feitos de plantas e cerâmica, que são guardados em suas choupanas. Contudo, podemos avaliar a importância que o sorgo tem para eles menos por sua quantidade, do que pelo lugar que ocupa na totalidade dos suprimentos alimentares, pois ele não é meramente um item substitutivo da dieta com alto valor nutritivo, mas um alimento essencial – já que sem eles, os Nuer se veriam em dificuldades para se manter vivos. Os Nuer reconhecem plenamente a veracidade desse fato e não desprezam a horticultura de maneira alguma, sendo, de um modo geral, horticultores esforçados.

Contudo, eles consideram a horticultura uma necessidade infeliz, que envolve trabalho duro e desagradável, e não uma ocupação ideal, e tendem a agir baseados na convicção de que quanto maior o rebanho, menor terá de ser a horta. Eles são boiadeiros e não camponeses. Nas ocasiões em que chamei a atenção para hortas mal cuidadas ou observei que as colheitas não recebiam proteção contra animais e pássaros, eles ficaram imperturbáveis, pois, enquanto seria vergonhoso descuidar-se do gado, não há sentimentos fortes em relação à falta de atenção pelas hortas. Quando lhes perguntava por que não plantavam mais sorgo, frequentemente recebia uma resposta do tipo: "Bem, nosso costume é esse. Nós temos gado."

Desejo realçar, em conclusão, os seguintes pontos: (1) os Nuer cultivam apenas cereal suficiente para constituir um dos elementos de suas reservas de alimentos e não o bastante para viver somente dele; (2) não seria rentável um aumento da horticultura com o clima e a tecnologia atuais; e (3) a predominância do valor pastoril sobre os interesses hortícolas estão conforme às relações ecológicas, que favorecem a criação de gado às custas da horticultura.

Os valores nuer e as relações ecológicas, portanto, combinam-se para manter a preferência pela criação de gado, apesar da peste bovina tê-la transformado numa ocupação mais precária do que anteriormente.

IX

Já foi dito que os Nuer precisam ter uma economia mista nas relações ecológicas dadas, porque nenhuma fonte única de alimentação basta para mantê-los vivos, e que a atividade predominante na produção de alimentos de cada estação é determinada pelo ciclo ecológico. Os diferentes elementos da dieta, portanto, possuem um relacionamento ecologicamente determinado uns com os outros e tais relacionamentos podem ser traçados de modo grosseiro.

Laticínios, sorgo (sob a forma de mingau e cerveja), um pouco de milho, peixe e carne são os itens principais da dieta nuer. Leite é alimento fundamental o ano todo, embora provavelmente as vacas tenham tendência a fornecer menos leite no final do período da chuva devido à insuficiência de pastagens, e diz-se que elas tendem a dar cria depois da primeira colheita e, portanto, a parar de dar leite algumas semanas antes – se for verdade, deve-se provavelmente a que o calor de fevereiro e março provoca o cio das vacas. Essa tendência periódica e as respectivas contribuições dadas pelo gado e sorgo para os suprimentos alimentares dos Nuer são ressaltadas por uma história em que a Vaca e o Sorgo estão discutindo. A Vaca diz que o Sorgo é uma pessoa sem importância e que é o leite dela que mantém as pessoas vivas por todo o ano, enquanto que, na escassez, as pessoas podem comer sua carne e viver. O Sorgo retruca que as afirmações da Vaca são indubitavelmente justas, mas que quando ele está maduro, as crianças ficam contentes porque mascam os talos adocicados, esfregam os grãos entre as mãos e os comem, e há bastante mingau e cerveja. A Vaca argumenta que, de qualquer jeito, o mingau sem leite não tem gosto e que o leite está terminado quando o Sorgo fica maduro. É difícil confirmar essas variações no fornecimento de leite ou avaliar sua importância, mas sua tendência para aumentar ligeiramente na estação da seca é indicada na tabela da página em frente.

O sorgo é consumido como mingau e cerveja em grandes quantidades nos meses compreendidos entre a primeira colheita e a partida para os acampamentos da estação seca. Se a colheita foi boa, as pessoas gostam de comer seu mingau quotidiano nos acampamentos, e, quando as reservas de cereal dos acampamentos estão acabando, as mulheres viajam até as aldeias para trazer mais. Quando os acampamentos são desfeitos e as pessoas voltam às aldeias, o consumo de sorgo aumenta, fazendo-se novamente cerveja, e, nos anos bons, há o bastante para satisfazer as exigências até que a nova safra fique madura. Num ano normal, os Nuer conseguem superar esses meses apenas se forem econômicos e se tiverem o cuidado de não usar muito cereal nos acampamentos. Somente nas partes mais favorecidas da região é que lhes é garantido um suprimento adequado durante o ano todo. Na maioria das regiões, existe sempre uma margem muito pequena entre a suficiência e a escassez, e, em anos ruins, a fome não é incomum. Se as colheitas não têm êxito, as pessoas subsistem com leite, peixe e frutos selvagens, e, em casos extremos, podem abater alguns de seus animais. A peste bovina é considerada a pior calamidade. Quando há, no mesmo ano, peste bovina e falha das colheitas, sabe-se que as pessoas mais velhas serão dizimadas. Muitos sofrimentos podem ser causados pela seca excessiva ou pelas inundações, que prejudicam tanto as colheitas quanto as pastagens.

Há anos bons e ruins para a pesca. Em geral, na maior parte da região, no auge das chuvas, o consumo de peixe é muito baixo, ou totalmente inexistente. Ele sobe rapidamente no começo do tempo seco e, após decrescer desse ponto de grande abundância, permanece bastante constante durante a estiagem, aumentando novamente com as primeiras chuvas. A carne de animais domésticos é consumida principalmente depois das colheitas, quando são feitos sacrifícios e festas. O gado raras vezes é abatido na estação da seca e, pelo que pude ver, os Nuer não abatem muitos animais selvagens, de modo que o consumo de carne é muito baixo nessa época do ano, embora a deficiência seja até certo ponto compensada pela sangria de vacas e, nos anos de peste bovina, pelo consumo das carcaças das vítimas. De modo geral, a curva do consumo de carne segue a do consumo de cereal. Não precisamos levar em consideração o consumo dos produtos silvestres em um ano normal, embora se possa ter em mente que eles são muito úteis nos anos de escassez, principalmente entre janeiro e abril.

Pode-se ver nesta tabela de consumo relativo, que é apresentada apenas enquanto uma aproximação virtual, que o peixe ocupa amplamente o lugar do cereal e da carne enquanto alimento principal, de janeiro a junho, e que, na época em que há maiores probabilidades de ocorrer escassez de leite e quando não se pega peixe

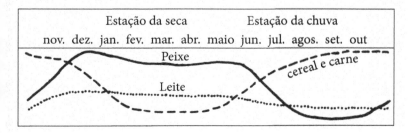

ou se pega muito pouco, é quando há bastante mingau e cerveja. "Os meses de fome", como são chamados pelos Nuer, vão de maio a agosto, quando o suprimento de peixe diminui rapidamente e o sorgo e o milho ainda estão amadurecendo. Os meses de fartura vão de setembro a meados de dezembro, quando há sorgo abundante e em geral muita carne, enquanto que o final desse período é a melhor época para a pesca. Os Nuer dizem que ganham peso nas chuvas e perdem-no na estiagem. Podemos concluir, acho eu, que mesmo nos anos normais os Nuer não recebem tanta alimentação quanto precisam. Sua dieta é bem equilibrada, mas não há o suficiente em algumas estações e não há excessos de que lançar mão nos anos de escassez demasiado frequentes. Muito dos costumes e do pensamento nuer devem ser atribuídos a essa insuficiência de alimentação. Numa de suas estórias, conta-se melancolicamente como, era uma vez, o Estômago do Homem tinha uma vida independente no mato e se alimentava de pequenos insetos assados pela queima da relva, pois "o Homem não foi criado com um estômago. Este foi criado separado dele". Um dia, o Homem estava caminhando pelo mato e encontrou ali o Estômago, e colocou-o em seu lugar atual para que ali se alimentasse. Embora, quando vivia sozinho, ele ficasse satisfeito com pequenas quantidades de comidas, agora está sempre com fome. Não importa quanto ele coma, está logo ansiando por mais.

A variação sazonal na quantidade e tipo de comida é sociologicamente significativa por várias razões, embora nem todas sejam relevantes para o presente estudo. É, contudo, importante notar que a abundância de sorgo é a razão principal para realizar cerimônias na estação das chuvas, pois o ritual raras vezes fica completo em mingau e cerveja e – já que consiste num sacrifício – também carne. Casamentos, ritos de iniciação e cerimônias religiosas de vários tipos têm lugar na estação das chuvas e no começo da estiagem, em geral depois da primeira colheita de sorgo. É também a principal época para pilhar os Dinka. Os Nuer dizem que a fome e a guerra são más companheiras, e que eles estão famintos em demasia para guerrear em plena estação da seca; e é evidente que, então, eles não estão tão dispostos a chegar às vias de fato por causa de desentendimentos pessoais e comunitários quanto estão nos meses de chuva, quando estão repletos de cereais e carne e (especialmente nas danças de casamentos) algumas vezes ligeiramente bêbados. Nem os jovens sentem tanta atração pela dança na seca, enquanto que, nas chuvas, eles dançam tanto quanto possível e nem se incomodam de ter de viajar muitos quilômetros para estarem presentes a casamentos, nos quais dançam desde o anoitecer até de manhã. O ritmo da vida na aldeia é diferente do ritmo da vida no acampamento. Devido às inundações no auge das chuvas,

Il. XI:

a) Savana aberta na estação seca (Lou).

b) Carpidura de plantação de sorgo para posterior semeadura (Lou).

essas atividades conjuntas têm lugar principalmente no começo e fim – de preferência no fim – da estação da chuva.

A ocasional escassez de alimentos e a pequena margem que durante a maior parte do ano separa a suficiência da fome provocam um alto grau de interdependência entre membros dos grupos locais menores, os quais, pode-se dizer, possuem um estoque comum de alimentos. Embora cada agrupamento doméstico possua seus próprios alimentos, cozinhe para si mesmo e abasteça independentemente as necessidades de seus membros, homens – e um pouco menos –, mulheres e crianças comem uns em casa dos outros até o ponto em que, olhando-se de fora, vê-se a comunidade inteira partilhando de um mesmo suprimento. As regras de hospitalidade e as convenções sobre a divisão da carne e do peixe levam a uma partilha muito maior da comida do que seria sugerido pela mera apresentação dos princípios da propriedade. Os rapazes comem em todos os estábulos da vizinhança; toda casa dá festas de cerveja que são frequentadas pelos vizinhos e parentes; as mesmas pessoas recebem comida e cerveja no mutirão feito por ocasião de qualquer trabalho difícil e trabalhoso; nos acampamentos, considera-se correto que os homens visitem os abrigos contra o vento de seus amigos para beber leite, e guarda-se para as visitas uma cabaça especial com leite azedo; quando se sacrifica um boi ou se mata algum animal selvagem, a carne é sempre, de uma maneira ou de outra, distribuída amplamente; espera-se que as pessoas presenteiem parte dos peixes que apanham àqueles que pedirem; as pessoas ajudam-se mutuamente quando há escassez de leite ou cereais; e assim por diante. Essa assistência mútua e consumo comum de alimentos, que se torna especialmente evidente nos compactos acampamentos da estação da seca, pertence mais ao tema das relações domésticas e parentesco do que ao presente relato. Desejo aqui apenas salientar os seguintes pontos: (1) Esse hábito de partilhar, e, da mesma forma, a partilha, é facilmente compreensível dentro de uma comunidade onde é provável que todos se encontrem em dificuldades de tempos em tempos, pois é a escassez e não a abundância que torna as pessoas generosas, uma vez que todos ficam, assim, garantidos contra a fome. Aquele que passa necessidades hoje recebe ajuda de quem pode estar em situação semelhante amanhã. (2) Enquanto a maior partilha se dá entre grupos menores, domésticos ou de parentesco, existe também bastante assistência mútua e hospitalidade entre membros de aldeias e acampamentos, que se pode falar de uma economia comum a essas comunidades, que são tratadas neste livro como os menores grupos políticos da terra dos Nuer e no interior dos quais presumem-se existir laços de parentesco, afinidades, conjuntos etários, e assim por diante.

ECOLOGIA

X

Fiz um exame do suprimento de alimento dos Nuer em relação à ecologia e farei agora um breve relato de sua cultura material, nos mesmos termos. Quando um Nuer nasce, ele entra, não apenas num meio ambiente natural, como também num meio ambiente domesticado, que é o produto do trabalho humano; e esse mundo fechado é construído a partir do mundo exterior, sendo sua forma e conteúdo estritamente limitados pelos recursos naturais. Não desejo, nem sou capaz de descrever os procedimentos tecnológicos e, para me desculpar até certo ponto dessa omissão, estou incluindo neste e num segundo volume um número extraordinariamente grande de ilustrações e figuras ilustrativas de muitos exemplos do artesanato nuer. Contudo, parecem ser pertinentes algumas observações gerais sobre as condições limitadas de produção.

Não há, na terra dos Nuer, as duas matérias-primas que desempenharam papel tão importante na manufatura de utensílios primitivos: ferro e pedra. Os Nuer sempre foram pobres em objetos de ferro. Até recentemente, eles possuíam muito poucas lanças de ferro, guardadas com amor, e usavam, em vez delas, chifres endireitados de antílopes e gamos, ébano e costelas de girafas, materiais que ainda são usados hoje em dia, embora quase que somente nas danças (Fig. 11). Usava-se enxadas de madeira para cultivar as hortas, e algumas vezes ainda são usadas hoje. Sinetas de ferro (Fig. 4) são raras e muito apreciadas ainda hoje, e, antigamente, anéis e pulseiras de ferro constituíam bens importantes. Sinos de madeira, anéis e pulseiras de marfim e couro substituíram as sinetas no uso diário. Os Nuer não possuem conhecimentos de fundição e muito poucos sobre a arte do ferreiro. Jamais vi uma forja e, embora por certo existam alguns ferreiros, sua arte é grosseira e pode ser considerada como uma inovação recente, ao menos na maioria do território nuer. Lanças compradas dos mercadores árabes são batidas a frio.

A terra dos Nuer também não possui qualquer tipo de pedra dura. De fato, fora das aldeias jamais cheguei a ver qualquer pedra. Por vezes, são trazidas de áreas vizinhas e empregadas como martelos, para alisar ornamentos de metal, para raspar peles, etc. Moer cereais parece ter sido uma introdução recente. O moedor é feito da madeira do espinheiro e a pedra de moer, de lama de pântano cozida misturada com cacos de cerâmica esmagados (Fig. 12). Com barro, lama e areia, os Nuer fazem também potes, receptáculos para cereais, cachimbos, brinquedos, pedras para lareira e para-fogos; constroem as paredes de estábulos e choupanas; e revestem o chão e demais partes da casa que desejam manter lisas e limpas.

A natureza, que lhes negou o ferro e a pedra, é mesquinha no dar madeira. São raras as grandes árvores. Espinheiros e arbustos fornecem madeira para construção, cabos de lanças, cabos de arpões, clavas (Frontispício e Il. VIII), pilões, descansos para a cabeça, cestos e peneiras. É provável que árvore alguma do território nuer sirva para talhar e os Nuer não possuem utensílios de madeira. Até mesmo o ébano que usam para fazer lanças não é encontrado em sua terra. O *ambash* cresce em algumas partes das áreas pantanosas e dele se faz um objeto que serve como bastão de aparar golpes, bolsa de tabaco, almofada e banco para sentar (Il. XXIX). As fogueiras dos estábulos e dos *kraals* são alimentadas com esterco seco, e a lenha é empregada somente na cozinha –

100 OS NUER

algumas vezes usando-se relva e talos de sorgo como substituto. Relva, talos de sorgo e outras plantas também são usadas para várias outras finalidades: vigas, abrigos contra o vento, telhados, cordas, cestas, etc. As cabaças são cultivadas para utensílios domésticos.

Não tendo ferro ou pedra, os Nuer empregam, assim, em vez deles, materiais vegetais e terrosos. Os produtos animais são também uma valiosa fonte de material, como se pode ver na lista dos usos dos corpos e produtos corporais do gado que se encontra nas pp. 36-38. Partes do corpo de animais selvagens substituem os do gado em alguns, mas não em muitos, desses usos; por exemplo: as peles de *tiang* e *cob* são usadas como tapetes para dormir, a pele do gamo aquático como membrana de tambores, a pele de girafa como corda, o escroto de girafa como sacola (Fig. 3), os chifres de búfalo como colheres (Fig. 14) e os ossos e couro de vários animais e as presas de elefante para pulseiras, adornos para as pernas, braceletes, anéis, etc. Podem também ser empregadas, embora aqui também até certo ponto, para finalidades para as quais os produtos bovinos são inadequados, por exemplo: couro de hipopótamo e de búfalo para escudos e sandálias, sendo também o couro de elefante usado para esta última finalidade; chifres e costelas, como já foi dito, para pontas de lança; peles de leopardo e gineto para o aparato ritual e cerimonial; e assim por diante. Os ovos de avestruz e as carapaças do gigantesco caramujo terrestre são transformados em cinturões, e as últimas são usadas para cortar as cabeças de sorgo, na colheita.

Já apontei alguns dos usos dos produtos animais a fim de dar ao leitor uma ideia geral das limitações impostas à economia nuer pelo meio ambiente e da maneira pela qual eles conseguem superar a pobreza natural da região. Tomando-os juntamente com a lista de usos feitos do gado, podemos dizer que os Nuer não vivem na idade do ferro, nem mesmo na idade da pedra, mas sim numa idade, seja qual for o nome que lhe dermos, em que plantas e animais suprem as necessidades da tecnologia.

Deficiência de suprimentos alimentares e outras matérias-primas podem ser corrigidas pelo comércio. Contudo, parece que os Nuer dedicaram-se muito pouco a ele. Muitas de suas armas e ornamentos de ferro vieram, provavelmente, através de mãos dinka, dos chamados povos jur (grupo bongo-mittu) e das seções das tribos dinka que sabem trabalhar o ferro, situadas a oeste do Nilo. Grande parte do ferro foi indubitavelmente pilhado, embora com certeza alguma parte tenha sido comercializada[2]. Os Gaajak do leste trocavam ferro por marfim com os Galla da Etiópia, porém duvido que tenha vindo algum ferro dessa fonte antes da conquista abissínia dos Galla orientais em fins do século XIX. No começo deste século, havia algumas trocas de marfim do território nuer para mercados etíopes em Gore e Sayo, e isso prosseguiu até recentemente. Uma distância considerável separava esses mercados da fonte principal de abastecimento na ilha Zeraf, e as pessoas da região oriental dos Gaajak durante a estação das secas, pelo menos em algumas dessas estações, levavam gado, tabaco e pontas de lança ao Zeraf e voltavam com marfim. Uma boa presa valia até vinte cabeças de gado[3]. Esse comércio foi proibido há alguns anos e provavelmente não tem uma longa história, porque viajantes anteriores não

2. Poncet, *op. cit.*, p. 44.
3. Bimbashi H. Gordon, *Sudan Intelligence Report*, n. 107, 1903.

ECOLOGIA

forneceram informações que poderiam nos levar a supor que ele existia antes da reconquista do Sudão e da conquista abissínia da Etiópia Ocidental. Houve algum intercâmbio de marfim no Zeraf entre Nuer e árabes a partir de meados do século XIX. Parece que ornamentos de metal e contas de vidro de Veneza eram oferecidas em troca. Pode ser que os Nuer tenham feito trocas por um pouco de tabaco e, possivelmente, por uma canoa esporádica, com os Anuak dos rios Baro e Gila, mas é mais provável que normalmente adquirissem esses objetos através de pilhagens. Não estou discutindo aqui o comércio muito reduzido realizado hoje por mercadores árabes que levam uma vida difícil e, em geral, pouco lucrativa, aqui e ali nos principais cursos de água. Os Nuer obtêm deles lanças, enxadas, anzóis, ornamentos e, de vez em quando, uma bigorna, uma pedra de amolar, etc., e eles adquirem dos Nuer peles de vaca, e algumas vezes cabeças de gado. Por esse meio, a economia nuer não foi muito afetada. Os Nuer não vendem sua força de trabalho.

Podemos concluir, portanto, que o comércio é um processo social de importância muito reduzida entre os Nuer. Muitas razões podem ser levantadas para explicar esse fato. Mencionarei apenas algumas. Os Nuer não têm nada para comercializar exceto gado, e não possuem qualquer disposição para desfazer-se dele; tudo que desejam intensamente é ainda mais gado, e, além da dificuldade de não terem nada a oferecer em troca, os rebanhos podem ser aumentados de modo mais fácil e agradável por meio de ataques contra os Dinka; raras vezes, estão em termos bastante amistosos com seus vizinhos para que o comércio possa florescer entre eles, e, embora possa ter havido algum esporádico intercâmbio com os Dinka e os Anuak, é provável que a maioria dos objetos obtidos desses povos tenha sido saqueada; eles não tem dinheiro, não têm mercados e não têm transporte, exceto os carregadores humanos; etc. Uma outra razão, e que deve ser realçada, é o interesse predominante dos Nuer por seus rebanhos. Esse foco limitado de interesse faz com que eles não prestem atenção aos produtos de outros povos, pelos quais não sentem, de fato, necessidade e, com bastante frequência, demonstram desprezo.

Há muito pouco comércio dentro da própria terra dos Nuer, não havendo grande especialização e diversidade na distribuição da matéria-prima. O único comércio que presenciei, além do intercâmbio de pequenos utensílios e serviços de pequeno porte mencionados na seção seguinte, é o intercâmbio de algumas reses, principalmente bois, feito pelos Lou, em troca de cereais dos Gaajok do leste num ano de escassez. Acho muito pouco provável que tais trocas ocorressem antes da ocupação do país pelos britânicos, embora houvessem por vezes, segundo os Nuer intercâmbio de um animal por cereais nos anos ruins, entre pessoas do mesmo distrito.

Deve-se reconhecer que os Nuer possuem uma tecnologia primária que, tomada juntamente com seu magro suprimento de alimentos e seu comércio esporádico, pode ter chegado a causar algum efeito sobre seus relacionamentos sociais e seu caráter. Os laços sociais estão como que estreitados e os habitantes das aldeias e dos acampamentos bastante unidos, num sentido moral, porque são, consequentemente, altamente interdependentes e suas atividades tendem a ser empreendimentos conjuntos. Isso pode ser visto melhor na estação da seca, quando o gado de muitas famílias é prendido num *kraal* comum e levado como se fosse um só rebanho para os pastos, e as atividades quotidianas são coordenadas num ritmo de vida comum.

Arrisco-me a ser acusado de falar levianamente quando sugiro que uma cultura material muito simples estreita os laços sociais de uma outra maneira. A tecnologia, sob um ponto de vista, é um processo ecológico: uma adaptação do comportamento humano às circunstâncias naturais. Sob outro ponto de vista, a cultura material pode ser considerada como parte das relações sociais, pois os objetos materiais são correntes ao longo das quais correm os relacionamentos sociais, e, quanto mais simples for uma cultura material, mais numerosos são os relacionamentos que se expressam através dela. Darei, sem maiores explicações, alguns exemplos. A família simples está vinculada à choupana, o agrupamento familiar ao estábulo, a família reunida à aldeola, a comunidade da aldeia a sua elevação de terreno e as comunidades das aldeias estão ligadas por meio de trilhas. Rebanhos de gado são núcleos em torno dos quais se reúnem os grupos de parentesco, e os relacionamentos entre seus membros se operam através do gado e são expressos em termos de gado. Um único artefato pequeno pode ser um vínculo entre pessoas; por exemplo, uma lança que passa de pai a filho como presente ou legado é um símbolo de seu relacionamento e um dos vínculos pelos quais esse relacionamento é mantido. Assim, as pessoas não apenas criam sua cultura material e vinculam-se a ela, como também constroem seus relacionamentos em torno dela e veem-nos em termos daquela. Como os Nuer possuem muito poucos tipos de objetos materiais e pouquíssimos espécimes de cada tipo, o valor social destes é aumentado devido a terem de servir como mediação de muitos relacionamentos e, frequentemente, como consequência, são investidos de funções rituais. Ademais, os relacionamentos sociais, ao invés de estarem difusos ao longo de muitas correntes de vínculos materiais, estão estreitados pela pobreza da cultura em alguns simples focos de interesse. Pode-se supor que isso leva a uma pequena gama de formas de relacionamento com alto grau de solidariedade nos locais e grupos de parentesco menores, e podemos esperar encontrar uma estrutura social simples.

Pode-se dizer que alguns traços salientes do caráter nuer são coerentes com sua tecnologia primária e escasso suprimento de alimentos. Mais uma vez sublinho a crueza e desconforto de suas vidas. Todos os que viveram com os Nuer iriam concordar, penso eu, que, embora sejam muito pobres em bens, são muito orgulhosos em espírito. Escolados pelas dificuldades e pela fome – manifestam desprezo por ambas –, eles aceitam as piores calamidades com resignação e suportam-nas com coragem. Satisfeitos com alguns poucos bens, eles desprezam tudo que se situa além destes; seu orgulho zombeteiro deixa um estrangeiro espantado. Depen-

ECOLOGIA   103

dentes uns dos outros, são leais e generosos para seus parentes. Poder-se-ia mesmo atribuir, até certo ponto, seu intenso individualismo à resistência contra os pedidos persistentes de parentes e vizinhos, contra os quais não têm qualquer proteção senão a teimosia. As qualidades mencionadas – coragem, generosidade, paciência, orgulho, lealdade, teimosia e independência – são virtudes que os próprios nuer exaltam, e esses valores mostram-se muito adequados para o modo de vida simples que levam e para o conjunto simples de relações sociais que geram.

XI

É desnecessário escrever mais sobre o que se chama geralmente de economia. Ela pode ser levada em consideração mais extensamente num relato de parentescos e vida familiar. Somente pedirei ao leitor para ter em mente os seguintes temas: 1. Não se pode tratar as relações econômicas dos Nuer em si mesmas, pois elas sempre formam parte de relacionamentos sociais diretos de um tipo geral. Assim, a divisão do trabalho é parte dos relacionamentos gerais entre pessoas de sexos diferentes e de diferentes idades, entre cônjuges, entre pais e filhos, entre parentes de uma ordem ou outra, e assim por diante. 2. Existe alguma especialização, mas é ocasional, e não há ocupações que possam ser chamadas de profissões. Algumas mulheres fazem melhores jarros, pedras de amolar e cestos do que outras; somente ferreiros podem fazer determinados objetos; há apenas alguns homens que entendem como fazer e colocar no braço os braceletes apertados que os rapazes usam para demonstrar sua resistência, e assim por diante; e as pessoas que desejam essas coisas, ou pedem-nas em nome do parentesco, ou dão a quem as faz um pouco de sorgo em troca de seus serviços, ou lhe dão um presente em alguma oportunidade futura. A pessoa que quer o objeto e a pessoa que o faz sempre pertencem à mesma comunidade local e fazem o negócio entre si, não havendo intercâmbio de objetos ou serviços através de uma terceira pessoa, e sempre há entre elas um relacionamento social genérico de alguma espécie, e suas relações econômicas – se é que podem ser chamadas assim – devem estar conformes a esse padrão geral de comportamento. 3. Há pequenos desníveis de riqueza e nenhum privilégio de classe. Uma pessoa não adquire mais objetos do que pode usar. Se o fizesse, somente poderia dispor deles dando-os de presente. É verdade que o gado pode ser acumulado, porém, exceto alguns rebanhos sagrados pertencentes a profetas, na realidade não o é. Como já foi explicado, as pestes periódicas nivelam os rebanhos e, além disso, quando um rebanho atinge determinado tamanho, o proprietário – se é que se pode falar de proprietário de um rebanho sobre o qual muitas pessoas possuem direitos de um tipo ou de outro – é forçado moralmente a dispor de parte dele, ou contraindo ele mesmo casamento ou ajudando um parente a fazê-lo. Algumas vezes o gado é emprestado a alguém e o proprietário tem o direito de receber de volta animais melhores do que os que emprestou, por exemplo, uma vitela pelo empréstimo de um boi; mas as pessoas somente emprestam gado àqueles com quem estabeleceram relacionamentos sociais. 4. Num sentido estrito, a família simples pode ser chamada de unidade econômica, mas já vimos que ela não é autossuficiente e que a participação ativa num grupo mais amplo é frequentemente necessária, como por exemplo, na construção, na pesca e na caça. Também ficou claro que uma família simples não pode levar o gado para pastar em locais distantes e, ao mesmo tempo, levar os bezerros para outros pastos, cuidar dos bezerros pequenos no *kraal*, ordenhar, bater o leite, limpar o

Il. XII: Roça de sorgo em outubro (Rengyan).

ECOLOGIA 105

kraa! preparar o esterco para combustível, cozinhar a comida, etc. por si só. Encontra -se cooperação entre vizinhos, que são também parentes. Há também muita assistência mútua quando a cooperação não é essencial para a realização de uma tarefa, como por exemplo, no casamento e na colheita, pois é convencional pedir ajuda às pessoas, sendo obrigação ajudar um relacionamento de parentesco geral. 5. Deve-se também reconhecer que a pesca, a caça, cuidar do rebanho, e as demais atividades que descrevi são sempre, num certo sentido, ações coletivas, pois mesmo quando não há cooperação ativa, toda a comunidade participa passivamente dela. Um único homem pode levar o rebanho para o pasto, um único menino pode pescar nos baixios de um rio e uma única mulher pode cozinhar, mas eles podem fazer essas coisas apenas porque pertencem a uma comunidade e porque suas ações estão relacionadas com um sistema produtivo. A tradição dita fins e meios, e a organização e força potencial da comunidade fornece a coordenação e a segurança necessárias para a realização da tarefa. Já foi observado que, vista de fora, pode-se dizer que toda a comunidade da aldeia está consumindo um estoque comum de alimentos. Desse mesmo ângulo, pode-se dizer que toda a comunidade o cria.

Posso resumir, repetindo que as relações econômicas entre os Nuer são parte de relacionamentos sociais gerais e que estes relacionamentos, sendo principalmente de ordem doméstica ou de parentesco, situam-se além dos objetivos deste livro. Devo salientar, contudo, que os membros dos vários segmentos de uma aldeia possuem relações econômicas íntimas e que os habitantes de uma aldeia possuem interesses econômicos comuns, formando uma corporação que é dona de suas hortas particulares, das reservas de água, dos reservatórios de peixes, e dos pastos; que arrebanha seu gado num acampamento compacto durante a estiagem e opera conjuntamente na defesa, na criação de gado e em outras atividades; e que, especialmente nas aldeias menores, existe muita cooperação no trabalho e na partilha de alimentos. Tudo isso deve ser presumido nas futuras referências às aldeias. Deve-se salientar, mais, que as condições climáticas, juntamente com o modo de vida pastoril exigem relacionamentos que ultrapassam os limites da aldeia e dão uma finalidade econômica a grupos políticos mais amplos. Essa afirmação será examinada com maiores detalhes mais adiante.

XII

Desejo salientar os seguintes aspectos gerais, que resumem as conclusões a que cheguei nos primeiros dois capítulos e que possuem uma relevância especial para um estudo das instituições políticas dos Nuer.

1. As relações ecológicas parecem estar em equilíbrio. Enquanto existirem as presentes relações, a criação de gado, a horticultura e a pesca podem ser continuadas, mas não melhoradas. O homem sustenta sua posição na luta, mas não avança.

2. A necessidade de uma economia mista é consequência do equilíbrio ecológico. A peste bovina impede uma dependência completa na alimentação à base de laticínios; o clima impede uma dependência completa dos cereais; as variações hidrológicas impedem uma dependência completa da pesca. Esses três elementos em conjunto permitem que os Nuer subsistam, e sua distribuição pelas estações do ano determina o modo de vida deles nos diferentes períodos do ano.

3. A ecologia dá a essa economia mista uma inclinação para a criação de gado e essa preferência deve ter sido muito mais forte antes do surgimento da peste. Está de acordo com o lugar superlativo que o gado ocupa na escala de valores dos Nuer.

4. Uma vida totalmente sedentária e uma vida totalmente nômade são igualmente incompatíveis com a economia nuer, que exige a transumância. A localização e o tamanho das aldeias da estação das chuvas e a direção do movimento na estação da seca são determinados por sua ecologia. O ritmo ecológico divide o ano nuer em dois: a estação das chuvas, quando se vive em aldeias, e a estação da seca, quando se vive em acampamentos; e a vida de acampamento divide-se em duas partes: o primeiro período, de acampamentos pequenos e temporários, e o período final, de grandes concentrações em locais que são ocupados todos os anos.

5. A escassez de alimentos, uma tecnologia pobre, e a falta de comércio tornam os membros de grupos locais pequenos diretamente interdependentes e tendem a transformá-los em corporações econômicas e não meras unidades residenciais às quais se vincula um determinado valor político. As mesmas condições e o fato de se levar uma vida pastoril em circunstâncias adversas produzem uma interdependência indireta entre pessoas que vivem em áreas muito maiores e força a aceitação, por parte delas, de convenções de ordem política.

6. A antiga tendência para migrar, a transumância atual, e o desejo de reparar as perdas de gado através de saques contra os Dinka aumentam a importância política das unidades maiores do que as aldeias, porque estas não podem, por razões econômicas e militares, manter com facilidade de um isolamento autossuficiente, e permitem-nos discutir o sistema político principalmente enquanto conjunto de relações estruturais entre segmentos territoriais maiores do que as comunidades das aldeias.

3. Tempo e Espaço

I

Neste capítulo, tornamos a examinar nossa descrição do interesse dos Nuer pelo gado e a descrição de sua ecologia, e faremos um relato de sua estrutura política. As limitações ecológicas e outras influenciam suas relações sociais, mas o valor atribuído às relações ecológicas é igualmente significativo para a compreensão do sistema social, que é um sistema dentro do sistema ecológico, parcialmente dependente deste e parcialmente existindo por direito próprio. Em última análise, a maioria – talvez todos – dos conceitos de espaço e tempo são determinados pelo ambiente físico, mas os valores que eles encarnam constituem apenas uma das muitas possíveis respostas a este ambiente e dependem também de princípios estruturais, que pertencem a uma ordem diferente de realidade. Neste livro não estamos descrevendo a cosmologia nuer mas sim suas instituições políticas e outras, e estamos, portanto, interessados principalmente na influência das relações ecológicas sobre essas instituições, mais do que na influência da estrutura social na conceituação das relações ecológicas. Assim, para dar um exemplo, não descrevemos como os Nuer classificam os pássaros em várias linhagens, segundo o padrão de sua própria estrutura de linhagens. Este capítulo constitui, portanto, uma ponte entre as duas partes do livro, porém ela será atravessada numa só direção.

Ao descrever os conceitos nuer de tempo, podemos fazer uma distinção entre aqueles que são principalmente reflexos de suas relações com o meio ambiente – que chamaremos de tempo ecológico – e os que são reflexos de suas relações mútuas dentro da estrutura social – que chamaremos de tempo estrutural. Ambos referem-se a sucessões de acontecimentos que possuem bastante interesse para que a comunidade os note e relacione, uns aos outros, conceitualmente. Os períodos maiores de tempo são quase que inteiramente estruturais, porque os acontecimentos que relacionam são mudanças no relacionamento de grupos sociais. Além disso, o cálculo do tempo baseado nas mudanças da natureza e na resposta do homem a elas limita-se a um ciclo anual e, portanto, não pode ser empregado para diferenciar períodos mais longos do que estações do ano. E, também, ambos possuem notações limitadas e fixas. As mudanças de estação e da lua repetem-se, ano após ano, de modo que um Nuer situado em qualquer ponto do tempo possui um conhecimento conceitual daquilo que está a sua frente e pode predizer e organizar sua vida de acordo com ele. O futuro estrutural de um homem está, igualmente, já fixado e ordenado em diversos períodos, de modo que as mudanças totais de *status* por que passará um menino em sua ordenada passagem pelo sistema social – se viver bastante tempo – podem ser previstas. O tempo estrutural parece ser inteiramente progressivo para um indivíduo que passa através do sistema social, mas, como veremos, sob certo sentido, isso é uma ilusão. O tempo ecológico parece ser, e é, cíclico.

O ciclo ecológico é de um ano. Seu ritmo distintivo é o movimento para a frente e para trás de aldeias para acampamentos, que constitui a resposta dada pelo Nuer à dicotomia climática de chuvas e seca. O ano (*ruon*) tem duas estações principais, *tôt* e *mai*. *Tôt*, de meados de março a meados de setembro, corresponde grosseiramente ao aumento na curva de precipitação de chuvas, embora não abranja todo o período de chuvas. Pode haver chuvas fortes em fins de setembro e começo de outubro, e a região ainda está alagada nesses meses, que pertencem, não obstante, à metade *mai* do ano, pois ela começa no declinar das chuvas – não quando elas cessam – e abrange, digamos, a depressão da curva, de meados de setembro a meados de março. As duas estações, por conseguinte, apenas se aproximam de nossa divisão em chuvas e estiagem, e a classificação nuer resume de modo adequado a maneira de encarar o movimento do tempo, sendo o foco de atenção nos meses marginais tão significativo quanto as condições climáticas concretas. Em meados de setembro, o Nuer praticamente volta-se para a vida de pesca e acampamentos de gado e sente que a residência nas aldeias e a horticultura situam-se num tempo passado. Os Nuer começam a falar de acampamentos como se já estes existissem, e anseiam por começar a movimentar-se. Essa inquietação fica ainda mais marcada em fins da seca quando, observando os céus encobertos, as pessoas voltam-

TEMPO E ESPAÇO

-se para a vida nas aldeias e fazem os preparativos para abandonar os acampamentos. Os meses marginais podem, portanto, ser classificados de *tôt* ou *mai*, já que fazem parte de um conjunto de atividades, mas constituem presságios do outro conjunto, pois o conceito de estações deriva mais das atividades sociais do que das mudanças climáticas que as determinam, e o ano consiste para os Nuer num período de residência na aldeia (*cieng*) e em outro de residência no acampamento (*wec*).

Já observei as mudanças físicas significativas associadas às chuvas e à estiagem, e algumas delas foram apresentadas nas tabelas da p. 63. Também descrevi, no capítulo precedente, o movimento ecológico que se segue a essas mudanças físicas quando ele afeta de alguma maneira a vida do homem. As variações periódicas nas atividades sociais, nas quais se baseiam fundamentalmente os conceitos nuer de tempo, também já foram apontadas e registradas, sob seu aspecto econômico, com alguma extensão. Os aspectos principais desses três planos de ritmo – físico, ecológico e social – constam do diagrama da página seguinte.

Os movimentos dos corpos celestes além do Sol e da Lua, a direção e variação dos ventos e a migração de algumas espécies de pássaros são observados pelos Nuer, porém estes não regulam suas atividades em relação àqueles, nem os empregam como pontos de referência no cálculo do tempo periódico. Os aspectos pelos quais as estações são definidas com maior clareza são aqueles que controlam os movimentos das pessoas: água, vegetação, movimentos dos peixes, etc.; sendo as necessidades do gado e as variações no suprimento de alimentos que traduzem principalmente o ritmo ecológico para o ritmo social do ano, e o contraste entre o modo de vida no auge das chuvas e no auge da seca que fornece os polos conceituais na contagem do tempo.

Além das duas estações principais, *tôt* e *mai*, os Nuer reconhecem duas estações subsidiárias incluídas naquelas, que são os períodos de transição entre elas. As quatro estações não constituem divisões marcadas, mas, sim, sobrepõem-se. Assim como nós falamos de verão e inverno enquanto metades do ano e falamos também de primavera e outono, da mesma forma os Nuer adotam *tôt* e *mai* enquanto metades de seu ano e falam também das estações *rwil ejiom*. *Rwil* é o período de mudança do acampamento para a aldeia, da preparação do solo e do plantio, que vai de meados de março a meados de junho, antes que as chuvas atinjam o auge. É contado como parte da metade *tot* do ano, embora contraste com o *tot* propriamente dito, que é o período de plena vida de aldeia e horticultura, que vai de meados de junho a meados de setembro. *Jiom*, que significa "vento", é o período em que o persistente vento do norte começa a soprar e as pessoas colhem o que plantaram, pescam nas represas, fazem queimadas e formam os primeiros

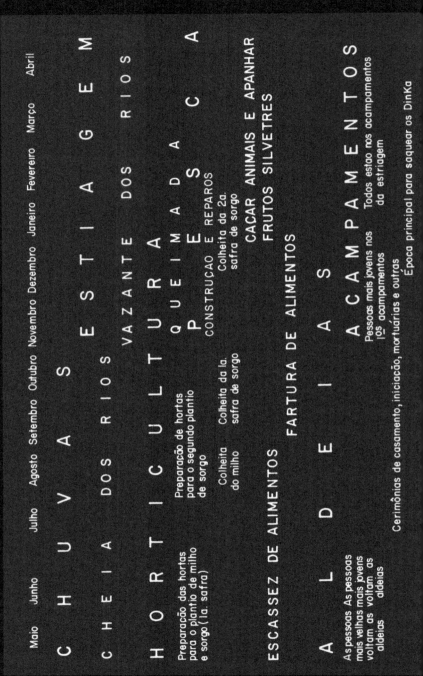

acampamentos, e abrange de meados de setembro a meados de dezembro. É contado como parte da metade *mai* do ano, embora contraste com o *mai* propriamente dito, que vai de meados de dezembro a meados de março, quando são formados os principais acampamentos. Em termos gerais, portanto, há duas estações principais de seis meses e quatro estações secundárias de três meses, mas não se deve considerar essas divisões com muita rigidez já que não são tanto unidades exatas de tempo, quanto vagas conceituações de mudanças nas relações ecológicas e nas atividades sociais que passam imperceptivelmente de um estado a outro.

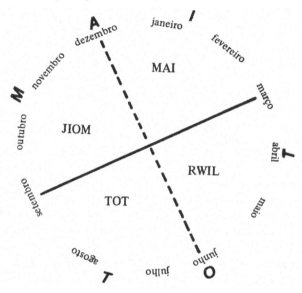

No diagrama acima, a linha traçada de meados de março a meados de setembro constitui o eixo do ano, sendo uma aproximação de uma clivagem entre dois conjuntos opostos de relações ecológicas e atividades sociais, embora não corresponda inteiramente a estas, como se pode ver do diagrama abaixo, onde a vida na aldeia e a vida no acampamento são mostradas em relação às estações das quais constituem os pontos centrais. Os Nuer, especialmente os jovens, ainda ficam no acampamento durante parte do *tot* (a maior parte do *rwil*), e ainda ficam nas aldeias, especialmente os mais velhos, durante parte de *mai* (a maior parte *dejiom*), mas todos estão nas aldeias durante o *tot* propriamente dito e nos acampamentos durante o *mai* propriamente dito. Uma vez que as palavras *tôt* e *mai* não são puras unidades de contagem de tempo, mas fazem as vezes de amontoados de atividades sociais características do auge da seca e do auge das chuvas, pode-se ouvir um nuer dizer que ele vai "*tot*" ou "*mai*" em determinado lugar.

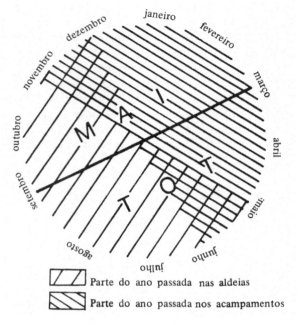

Parte do ano passada nas aldeias
Parte do ano passada nos acampamentos

O ano tem doze meses, seis de cada estação principal, e a maioria dos Nuer adultos pode dizê-los em ordem. Na lista de meses abaixo, não foi possível relacionar cada nome nuer com um nome português, porque nosso calendário romano não tem nada a ver com os meses lunares. Poder-se-á ver, contudo, que cada mês nuer é abrangido normalmente pelos dois meses nossos que foram relacionados a ele na lista e tende, em geral, a coincidir mais com o primeiro do que com o segundo.

teer	set.–out.	*duong*	mar.–abr.
lath (*boor*)	out.–nov.	*gwaak*	abr.–maio
kur	nov.–dez.	*dwat*	maio–jun.
tiop (*in*) *dit*	dez.–jan.	*komyuot*	jun.–jul.
tiop (*in*) *tot*	jan.–fev.	*paiyatni* (*paiyene*)	jul.–ago.
pet	fev.–mar.	*thoor*	ago.–set.

Os Nuer se veriam logo em dificuldades com seu calendário lunar se fossem contar uniformemente a sucessão de luas[1], mas há determinadas atividades associadas a cada mês, sendo a associação algumas vezes indicada pelo nome do mês. O calendário é uma

---

1. Existem evidências de que há um mês intercalado entre os Jikany do leste, mas não posso ser preciso nesse ponto, e não ouvi esse fato mencionado em outras partes da terra nuer.

TEMPO E ESPAÇO

relação entre um ciclo de atividades e um ciclo conceitual e os dois não podem ser isolados, já que o ciclo conceitual depende do ciclo de atividades do qual deriva seu sentido e função. Assim, um sistema de doze meses não afeta os Nuer, pois o calendário está ancorado ao ciclo de mudanças ecológicas. No mês de *kur*, faz-se as primeiras represas de pesca e forma-se os primeiros acampamentos de gado, e uma vez que se está fazendo essas coisas deve ser *kur* ou por volta desse mês. Da mesma forma, em *dwat* os acampamentos são desfeitos, voltando-se para as aldeias, e, se as pessoas estão movimentando-se, deve ser *dwat* ou algo assim. Consequentemente, o calendário permanece bastante estável e em qualquer seção da terra nuer há uma concordância geral quanto ao nome do mês em curso.

Pelo que pude ver, os Nuer não usam muito os nomes dos meses para indicar a época de algum acontecimento, mas, ao invés disso, referem-se geralmente a alguma atividade de destaque que está em processo na época de sua ocorrência; por exemplo, na época dos primeiros acampamentos, na época do casamento, na época da colheita, etc., e compreende-se facilmente porque o fazem, já que o tempo, para eles, consiste numa relação entre várias atividades. Durante as chuvas, frequentemente emprega-se como ponto de referência os estágios do crescimento do sorgo e os cuidados tomados em seu cultivo. As atividades pastoris, sendo amplamente indiferenciadas através de meses e estações, não fornecem pontos adequados.

Não há unidades de tempo dentro do mês, dia e noite. As pessoas indicam a ocorrência de um acontecimento há mais de um dia ou dois fazendo referência a algum outro acontecimento que tenha ocorrido ao mesmo tempo ou contando o número dos "sonos" intercorrentes ou, o que é menos comum, dos "sóis". Existem termos para hoje, amanhã, ontem, etc., mas não possuem qualquer precisão. Quando os Nuer desejam definir a ocorrência de um acontecimento com vários dias de antecedência, tal como uma dança ou casamento, eles o fazem tomando como referência as fases da Lua: lua nova, quarto crescente, lua cheia, quarto minguante e a luminosidade do segundo quarto: Quando querem ser precisos, eles afirmam em qual noite do crescente ou minguante o acontecimento ocorrerá, calculando quinze noites para cada um e trinta para um mês. Afirmam que é somente o gado e os Anuak que podem ver a Lua durante seu período de invisibilidade. Os únicos termos que são aplicados à sucessão noturna de fases lunares são os que descrevem sua aparência imediatamente antes e durante sua plenitude.

O curso do Sol determina muitos pontos de referência, e uma maneira comum de indicar a época dos acontecimentos é apontando para a parte do céu que terá sido alcançada pelo Sol em seu curso. Há também várias expressões, que variam em grau de precisão, descrevendo as posições do Sol no céu, embora, pelo que pude constatar, as únicas que são empregadas usualmente são as que se referem aos movimentos mais nitidamente diferençados: o primeiro albor da madrugada, o nascer do sol, o meio-dia e o pôr-do-sol. Talvez seja significativo que exista quase que o mesmo número de pontos de referência entre quatro e seis horas da manhã, quantos há para o resto do dia. Isso pode ser causado principalmente pelos contrastes notáveis causados pelas modificações nas relações da Terra com o Sol durante essas duas horas, mas pode-se notar também que os pontos de referência entre elas são usados mais para dirigir as atividades (tal como começar viagens, acordar, prender o gado no *kraal*, caçar gazelas, etc.), do que como pontos de referência durante a maior parte do restante do dia, especialmente no período calmo entre uma e três horas da tarde. Há também vários termos para descrever o tempo noturno. Até um ponto muito limitado, eles são determinados pelo curso das estrelas. Mais uma vez, existe aqui uma terminologia mais rica para o período de transição entre dia e noite do que para o resto da noite e pode-se sugerir as mesmas razões para explicar o fato. Há também expressões para distinguir o dia da noite, antes e depois do meio-dia, e a parte do dia que já passou da parte que está por vir.

Excetuando-se os termos mais comuns para divisões do dia, eles são pouco empregados em comparação com expressões que descrevem as atividades rotineiras diurnas. O relógio diário é o gado, o círculo de tarefas pastoris, e a hora do dia e a passagem do tempo durante o dia são para o Nuer, fundamentalmente, a sucessão dessas tarefas e suas relações mútuas. Os pontos melhor demarcados são: levar o gado do estábulo ao *kraal*, ordenhar, levar o rebanho adulto para o pasto, ordenhar cabras e ovelhas, levar o rebanho de ovelhas e os bezerros ao pasto, limpar estábulos e *kraals*, trazer para casa as ovelhas e bezerros, trazer de volta o rebanho adulto, ordenhar as vacas à tarde e guardar os animais nos estábulos. Em geral, os Nuer empregam essas atividades, mais do que pontos, concretos no movimento do Sol através do céu, para coordenar acontecimentos. Assim, um homem diz: "Eu voltarei para a ordenha", "Partirei quando os bezerros estiverem de volta", etc.

É claro que, em última análise, a contagem de tempo ecológico é totalmente determinada pelo movimento dos corpos celestes, mas apenas algumas de suas unidades e notações baseiam-se diretamente nesses movimentos (por exemplo, meses, dia, noite e algumas partes do dia e da noite), e presta-se atenção e seleciona-se tais pontos somente porque são significativos para as atividades sociais. São as próprias atividades, notadamente as de tipo econômico, que constituem as bases do sistema e fornecem a maioria de suas unidades e notações, e a passagem do tempo é percebida na

TEMPO E ESPAÇO 115

relação que uma atividade mantém com as outras. Já que as atividades dependem do movimento dos corpos celestes e que o movimento dos corpos celestes é significativo somente em relação às atividades, muitas vezes pode-se fazer referência a qualquer deles quando se indica a época de um acontecimento. Assim, pode-se dizer "na estação *jiom*" ou "no começo das chuvas", o "mês de *dwat*" ou "a volta às aldeias", "quando o sol esquenta" ou "na ordenha". Os movimentos dos corpos celestes permitem que os Nuer selecionem pontos naturais que são significativos em relação às atividades. Daí, no uso linguístico, as noites, ou melhor, os "sonos", serem unidades de tempo definidas com maior clareza do que os dias, ou "sóis", porque são unidades indiferenciadas de atividade social; e os meses, ou melhor, as "luas", embora sejam unidades de tempo claramente diferençadas, são pouco empregados como pontos de referência porque não são unidades de atividade claramente diferençadas, enquanto que o dia, o ano e suas estações principais são unidades ocupacionais completas.

Pode-se tirar certas conclusões dessa qualidade que o tempo tem para os Nuer. O tempo não possui o mesmo valor durante todo o ano. Assim, nos acampamentos da estiagem, embora as tarefas pastoris quotidianas se desenrolem na mesma ordem do que nas chuvas, elas não ocorrem na mesma hora, constituem uma rotina mais precisa devido à severidade das condições da estação, especialmente no que diz respeito a água e pastos e exigem maior coordenação e cooperação. Por outro lado, a vida na estação da seca transcorre em geral sem acontecimentos marcantes, fora das tarefas rotineiras, e as relações ecológicas e sociais são mais monótonas de mês a mês do que nas chuvas, quando há frequentes festas, danças e cerimônias. Quando se considera o tempo enquanto relações entre atividades, compreende-se que ele tenha uma conotação diferente nas chuvas e na seca. Na seca, a contagem do tempo diário é mais uniforme e precisa, enquanto que à contagem lunar recebe menos atenção, como se pode constatar pelo uso mais reduzido dos nomes dos meses, pela menor confiança em dizer seus nomes, e pelo traço comum a toda a África do leste de tratar dois meses da estação da seca pelo mesmo nome (*tiop in dit* e *tiop in tot*), cuja ordem frequentemente é trocada. O transcorrer do tempo pode variar de acordo com isso, já que a percepção do tempo é função dos sistemas de contagem do mesmo, mas não podemos fazer qualquer afirmação definitiva quanto a essa questão.

Embora eu tenha falado em tempo e unidades de tempo, os Nuer não possuem uma expressão equivalente ao "tempo" de nossa língua e, portanto, não podem, como nós podemos, falar do tempo como se fosse algo de concreto, que passa, pode ser perdido, pode ser economizado, e assim por diante. Não creio que eles jamais tenham a mesma sensação de lutar contra o tempo ou de terem de coordenar as atividades com uma passagem abstrata do tempo, porque seus pontos de referência são principalmente as próprias atividades, que, em geral, têm o caráter de lazer. Os acontecimentos seguem uma ordem lógica, mas não são controlados por um sistema abstrato, não havendo pontos de referência autônomos aos quais as atividades devem se conformar com precisão. Os Nuer têm sorte.

Eles têm também meios muito limitados de calcular a duração relativa de períodos de tempo intercorrentes aos acontecimentos, já que têm poucas – e não bem definidas ou sistematizadas – unidades de tempo. Não tendo horas ou outras unidades pequenas de tempo, eles não podem medir os períodos que transcorrem entre posições do Sol ou atividades diárias. É verdade que o ano está dividido em doze unidades lunares, mas os Nuer não as contam como frações de uma unidade. Pode ser que eles possam afirmar em qual mês ocorreu um acontecimento, mas é com grande dificuldade que eles calculam a relação entre acontecimentos em símbolos numéricos abstratos. Eles pensam com muito maior facilidade em função das atividades e de sucessões de atividades e em função da estrutura social e das diferenças estruturais do que em unidades puras de tempo.

Podemos concluir que o sistema nuer de contagem de tempo dentro do ciclo anual e das partes do ciclo consiste numa série de concepções das mudanças naturais e que a seleção de pontos de referência é determinada pela significação que essas mudanças naturais têm para as atividades humanas.

II

Num certo sentido, todo o tempo é estrutural, já que é uma ideação de atividades colaterais, coordenadas ou cooperativas: os movimentos de um grupo. De outra forma, conceitos desse tipo não poderiam existir, pois é preciso que tenham um significado semelhante para cada membro do grupo. A hora da ordenha e a hora das refeições são aproximadamente as mesmas para todas as pessoas que normalmente mantêm contatos mútuos, e o movimento de aldeias para acampamentos possui aproximadamente a mesma conotação em todas as partes do território nuer, embora possa ter uma conotação especial para um determinado grupo de pessoas. Existe, contudo, um ponto onde podemos dizer que os conceitos de tempo cessam de ser determinados por fatores ecológicos e tornam-se mais determinados pelas inter-relações estruturais, não sendo mais um reflexo da dependência do homem da natureza, mas um reflexo da interação de grupos sociais.

O ano é a maior unidade de tempo ecológico. Os Nuer possuem palavras para o ano retrasado, o ano passado, este ano, o ano

Il. XIII: Jovem numa roça de sorgo (Dok).

que vem e o ano depois desse. Acontecimentos ocorridos nos últimos anos são, então, os pontos de referência na contagem de tempo, e tais pontos são diferentes segundo o grupo de pessoas que os emprega: família reunida, aldeia, seção tribal, tribo, etc. Uma das maneiras mais comuns de dizer o ano de um acontecimento é mencionar o lugar onde as pessoas da aldeia fizeram o acampamento da estiagem, ou fazer referência a alguma desgraça que aconteceu ao gado. Uma família reunida pode calcular o tempo pelo nascimento de bezerros de seus rebanhos. Casamentos e outras cerimônias, lutas e pilhagens, podem, igualmente, fornecer pontos do tempo, embora, à falta de datas numéricas, ninguém possa dizer sem fazer longos cálculos há quantos anos aconteceu um fato. Além disso, uma vez que o tempo é para os Nuer uma ordem de acontecimentos de significação importante para um grupo, cada grupo possui seus próprios pontos de referência, e o tempo é, em consequência, relativo ao espaço estrutural, considerado em termos de localidade. Isso se torna óbvio quando examinamos os nomes dados aos anos pelas diversas tribos, ou algumas vezes por tribos adjacentes, pois consistem em inundações, epidemias de peste, fome, guerras, etc., por que a tribo passou. Com o decurso do tempo, os nomes dos anos são esquecidos e todos os acontecimentos além dos limites dessa contagem histórica grosseira desfazem-se no horizonte enevoado do faz muito, muito tempo. O tempo histórico, neste sentido de sequência de acontecimentos notáveis de significação para uma tribo, afasta-se no tempo muito mais para trás do que o tempo histórico de grupos menores, mas é provável que cinquenta anos seja seu limite, e, quanto mais afastado do dia de hoje, mais esparsos e vagos tornam-se seus pontos de referência.

Os Nuer, entretanto, possuem outra maneira de indicar de modo grosseiro quando os fatos ocorreram; não em número de anos, mas em referência ao sistema de conjuntos-etários. A distância entre acontecimentos cessa de ser calculada em termos de tempo, tais como nós o compreendemos, e é calculada em termos de distância estrutural, sendo a relação entre grupos de pessoas. É, portanto, inteiramente relativo à estrutura social. Assim, um Nuer pode dizer que um acontecimento ocorreu depois que o conjunto etário *Thut* nasceu ou no período de iniciação do conjunto etário *Boiloc*, mas ninguém pode dizer há quantos anos aconteceu. O tempo é, aqui, calculado em conjuntos. Se um homem do conjunto *Dangunga* disser que um acontecimento ocorreu no período de iniciação do conjunto *Thut*, ele está dizendo que aconteceu três conjuntos antes do seu, ou há seis conjuntos. O sistema de conjuntos etários será discutido no Cap. 6. Por enquanto, é preciso dizer apenas que não podemos traduzir com precisão a contagem de conjuntos para uma contagem em anos, mas podemos estimar de modo grosseiro um intervalo de dez anos entre o começo de conjuntos sucessivos. Existem seis conjuntos em existência, os nomes dos conjuntos não são cíclicos e a ordem dos conjuntos extintos – exceto o último – é logo esquecida, de modo que a contagem por conjuntos etários possui sete unidades que abrangem um período de algo menos do que um século.

O sistema estrutural de contagem de tempo consiste parcialmente na seleção de pontos de referência que sejam significativos a grupos locais e que forneçam a esses grupos uma história comum é distinta; parcialmente na distância entre conjuntos específicos no sistema de conjuntos etários; e parcialmente nas distâncias de uma ordem de parentesco e linhagem. Quatro graus de geração (*kath*) no sistema de parentesco são relações linguisticamente diferençadas, avô, pai, filho e neto, e, dentro de um pequeno grupo de parentesco, esses relacionamentos fornecem profundidade temporal aos membros do grupo e pontos de referência numa linha ascendente pelos quais seus relacionamentos são determinados e explicados. Qualquer relacionamento de parentesco precisa ter um ponto de referência numa linha de ascendentes, ou seja, um ancestral comum, de modo que tal relacionamento sempre possui uma conotação temporal abrigada em termos estruturais. Além do alcance do sistema de parentesco nesse sentido estrito, a conotação vem expressa em termos do sistema de linhagens. Como esse tema será tratado no Cap. 5, limitaremos nossa discussão a um comentário explicativo do diagrama da p. 119. A base do triângulo representa um dado grupo de agnatos e as linhas pontilhadas representam seus ancestrais, e correm da base para um ponto da estrutura de linhagem, ponto que é o ancestral comum de todos os membros do grupo. Quanto mais estendermos a amplidão do grupo (tanto mais larga fica a base), mais para trás na estrutura de linhagens encontra-se o ancestral comum (quanto mais longe da

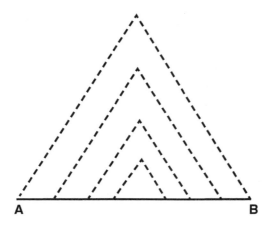

base estiver o vértice do triângulo). Os quatro triângulos são assim as profundidades temporais de quatro extensões de relacionamento agnático num plano existencial e representam as linhagens mínima, menor, maior e máxima de um clã. O tempo da linhagem é, assim, a distância estrutural entre grupos de pessoas na linha *AB*. O tempo estrutural, portanto, não pode ser compreendido enquanto não se sabe qual a distância estrutural, já que é reflexo desta, e devemos, por conseguinte, pedir ao leitor que desculpe uma certa falta de clareza neste ponto e que reserve suas críticas até que tenhamos tido uma oportunidade de explicar com maior clareza o que se quer dizer com distância estrutural.

Restringimos nossa discussão sobre os sistemas nuer de contagem de tempo, e não levamos em consideração a maneira pela qual um indivíduo percebe o tempo. O assunto está cheio de dificuldades. Assim, um indivíduo pode calcular a passagem do tempo em referência à aparência física e ao *status* de outros indivíduos e às mudanças em sua própria vida, mas tal método de contagem do tempo não possui uma ampla validez coletiva. Confessamos, contudo, que as observações feitas por nós sobre o assunto foram superficiais e que uma análise mais completa está além de nossa capacidade. Indicamos meramente os aspectos do problema que estão diretamente relacionados com a descrição anterior dos modos de vida e com a descrição a seguir das instituições políticas.

Já observamos que o movimento do tempo estrutural é, em certo sentido, uma ilusão, pois a estrutura permanece bastante constante e a percepção do tempo não é mais do que o movimento de pessoas, frequentemente enquanto grupos, através da estrutura. Assim, os conjuntos etários sucedem-se uns aos outros para sempre, mas jamais há mais de seis existindo ao mesmo tempo e as posições relativas ocupadas por esses seis conjuntos são, a todo momento, pontos estruturais fixos através dos quais passam conjuntos reais de pessoas em eterna sucessão. Da mesma forma, por razões que explicamos mais adiante, o sistema nuer de linhagens pode ser considerado como um sistema fixo, havendo um número constante de graus entre pessoas vivas e o fundador do clã, e tendo as linhagens uma posição de parentesco constante umas com as outras. Seja qual for o número de gerações que se segue umas às outras, a profundidade e amplidão das linhagens não aumenta a menos que haja mudanças estruturais. Essas afirmações serão discutidas com maiores detalhes nas pp. 206-207-208.

Além dos limites do tempo histórico, encontramos um plano de tradição no qual se pode supor que um certo elemento do fato histórico tenha sido incorporado num complexo de mitos. Aqui os pontos de referência são os pontos estruturais que já apontamos. Uma das extremidades desse plano funde-se com a história; a ou-

TEMPO E ESPAÇO

tra, com o mito. A perspectiva temporal não é aqui uma impressão verdadeira de distâncias reais como a que é criada por nossa técnica de datar, mas sim um reflexo de relações entre linhagens, de modo que os fatos tradicionais registrados têm de ser colocados nos pontos para onde convergem as linhagens que lhes dizem respeito em suas linhas de ascendência. Os fatos têm, por conseguinte, uma posição na estrutura, mas nenhuma posição no tempo histórico, da maneira como nós o entendemos. Além da tradição, situa-se o horizonte do mito puro, que é sempre visto na mesma perspectiva temporal. Um fato mitológico não precede outro, pois os mitos explicam costumes de significado social geral, mais do que as inter-relações entre segmentos determinados, e não são, por tanto, estruturalmente estratificados. Explicações de quaisquer qualidades da natureza ou da cultura são extraídas desse ambiente intelectual, que impõe limitações ao mundo nuer, tornando-o fechado sobre si mesmo e inteiramente inteligível para os Nuer no relacionamento de suas partes. O mundo, os povos e as culturas existem, todos, juntos, a partir do mesmo passado remoto.

Ter-se-á notado que a dimensão temporal nuer é pouco profunda. A história termina há um século e a tradição, medida generosamente, leva-nos para trás apenas dez a doze gerações na estrutura de linhagem, e, se estivermos certos ao supor que a estrutura de linhagem jamais cresce, segue-se que a distância entre o começo do mundo e o dia de hoje permanece inalterável. O tempo, assim, não é um contínuo, mas um relacionamento estrutural constante entre dois pontos, a primeira e a última pessoa numa linha de descendência agnática. A pouca profundidade do tempo nuer pode ser avaliada pelo fato de que a árvore sob a qual começou a existir a humanidade ainda estava de pé, na região ocidental da terra nuer, há alguns anos!

Além do ciclo anual, a contagem do tempo é uma concepção da estrutura social, e os pontos de referência são uma projeção no passado de relações concretas entre grupos de pessoas. Ele não é tanto um meio de coordenar acontecimento, quanto de coordenar relacionamentos e consiste, portanto, notadamente em olhar-se para trás, já que os relacionamentos têm de ser explicados em termos de passado.

III

Concluímos que o tempo estrutural é um reflexo da distância estrutural. Nas seções seguintes, definiremos com maiores detalhes aquilo que queremos dizer por distância estrutural e faremos uma classificação formal, preliminar, dos grupos territoriais nuer de tipo político. Já classificamos as categorias sócio temporais dos Nuer. Classificamos agora suas categorias sócio espaciais.

Se alguém voasse sobre a terra dos Nuer, veria – como na Il. XVI, tirada pela Real Força Aérea na estação da seca – manchas brancas com o que parece pequenos fungos sobre elas. São as localizações das aldeias, com choupanas e estábulos. Veria que, entre tais manchas, há trechos de marrom e preto, sendo o marrom a relva e o preto depressões que ficam pantanosas nas chuvas; e que as manchas brancas são maiores e mais frequentes em algumas regiões do que em outras. Verificamos que os Nuer dão a essas distribuições determinados valores que compõem sua estrutura política.

Seria possível medir a distância exata entre choupana e choupana, aldeia e aldeia, área tribal e área tribal, e assim por diante, e o espaço ocupado por cada uma. Isso nos forneceria uma relação de medidas espaciais apenas em termos físicos. Em si mesma, ela teria uma significação muito limitada. O espaço ecológico é mais do que a mera distância física, embora seja afetado por ela, pois também é calculado por meio do caráter da região que se situa entre grupos locais e por meio da relação dessa região com as exigências biológicas de seus membros. Um rio largo divide duas tribos nuer de modo mais nítido do que muitos quilômetros de mato abandonado. A mesma distância que parece pequena na estação da seca possui aparência diversa quando a área está alagada pelas chuvas. Uma comunidade de aldeia que tem água permanente por perto está em posição diversa da que tem de viajar na estação da seca a fim de obter água, pastos e peixes. Um cinturão de tsé-tsé cria uma barreira insuperável, dando ampla distância ecológica entre as pessoas que separa (p. 144) e, da mesma forma, a presença ou ausência de gado dos povos vizinhos determina a distância ecológica entre estes e os Nuer (pp. 143-4). A distância ecológica, nesse sentido, é uma relação entre comunidades definida em termos de densidade e distribuição, e com referência a água, vegetação, vida animal e de insetos e assim por diante.

A distância estrutural é de ordem muito diversa, embora sempre seja influenciada e, em sua dimensão política, amplamente determinada pelas condições ecológicas. Por distância estrutural queremos dizer, conforme apontamos na seção anterior, a distância entre grupos de pessoas dentro de um sistema social, expressa em termos de valores. A natureza da região determina a distribuição das aldeias e, por conseguinte, a distância entre elas, porém os valores limitam e definem a distribuição em termos estruturais e fornecem um conjunto diferente de distância. Uma aldeia nuer pode estar equidistante de outras duas aldeias, mas, se uma destas duas pertencer a uma tribo diferente daquela a que pertence a primeira aldeia, pode-se dizer que ela está estruturalmente mais distante da primeira aldeia do que da última, que pertence à mesma tribo. Uma tribo nuer que está separada de outra tribo nuer por

TEMPO E ESPAÇO   123

quarenta quilômetros está, estruturalmente, mais próxima desta do que de uma tribo dinka da qual está separada por apenas vinte quilômetros. Quando abandonamos os valores territoriais e falamos de linhagens e conjuntos etários, o espaço estrutural é menos determinado pelas condições do meio ambiente. Uma linhagem está mais próxima de outra do que uma terceira. Um conjunto etário está mais próximo de outro do que um terceiro. Os valores atribuídos à residência, parentesco, linhagem, sexo e idade diferenciam grupos de pessoas através da segmentação, e as posições relativas que os segmentos ocupam uns em relação aos outros fornecem uma perspectiva que nos permite falar das divisões entre eles como divisões do espaço estrutural. Tendo definido o que se quer dizer por espaço estrutural, podemos agora passar a uma descrição de suas divisões políticas.

IV

Devido à falta de estatísticas populacionais adequadas (ver p. 130) e registros de levantamentos, não podemos apresentar um mapa que mostre a densidade das diversas tribos, contudo podemos apenas fazer uma estimativa grosseira para a terra nuer como um todo. Jackson diz que a área a leste do Nilo atinge o equivalente a uns 67000 km quadrados[2], e censos recentes dão sua população em aproximadamente 144000 pessoas, ou seja, mais ou menos 2,1 habitantes por km². A área a oeste do Nilo não é menos habitada e possivelmente possui uma densidade menor. A área total do território nuer é provavelmente de uns 78000 km² e a população total gira em torno de 200000 pessoas. Podemos estimar que a densidade tribal varia provavelmente entre 1,5 e 4 habitantes por km² e que a distribuição média para toda a terra nuer é de 2 a 2,3 habitantes por km². Tendo em vista as condições hidrológicas da região e a atual economia do povo, pode-se duvidar que ela possa suportar uma população muito maior do que a atual. Isso se aplica particularmente à região a oeste do Nilo, e é provável – conforme os próprios Nuer sugerem – que sua expansão para o leste tenha sido devida à superpopulação. É possível que a concentração local seja muito grande apesar da baixa densidade das áreas tribais, pois as estimativas da quilometragem quadrada incluem vastas extensões de terra destituída de aldeias e acampamentos, que é usada como pasto na estiagem ou meramente atravessada na movimentação anual periódica. O grau de densidade real, nesse sentido, varia de tribo para tribo e de seção tribal para seção tribal, e também de estação para estação.

2. Jackson, *op. cit.*, p. 62.

Não posso situar essas distribuições de modo mais acurado do que os mapas das pp. 67-69-71 e somente posso apontá-las, verbalmente, nos termos mais genéricos. Como vimos, o tamanho de uma aldeia depende do espaço disponível para construções, pastagens e horticultura, e as casas estão dispostas num bloco ou numa fila de acordo com esse espaço, formando, na maioria das aldeias, pequenos agrupamentos de choupanas e estábulos aos quais damos o nome de aldeolas, cada uma separada das vizinhas por hortas e terra não cultivada onde pastam bezerros, ovelhas e cabras. A população de uma aldeia – não podemos fazer afirmações precisas – pode variar de cinquenta até várias centenas de pessoas e pode abranger desde umas poucas centenas de metros até vários quilômetros. Uma aldeia em geral está bem demarcada pela contiguidade das casas e pelos trechos de mato, floresta ou pântano que a separam das aldeias circunvizinhas. Pelo pouco que pude ver, na maior parte da terra nuer pode-se andar de oito a trinta quilômetros entre uma aldeia e outra. Com certeza é o que acontece na parte ocidental do território nuer. Por outro lado, onde a natureza do solo permite, as aldeias podem estar muito mais próximas e seguir-se, umas às outras, com intervalos pequenos, por amplas áreas. Assim, a maior parte dos Lou está concentrada a cinquenta quilômetros do Muot Tot, a maior parte dos Dok a quinze quilômetros do Ler, enquanto que os Lak, Thiang e parte dos Gaawar espalham-se de modo bastante contínuo por uma faixa larga entre o Nilo e o Zeraf. As aldeias estão sempre ligadas às vizinhas por trilhas criadas e mantidas pelo inter-relacionamento social. Por toda a terra dos Nuer há também grandes áreas, alagadas nas chuvas, com poucas, ou nenhuma aldeia. As partes das áreas tribais deixadas em branco ou sombreadas a fim de mostrar a ocupação durante a estiagem, que constam dos diagramas, apresentam poucos, e muitas vezes nenhum, locais adequados para aldeias, e, na região ocidental da terra dos Nuer, toda a área entre o Nilo e o Bahr el Ghazal está muito ralamente pontilhada de pequenas aldeias; provavelmente o mesmo se aplica à região ao norte do Bahr el Ghazal.

Sou forçado a descrever a distribuição dos acampamentos da estação da seca de modo tão impreciso quanto a distribuição das aldeias. Os primeiros acampamentos podem ser encontrados quase que em qualquer parte e muitas vezes abrangem somente algumas moradias; pode-se saber, contudo, qual a localização dos acampamentos maiores, formados quando a estação já está mais avançada, porque existem somente alguns poucos lugares onde há água bastante. O tamanho daqueles depende principalmente da quantidade de água e de pastos, e sua população varia de cerca de uma centena a vários milhares de pessoas. Essas concentrações jamais são tribais, mas compreendem seções tribais maiores ou

TEMPO E ESPAÇO 125

menores. Em volta de um lago, um acampamento pode estar distribuído em várias seções, distanciadas por algumas poucas centenas de metros; ou então pode-se falar de acampamentos contíguos. Em qualquer acampamento há sempre alguns abrigos contra o vento que são adjacentes ou que quase se tocam, e muitas vezes pode-se ver de imediato que tal grupo constitui uma unidade distinta com sua própria seção do *kraal* comum. Ao longo da margem esquerda do Sobat e da direita do Baro, pode-se observar acampamentos quase que em toda parte, separados uns dos outros por apenas uns poucos quilômetros; mas em riachos, tais como o Nyanding e o Filus, onde permanecem apenas poças isoladas de água, os acampamentos estão separados por vários quilômetros. Alguns grandes acampamentos no interior da região dos Lou encontram-se separados por mais de trinta quilômetros de mato.

Correm grandes rios pela terra dos Nuer, e frequentemente são essas fronteiras naturais que indicam as linhas da divisão política. O Sobat separa a tribo gaajok da tribo lou; o Pibor separa a tribo lou do povo anuak; o Zeraf separa os Thiang e os Lak dos Dinka; o Ghazal separa a seção primária *karlual*, da tribo leek, de suas outras duas seções primárias; etc. Da mesma forma, pântanos e áreas que ficam alagadas nas chuvas separam grupos políticos. Os pântanos de Maçar dividem os Gaajak orientais dos Gaajok e Gaagwang; trechos inundados dividem, nas chuvas os Rengyan dos Wot, Bor, etc.; e assim por diante.

Esse rol da distribuição é inevitavelmente pouco preciso, porém as condições principais e sua significação podem ser facilmente resumidas. 1. As condições físicas que são responsáveis pela escassez de alimentos e também uma tecnologia simples provocam uma baixa densidade e uma distribuição esparsa das áreas de fixação. A falta de coesão política e de desenvolvimento pode ser relacionada com a densidade e distribuição dos Nuer, e, além do mais, em termos gerais, sua simplicidade estrutural também pode ser devida às mesmas condições. 2. O tamanho dos trechos de terreno mais elevado e as distâncias entre eles permitem, em algumas partes da terra nuer, uma concentração maior e mais compacta do que em outras. Nas tribos maiores, muitas vezes uma grande população é forçada, pela natureza da região, a construir suas casas dentro de um pequeno raio. 3. Onde há relativamente grande densidade de população nas chuvas, existe também a tendência a haver maior necessidade, na estiagem, de mudanças prematuras e distantes para novos pastos. Essa necessidade força ao reconhecimento de um valor tribal comum por grandes áreas e permite-nos compreender melhor como é que, apesar de uma necessária falta de coesão política entre as tribos, elas frequentemente possuem uma população tão grande e ocupam um território tão vasto.

V

Já notamos que a distância estrutural é a distância entre grupos de pessoas na estrutura social e que ela pode ser de diferentes tipos. Aqueles que nos interessam no presente relato são a distância política, a distância de linhagem e a distância de conjunto etário. A distância política entre aldeias de uma seção tribal terciária é menor do que a distância entre segmentos terciários de uma seção tribal secundária, e esta é menor do que a distância entre segmentos secundários de uma seção tribal primária, e assim por diante. Isso será tratado no Cap. 4. A distância de linhagem entre segmentos de uma linhagem menor é menor do que a distância entre segmentos menores de uma linhagem maior, e esta é menor do que a distância entre segmentos maiores de uma linhagem máxima, etc. Isso será tratado, por sua vez, no Cap. 5. A distância de conjunto etário entre segmentos de um conjunto etário é menor do que a distância entre conjuntos etários sucessivos e esta é menor do que a distância entre conjuntos etários que não são sucessivos. Isso será tratado no Cap. 6. Como desejamos desenvolver nossa argumentação e, portanto, evitar análises que não permitam ao leitor fazer referência a afirmações já feitas, passaremos a considerar imediatamente apenas a distância política e apenas algumas de suas características.

Os Nuer dão valores às distribuições locais. Poder-se-ia pensar que é fácil descobrir quais são esses valores, mas, uma vez que estão incorporados em palavras, não se pode compreender seu alcance de referência sem um conhecimento considerável da linguagem do povo e da maneira como esta é usada, porquanto os significados variam de acordo com a situação social e uma palavra pode referir-se a uma variedade de grupos locais. Não obstante isso, é possível diferençá-los e fazer uma grosseira classificação formal deles, tal como fizemos no diagrama da página seguinte.

Uma única choupana (*dwil* ou *ut*) é ocupada por uma esposa e seus filhos e, ocasionalmente, pelo marido. Eles constituem um grupo familiar residencial simples. A casa, consistente em um estábulo e choupanas, pode conter um único grupo familiar ou uma família polígama e muitas vezes há também um ou outro parente vivendo lá. Esse grupo, que chamamos de agrupamento doméstico, frequentemente é chamado de *gol*, palavra que significa "lareira" (*hearth*). Uma aldeola com hortas e terras incultas em torno é chamada de *dhor*, e cada uma possui um nome especial, muitas vezes derivado de algum marco no solo ou do nome do parente mais velho que vive nela. Uma aldeola é ocupada geralmente por parentes agnatos próximos, muitas vezes irmãos, e seus agrupamentos domésticos, e chamamos esse grupo de pessoas de uma

Categorias sócio espaciais dos Nuer

família reunida. Como esses grupos não são abordados em nosso relato, não falaremos mais deles. Deve-se lembrar, contudo, que uma aldeia não é uma unidade não segmentada, mas sim uma relação entre várias unidades menores.

A aldeia é uma unidade muito diferençada. Algumas vezes é chamada de *thur*, trecho de solo elevado, mas em geral é chamada de *cieng*, palavra que pode ser traduzida como "lar", "casa", mas que possui tal variedade de significados que dedicaremos a ela atenção especial. Uma aldeia compreende uma comunidade, vinculada pela residência comum e por uma rede de parentesco e laços de afinidades, cujos membros, como já vimos, formam um acampamento comum, cooperam em muitas atividades e fazem as refeições nos estábulos e abrigos contra o vento dos outros. Uma aldeia é o menor grupo nuer que não é especificamente de ordem de parentesco e é a unidade política da terra dos Nuer. As pessoas de uma aldeia têm um forte sentimento de solidariedade contra outras aldeias e grande afeição por sua localidade, e, apesar dos hábitos nômades dos Nuer, as pessoas que nasceram e cresceram em uma aldeia sentem saudades dela e provavelmente voltarão para lá e farão ali suas casas, mesmo quando residiram em outros lugares por muitos anos. Os membros de uma aldeia lutam lado a lado e apoiam-se mutuamente nas contendas. Quando os rapazes de uma aldeia vão às danças, eles entram na dança formando uma fileira de guerra (*dep*), cantando sua canção de guerra especial.

Um acampamento de gado, que as pessoas de uma aldeia formam durante a estiagem e do qual participam membros de aldeias vizinhas, é chamado de *wec*. Enquanto essa palavra significa "acampamento" quando em oposição a *cieng*, "aldeia", ambas as palavras são usadas no mesmo sentido geral de comunidade local. Assim, quando se diz que um determinado clã não tem *wec*, de-

Fig. 11 – Lanças de chifre e ébano.

TEMPO E ESPAÇO

vemos compreender que ele, em parte alguma de uma seção tribal ou aldeia, forma um núcleo dominante da comunidade e que, portanto, nenhuma comunidade local adota seu nome. Um grande acampamento recebe um nome de acordo com a linhagem que predomina nele e segundo a comunidade da aldeia que o ocupa, e pequenos acampamentos algumas vezes recebem o nome de um ancião de importância que ali tenha construído seu abrigo contra o vento. Vimos que a composição social de um acampamento varia em épocas diferentes da estiagem, desde as pessoas de uma aldeola até as pessoas de toda uma aldeia ou de aldeias vizinhas, e que os homens algumas vezes acampam com parentes que vivem em acampamentos diversos daquele de sua própria aldeia. Consequentemente, enquanto que as comunidades locais na chuva tendem a ser também comunidades locais na estiagem, sua composição pode ser algo diferente. Novamente ressaltamos que não só as pessoas de um acampamento vivem num grupo mais compacto do que as pessoas de uma aldeia, mas também que na vida do acampamento há contatos mais frequentes entre seus membros e maior coordenação de suas atividades. O gado é pastoreado em conjunto, ordenhado ao mesmo tempo, etc. Numa aldeia, cada agrupamento familiar cuida de seu próprio gado, se é que chega a ser formado um rebanho, e desempenha suas tarefas domésticas e no *kraal* independentemente e em horas diferentes. Na estiagem, há uma crescente concentração e maior uniformidade em resposta à maior severidade da estação.

Algumas vezes falamos em "distrito" para descrever um agregado de aldeias ou acampamentos que se comunicam fácil e frequentemente entre si. As pessoas dessas aldeias participam das mesmas danças, casam-se entre si, executam vendetas, fazem expedições de saque conjuntas, partilham dos acampamentos da estiagem ou fazem acampamentos na mesma localidade, etc.! Esse agregado indefinido de contatos não constitui uma categoria ou grupo político nuer, porque as pessoas não veem a si mesmas, nem são vistas pelas demais, como uma comunidade única, mas "distrito" é um termo que empregamos para denotar a esfera de contatos sociais de um homem ou dos contatos sociais das pessoas de uma aldeia e é, portanto, relativo à pessoa ou comunidade da qual se fala. Um distrito, nesse sentido, tende a corresponder a um segmento tribal terciário ou secundário, de acordo com o tamanho da tribo. Nas tribos menores, toda uma tribo constitui o distrito de um homem, e um distrito pode mesmo atravessar os limites tribais pois, numa tribo grande, uma aldeia de fronteira pode ter mais contatos com as aldeias vizinhas de outra tribo do que com aldeias distantes de sua própria tribo. A esfera dos contatos sociais de um homem pode, então, não coincidir inteiramente com qualquer divisão estrutural.

130 OS NUER

Várias aldeias adjacentes, variando em número e extensão total de acordo com o tamanho da tribo, são agrupadas em pequenas seções tribais e estas, em seções maiores. Nas tribos maiores, convém distinguir entre seções tribais primárias, secundárias e terciárias. Tais seções, qualquer que seja o tamanho, são tratadas, como as aldeias, de *"cieng"*. Já que o capítulo seguinte será dedicado a tais segmentos tribais, não se dirá mais nada aqui sobre eles.

VI

As principais tribos nuer estão na p. 13. O nome "Jagei" colocado a oeste do Nilo inclui uma série de pequenas tribos – lang, bor, rengyan, e wot. Há também algumas tribos pequenas – se é que se pode considerá-las corretamente como tribos, pois foram feitas poucas pesquisas na área – nas vizinhanças dos Nuer Dok: beegh, jaalogh, (gaan) kwac e rol. Um recenseamento grosseiro, compilado de várias fontes governamentais, fornece, em número arredondado, as estimativas mais recentes para as tribos maiores, a seguir:

Nuer do Sobat: gaajak, 42000; gaagwang, 7000; gaajok, 42000; lou, 33000. Nuer do Zeraf: lak, 24000; thiang, 9000; gaawar, 20000. Nuer orientais: bul, 17000; leek, 11000, as três tribos jikany do leste, 11000; as várias tribos jagei, 10000; dok, 12000; nuong, 9000. É provável que esses números sejam mais corretos para os Nuer do leste do que para os Nuer do oeste. As estimativas mostram grandes discrepâncias e tem havido muitas conjeturas. Tomando-se por base as que foram registradas, os Nuer do Sobat são 91000, os do Zeraf, 53000 e os do leste, 70000, totalizando 214000 para todo o território nuer. Conhece-se o montante de apenas alguns segmentos tribais. Entre os Lou, a seção primária dos *gun* chega a uns 22000 e a seção primária dos *mor* a uns 12000; entre os Gaawar, a seção primária dos *radh* atinge 10000 e a seção primária dos *bar*, uns 10000; e entre a tribo lak, a seção primária *kwacbur* totaliza cerca de 12000 e a seção primária dos Jenyang, 12000.

Deve-se notar que as tribos da região ocidental do território nuer são em geral menores que as do Zeraf, e as do Zeraf, menores que as do Sobat. A tendência das tribos é aumentar quanto mais se caminha para o leste. Seus territórios também têm tendência para tornar-se mais extensos. Pode-se sugerir que a população maior das tribos orientais nuer seja devida aos efeitos de integração das conquistas e da fixação, e à absorção de grandes números de dinka que resultou delas, mas não achamos que tais explicações justifiquem o fato de eles manterem um aspecto de unidade tribal por áreas tão grandes sem qualquer governo central. É evidente que o tamanho da população da tribo está diretamente relacionado com a extensão de terreno mais elevado disponível a ser ocupado na estação das chuvas, e também com a disposição deste, pois tribos como os Gaajok e Gaajak do leste e os Lou podem apresentar uma concentração de casas e aldeias em amplos trechos de solo elevado, coisa que não é possível para as tribos menores da região oeste da terra nuer, cujos únicos locais para construção são montículos pequenos e muito esparsos. Sustentamos, contudo, que esse fato de per si não iria determinar as linhas de divisão política, linhas que só podem ser compreendidas quando se leva em consideração também a relação entre a localização das aldeias e das reservas de água,

TEMPO E ESPAÇO

pastos e peixes na estação da seca. Observamos anteriormente como as seções tribais mudam-se de suas aldeias para pastos de estiagem, cada uma tendo uma distinção espacial na estação das chuvas que é mantida na seca; mas, enquanto na região oeste da terra dos Nuer há sempre água, pastos e peixes em abundância, geralmente não muito distantes das aldeias, o que possibilita às comunidades de aldeia na estação das chuvas, isoladas pelos trechos alagados, manter em seu isolamento e independência, nos acampamentos da estação seca, nas tribos maiores da região leste da terra nuer (como os Lou), as condições mais secas forçam as maiores concentrações e a movimentos periódicos mais amplos, com o resultado de que as comunidades das aldeias não têm apenas uma maior densidade espacial – e podemos dizer também moral – na estiagem do que nas chuvas, como também têm de misturar-se umas com as outras e partilha, de água, pastos e peixes. Aldeias diferentes podem ser encontradas lado a lado em torno de um reservatório. Além do mais, os habitantes de uma seção têm de atravessar os territórios de outras seções para atingir seus acampamentos, que podem situar-se perto das aldeias de ainda outra seção. É frequente que as famílias e as famílias reunidas façam acampamento com parentes e afins que pertencem a outras aldeias que não a sua, e é prática comum manter o gado em duas ou mais partes da região a fim de evitar a perda total em caso de peste bovina, que é uma epidemia da estiagem. É compreensível, portanto, que as comunidades locais, que – embora isoladas nas chuvas – são forçadas na seca a relacionamentos que exigem algum sentimento de comunidade e a aceitação de certas obrigações e interesses comuns, estejam contidas numa estrutura tribal comum. Quanto mais severas as condições da estiagem, maior a necessidade de algum tipo de contato e, portanto, de tolerância e reconhecimento da interdependência. As tribos do Zeraf mudam-se menos do que as tribos do Sobat e mais do que as tribos nuer do oeste, sendo que os Gaawar mudam-se mais do que os Thiang e os Lak. Podemos novamente apontar que, em linhas gerais, onde há bastante solo elevado que permita concentração nas chuvas, igualmente é maior a necessidade de concentrações grandes na estação da seca, já que água, peixes e pastos são encontrados distantes dessas áreas elevadas.

Esses fatos parecem explicar até certo ponto a preponderância política dos povos pastoris na África Oriental. Pode ser que haja uma vasta dispersão de comunidades e baixa densidade de população, mas ocorre uma contração periódica e ampla interdependência. A variação em seus circuitos de transumância também nos ajuda a entender a variação no tamanho das tribos nuer. Pode-se notar que, embora o tamanho e a coesão das tribos variem nas diferentes regiões da terra dos Nuer, em parte alguma as condições do meio ambiente permitem completa autonomia e exclusividade dos pequenos grupos das aldeias (como encontramos entre os Anuak) ou uma alta densidade de população e instituições políticas desenvolvidas (como encontramos entre os Shilluk).

Assim, por um lado, as condições do meio ambiente e os objetivos pastoris são a causa dos modos de distribuição e concentração que fornecem as linhas de divisão política e são contrários à coesão e desenvolvimento político; mas, por outro lado, tornam necessário extensas áreas tribais dentro das quais existe um sentimento de comunidade e uma disposição de cooperar.

Cada tribo possui um nome que tanto se refere a seus membros, quanto à região que ocupa (*rol*); por exemplo, leek. gaawar, lou, lak, etc. (ver mapa na p. 13). Cada uma tem seu território particular e possui e defende seus próprios locais de construção, seus

132   OS NUER

pastos, reservas de água e reservatórios de peixes. Grandes rios ou amplos trechos de terras devolutas não apenas dividem, em geral, seções adjacentes de tribos contíguas, mas essas seções tendem a movimentar-se em direções opostas na seca. Não há dúvida de que as condições estão se modificando a esse respeito, mas podemos citar como exemplos a tribo gaawar que tende a movimentar-se para leste, em direção ao Zeraf, e não a entrar em contato com a seção primária *gun* da tribo lou, que se agrupa em torno de seus lagos interiores ou muda-se para o Sobat e o Pibor; a seção tribal *mor* dos Lou, que se movimenta para o Nyanding e Alto Pibor, na direção dos Gaajok, não se juntam a eles, mas mudam-se para os braços superiores do Sobat e os braços inferiores do Pibor; e os Jikany ocidentais que se movimentam em direção aos pântanos do Nilo, enquanto que os Leek movimentam-se para oeste, para a junção do Bahr el Ghazal com seus riachos e lagoas.

Os membros de uma tribo têm um sentimento comum para com sua região e, portanto, para com os demais membros. Esse sentimento evidencia-se no orgulho com que falam de sua tribo enquanto objeto de sua lealdade, na depreciação jocosa de outras tribos e na indicação de variações culturais em sua própria tribo como símbolos de sua singularidade. Um homem de uma tribo vê os habitantes de outra como um grupo indiferenciado, para o qual ele tem um padrão indiferenciado de comportamento, enquanto vê a si mesmo como membro de um segmento de sua própria tribo. Assim, quando um leek diz que fulano é um *nac* (*rengyan*), ele define imediatamente seu relacionamento com este. O sentimento tribal baseia-se tanto na oposição às outras tribos, como no nome comum, no território comum, na ação conjunta na guerra, e na estrutura comum de linhagem de um clã dominante.

A força do sentimento tribal pode ser constatada pelo fato de que, algumas vezes, os homens que pretendem deixar a tribo onde nasceram para estabelecer-se permanentemente em outra tribo levam consigo um pouco da terra de sua região natal e a bebem numa solução de água, acrescentando devagar, a cada dose, uma quantidade maior da terra de sua nova região, rompendo, assim, os laços místicos com a antiga e construindo laços místicos com a nova. Disseram-me que, se um homem deixar de fazer isso, poderá vir a morrer de *nueer*, sanção que pune a infração de certas obrigações rituais.

Uma tribo constitui o maior grupo cujos membros consideram como seu dever juntar-se para ataques ou ações defensivas. Os homens mais moços da tribo iam, até faz pouco, em expedições conjuntas contra os Dinka e empreendiam guerras contra outras tribos nuer. As guerras entre tribos eram menos frequentes do que os ataques contra os Dinka, mas existem muitos exemplos, na recente história nuer, de disputas fronteiriças entre tribos e mesmo

TEMPO E ESPAÇO   133

de uma tribo atacar a outra tendo em vista o gado; tais lutas são tradicionais entre os Nuer. A tribo leek saqueava as tribos jikany e jagei, e um membro dos Leek disse-me: "O gado com que meu pai casou era gado dos Gee (Jagei)". Poncet comenta: "Os Elliab (dok) lutam contra os Egnan (nuong) do sul e os Reian (rengyan) do norte; os Ror do interior, contra estes últimos e os Bior (bor) de Gazal (rio Ghazal). Todas as suas brigas provêm dos pastos, que disputam, o que não impede que uns viajem pelas terras dos outros sem qualquer risco, a menos, contudo, que haja algum parente a ser vingado"[3]. Em teoria, uma tribo era considerada uma unidade militar, e, se duas seções de tribos diferentes mantinham hostilidades, cada uma podia depender do apoio das demais seções de sua tribo; na prática, porém, muitas vezes elas somente entrariam na luta se o outro lado estivesse recebendo assistência de seções vizinhas. Quando uma tribo unia-se para a guerra, havia uma trégua nas disputas internas dentro de suas fronteiras.

As tribos – especialmente as menores – frequentemente uniam-se para saquear os estrangeiros. Os Leek uniam-se aos Jagei e Jikany do oeste, e os Lou aos Gaawar para atacar os Dinka; os Lou às tribos jikany do leste para atacar os Anuak, e assim por diante. Essas alianças militares entre tribos, frequentemente sob a égide de um deus que falava por intermédio de seu profeta (p. 197), eram de curta duração, não havia qualquer obrigação moral para formá-las e, embora a ação fosse harmônica, cada tribo lutava separadamente sob seus próprios líderes e vivia em acampamentos separados dentro da região inimiga.

A luta entre as diferentes tribos nuer era de caráter diverso da luta entre Nuer e Dinka. A luta intertribal era considerada mais feroz e mais perigosa, mas estava sujeita a certas convenções: mulheres e crianças nada sofriam, casas e estábulos não eram destruídos e não se fazia prisioneiros. E, também, os demais Nuer não eram considerados como presa natural, como eram os Dinka.

Outra característica definidora de uma tribo é que, dentro dela, existe *eut*, riqueza paga como ressarcimento de um homicídio, e os Nuer explicam o valor tribal em termos dela. Assim, os membros da tribo lou dizem que, entre eles, existe a indenização de sangue, mas não entre eles e os Gaajok ou os Gaawar; e essa é a definição invariável de lealdade tribal em toda parte da terra nuer. Entre membros de uma tribo há também *ruok*, ressarcimento por danos que não são homicídios, embora a obrigação de pagá-lo seja menos enfatizada ou executada, enquanto que entre uma tribo e outra não se reconhece qualquer obrigação desse gênero. Podemos, portanto, dizer que existe lei – no sentido limitado e relativo definido no Cap. 4 – entre membros de uma tribo, mas não há lei

3. *Op. cit.*, p. 39.

Il. XIV: Chuvas de agosto (Lou).

TEMPO E ESPAÇO

entre tribos. Se alguém comete um crime contra um membro de sua mesma tribo, estabelece entre ele e seus parentes um vínculo legal com aquele membro e os parentes dele, e as relações hostis que se seguem podem ser desfeitas com pagamento de gado. Se alguém comete o mesmo ato contra um homem de outra tribo, não se reconhece qualquer rompimento da lei, não se sente que há qualquer obrigação para dirimir a questão, e não há negociações para concluí-la. As comunidades locais foram classificadas como tribos ou segmentos tribais de acordo com o reconhecimento ou não da obrigação de pagar indenização de sangue. Assim, os *gun* e os *mor* são classificados como segmentos primários da tribo lou, enquanto que os Gaajok do leste, os Gaajak, e os Gaagwang foram classificados como três tribos e não como segmentos primários de uma única tribo jikany.

Pode ter acontecido que casos fronteiriços entre tribos diferentes tenham sido algumas vezes resolvidos com ressarcimentos, mas não tenho qualquer registro dessas negociações a não ser a declaração duvidosa feita na p. 198; e mesmo que tenham ocorrido, de maneira alguma invalidam nossa definição de estrutura tribal. Contudo, deve-se compreender que estamos definindo uma tribo do modo mais formal e que, conforme mostraremos mais adiante, o reconhecimento da responsabilidade legal dentro de uma tribo não significa que, de fato, seja fácil obter ressarcimento pelos danos. Existe pouca solidariedade dentro de uma tribo e as disputas são frequentes e de longa duração. Com efeito, a disputa é uma instituição característica da organização tribal.

Uma tribo foi definida por: 1. um nome comum e distinto; 2. um sentimento comum; 3. um território comum e distinto dos demais; 4. uma obrigação moral de unir-se para a guerra; e 5. uma obrigação moral de resolver brigas e disputas através de arbitramento. Pode-se acrescentar a esses cinco pontos outras características, que serão discutidas mais adiante; 6. uma tribo é uma estrutura segmentada e há oposição entre seus segmentos; 7. dentro de cada tribo existe um clã dominante e a relação entre a estrutura de linhagem desse clã e o sistema territorial da tribo é de grande importância estrutural; 8. uma tribo constitui uma unidade dentro de um sistema de tribos; e 9. os conjuntos etários são organizados tribalmente.

VII

Tribos adjacentes opõem-se umas às outras o lutam entre si. Algumas vezes elas se juntam contra os Dinka, mas tais combinações constituem federações frouxas e temporárias para uma finalidade específica e não correspondem a qualquer valor político nítido. Ocasionalmente uma tribo permite que uma seção de outra

136 OS NUER

tribo faça acampamento em seu território e pode ser que haja mais contatos entre pessoas de aldeias ou acampamentos fronteiriços de tribos diferentes do que entre comunidades muito distanciadas da mesma tribo. As primeiras podem ter mais contatos sociais; as últimas estão mais próximas estruturalmente. Mas entre as tribos nuer não há organização comum ou administração central e, daí, não há qualquer unidade política a que possamos nos referir como formando uma nação. Não obstante, as tribos adjacentes, e as dinka que se encontram frente a elas, formam sistemas políticos, uma vez que a organização interna das tribos pode ser integralmente compreendida apenas em termos de sua oposição mútua e da oposição comum frente aos Dinka que as ladeiam.

Além desses sistemas de relações políticas diretas, todo o povo nuer se vê como uma comunidade única e sua cultura, como uma cultura única. A oposição aos vizinhos dá aos Nuer uma consciência de grupo e um forte sentimento de serem exclusivos. Sabe-se que alguém é Nuer por sua cultura, que é muito homogênea, especialmente por sua língua, pela falta de seus incisivos inferiores e, se for um homem, por seis cortes no supercílio. Todos os Nuer vivem num território contínuo. Não há seções isoladas. Contudo seu sentimento de comunidade é mais profundo do que o reconhecimento da identidade cultural. Entre Nuer, onde quer que tenham nascido e embora possam ser desconhecidos um do outro, estabelece-se imediatamente relações de amizade quando eles se encontram fora de sua região, pois um Nuer jamais é um estrangeiro para outro Nuer, como o é para um Dinka ou Shilluk. Seu sentimento de superioridade, o desprezo que demonstram a todos os estrangeiros e sua disposição para lutar contra estes constituem um vínculo de comunhão, e a língua e valores comuns permitem pronta comunicação entre si.

Os Nuer são bem conscientes das diferentes divisões de sua terra mesmo que jamais as tenham visitado, e todos eles encaram a área a oeste do Nilo como sua terra de origem comum, mantendo ainda ocupantes distantes laços de parentesco. As pessoas também fazem viagens para visitar parentes em outras tribos e não raro permanecem longos períodos longe de casa, algumas vezes em tribos diferentes, onde – se ficarem tempo bastante – são incorporadas permanentemente. Um intercâmbio social constante flui através dos limites de tribos adjacentes e une seus membros, especialmente membros das comunidades na fronteira com estrangeiros, por muitos laços de parentesco e afinidade. Se um homem muda de tribo, ele pode de imediato inserir-se no sistema de conjuntos etários da tribo que adotou e muitas vezes ocorre uma coordenação dos conjuntos de tribos adjacentes. Por vezes, um único clã é dominante em mais de uma área tribal, os clãs dominantes são ligados num sistema geral de clãs, e os clãs prin-

TEMPO E ESPAÇO 137

cipais podem ser encontrados em toda parte da terra dos Nuer. Já comentamos que, nos dias do comércio do marfim, os membros da tribo gaajak viajavam através dos territórios de outras tribos, chegando até o Zeraf.

Os limites da tribo não são, portanto, os limites do intercâmbio social, e existem muitos vínculos entre os membros de uma tribo e os membros de uma outra. Por meio da associação ao sistema de clãs e pela proximidade, os membros de uma tribo podem considerar-se mais próximos de uma segunda do que de uma terceira. Assim, as três tribos jikany do leste sentem uma vaga unidade em relação aos Lou, bem como o fazem os Bor e Rengyan em relação aos Leek. Mas, indivíduos também – e através de grupos de parentesco individuais e mesmo de uma aldeia – possuem um círculo de relacionamentos sociais que ultrapassa as divisões tribais, de modo que um viajante que cruza os limites de sua tribo pode sempre estabelecer alguma ligação com indivíduos da tribo que visita, em razão da qual ele receberá hospitalidade e proteção. Se ele sofre algum dano, seu anfitrião – e não ele mesmo – envolve-se na ação legal. Contudo, existe uma espécie de lei internacional no reconhecimento de convenções sobre determinados assuntos, além das fronteiras políticas e dos limites da lei formal. Assim, embora se considere mais arriscado contrair matrimônio fora da tribo do que dentro dela (já que o divórcio pode ser mais prejudicial, sendo menos certa a devolução da riqueza presenteada no casamento), as regras do matrimônio são reconhecidas em ambos os lados e não se considera correto tirar vantagem da divisão política para rompê-las. As tribos são, dessa maneira, grupos exclusivos politicamente, mas não correspondem exatamente à esfera de relações sociais de um indivíduo, embora essa esfera tenda a seguir as linhas da divisão política, da mesma forma como o distrito de uma pessoa tende a igualar-se a seu segmento tribal. A relação entre estrutura política e relações sociais gerais será discutida nos capítulos que seguem. Aqui podemos notar que é aconselhável distinguir entre: 1. distância política no sentido de distância estrutural entre segmentos de uma tribo, (a maior unidade política) e entre tribos dentro de um sistema de relações políticas; 2. distância estrutural geral no sentido de uma distância não política entre vários grupos sociais na comunidade que fala a língua nuer – as relações estruturais não políticas são mais fortes entre tribos adjacentes, mas uma estrutura social comum abrange toda a terra nuer; e 3. a esfera social de um indivíduo, sendo seu círculo de contatos sociais de um tipo ou de outro com outro nuer.

VIII

A estrutura política dos Nuer somente pode ser compreendida quando é colocada em relação a de seus vizinhos, com quem formam um único sistema político. Tribos nuer e dinka contíguas são segmentos dentro de uma estrutura comum, tanto quanto o são os segmentos de uma mesma tribo nuer. Seu relacionamento social é de hostilidade, que encontra sua expressão na guerra.

O povo dinka é o inimigo imemorial do Nuer. Assemelham--se na ecologia, cultura e sistemas sociais, de tal modo que os indivíduos pertencentes a um dos povos são facilmente assimilados pelo outro; e, quando a oposição de equilíbrio entre um segmento político nuer e um segmento político dinka se transforma num relacionamento onde o segmento nuer torna-se totalmente dominante, resulta uma fusão e não uma estrutura de classes.

Até onde chegam a história e a tradição, e nos horizontes do mito até onde este alcança, sempre tem havido inimizade entre os dois povos. Quase sempre os Nuer têm sido os agressores, e eles encaram pilhar os Dinka como um estado normal de coisas e como um dever, pois têm um mito, como o de Esaú e Jacó, que explica e justifica esse fato. Nesse mito, o Nuer e o Dinka são representados como dois filhos de Deus, que prometeu dar ao Dinka sua velha vaca e ao Nuer, o jovem bezerro. O Dinka veio de noite ao estábulo de Deus e, imitando a voz do Nuer, conseguiu o bezerro. Quando Deus descobriu que tinha sido enganado, ficou zangado, e encarregou o Nuer de vingar a injúria pilhando o gado do Dinka até o final dos tempos. Essa história, familiar a todo Nuer, é não somente um reflexo das relações políticas entre os dois povos, como também um comentário sobre os caracteres dos mesmos. Os Nuer atacam por causa do gado e o tomam abertamente e pela força das armas. Os Dinka roubam o gado ou o tomam por meio de trapaças. Todos os Nuer consideram os Dinka – e com razão – como ladrões, e até mesmo os Dinka parecem aceitar a censura, se é que atribuímos o significado correto à declaração feita a K.C.P. Struvé, em 1907, pelo guardião dinka do templo de Deng Dit em Luang Deng. Depois de contar o mito da vaca e do bezerro, ele acrescentou: "E até hoje o Dinka tem vivido sempre roubando, e o Nuer, guerreando"[4].

Lutar, como criar gado, é uma das principais atividades e um dos interesses dominantes de todos os homens nuer, e atacar os Dinka por causa de gado é um dos passatempos prediletos. Com efeito, o termo *jaang*, ou seja, Dinka, por vezes é empregado com referência a qualquer tribo que os Nuer normalmente saqueiem e onde façam prisioneiros. Os meninos aguardam com expectativa

---

4. *Sudan Intelligence Report*, n. 152, 1907.

TEMPO E ESPAÇO

o dia em que poderão acompanhar os mais velhos nesses ataques contra os Dinka, e, logo que os rapazes são iniciados, começam a planejar um ataque para ficar ricos e para firmar sua reputação como guerreiros. Toda tribo nuer saqueava os Dinka a cada dois ou três anos, e alguma parte da terra dinka deve ter sido saqueada anualmente. Os Nuer nutrem desprezo pelos Dinka e ridicularizam suas qualidades bélicas, dizendo que eles demonstram tão pouca habilidade quanto coragem. *Kur jaang*, lutar com os Dinka, é considerado um teste de valor tão superficial que não se acha necessário levar escudos durante um ataque ou prestar qualquer atenção a possibilidade de insucesso, e é feito um contraste com os perigos de *kur Nath*, lutar entre os próprios Nuer. Esses alardes são justificados tanto pela bravura inabalável dos Nuer, quanto por seus sucessos militares.

Os primeiros viajantes registram que os Nuer ocupavam ambas as margens do Nilo, mas é provável que toda a ilha Zeraf tenha sido num tempo ocupada pelos Dinka e é certo que toda a região que vai do Zeraf ao Pibor e, ao norte do Sobat, desde os confins da terra dos Shilluk até a escarpa etíope (excetuando-se povoamentos Anuak nas margens de rios), ainda estava em mãos destes até meados do século passado quando foi tomada pelos Nuer em duas linhas de expansão, ao norte e ao sul do Sobat. Sabe-se disso por meio de afirmações tanto dos Nuer quanto dos Dinka, pelas provas fornecidas pelas genealogias e conjuntos etários e pelos registros dos viajantes, que frequentemente fazem referências à luta entre os dois povos, à posição dominante dos Nuer em meio a seus vizinhos, à admiração que inspiravam, a sua bravura e cavalheirismo[5]. A conquista, que parece ter resultado na absorção e miscigenação, mais do que na exterminação, foi tão rápida e tão bem sucedida que toda essa vasta área é hoje ocupada pelos Nuer, excetuando-se uns poucos bolsões de dinka no Sobat, Filus e Atar. Além dessas unidades independentes, há muitas comunidades locais nuer na região oriental que reconhecem ter ascendência dinka, e pequenas linhagens de origem dinka podem ser encontradas em toda aldeia e acampamento. Algumas tribos dinka refugiaram-se com compatriotas ao sul, onde os Gaawar e os Lou continuaram a saqueá-los. Da mesma forma, os Nuer do oeste persistentemente pilharam todas as tribos dinka que fazem fronteira com eles, particularmente as do sul e oeste, obtendo uma ascendência moral sobre eles e forçando-os a recuar mais para longe de suas fronteiras. A oeste

5. Werne, *op. cit.*, p. 163; Abd-El-Hamid, *op. cit.*, pp. 82-3; Philippe Terranuova d'Antonio, "Relation d'un voyage au Fleuve Blanc", *Nouvelles annales des voyages*, Paris, 1859. Lejean, *op. cit.*, p. 232; Poncet, *op. cit.*, pp. 18, 26, 39, 41-2 e 44; Petherick, *op. cit.*, v. II, p. 6; Heuglin, *Reise in das Gebiet des Weissen Nil und seiner westlichen Zuflüsse in den Jahren 1862-1864*, 1869, p. 104. Georg Schweinfurth, *The Heart of África* (tradução inglesa), 1873, v. I, pp. 118-19; Gaetano Casati, *Ten Years in Equatoria and the Return with Emin Pasha* (tradução inglesa), 1891, v. I. pp. 39; Romolo Gessi Pasha, *Seven Years in the Soudan* (tradução inglesa), 1892, p. 57. Os mapas feitos pelos viajantes com a intenção de mostrar as posições ocupadas pelos povos desta área são um tanto vagos e não coincidem inteiramente. O leitor pode consultar os de Marno, *op. cit.*, Poncet, *op. cit.*, Heuglin, *op. cit.*, o mapa compilado por Lejean a partir de informações fornecidas pelos irmãos Poncet no *Bulletin de la Société de Géographie* (Paris), 1860; os mapas preparados por V. A. Malte-Brun em *Nouvelles annales des voyages*, 1855 e 1863, e outros do mesmo período.

140   OS NUER

do Nilo, como a leste, os prisioneiros dinka eram assimilados e há muitas pequenas linhagens de descendentes dinka em toda tribo, e não raro elas preponderam nas comunidades locais. De todos os Dinka, somente os Ngok, a sul do Sobat, foram deixados em paz, provavelmente em razão de sua pobreza em gado e pastagens, embora sua imunidade tenha uma sanção mitológica. Parece também que os Atwot não eram considerados presa tão legítima quanto os Dinka em razão de sua origem nuer e é provável que tenham sido incomodados raras vezes, já que estão situados em locais remotos.

A estação favorita para saquear os Dinka era no final das chuvas, embora estes também sofressem invasões no começo delas. Membros da tribo leek disseram-me que, quando atacavam os Dinka do sudoeste, eles costumavam dormir a primeira noite perto das aldeias da tribo wot e a segunda, no mato. Eles não levavam alimentos e comiam somente os peixes que conseguiam pegar às pressas no caminho, viajando a toda velocidade durante o dia e parte da noite. No terceiro dia, de madrugada, eles atacavam as aldeias ou acampamentos dinka. Os Dinka raras vezes opunham resistência, mas soltavam o gado e tentavam levá-lo para longe. Ninguém tomava o gado até que o inimigo estivesse dispersado. Então cada um tomava aquilo que podia, muitas vezes nem se dando ao trabalho de amarrar suas presas, mas apenas fazendo um talho em seus quadris em sinal de posse. Depois, os animais eram amarrados no *kraal* do inimigo, sendo os bois abatidos, principalmente para serem consumidos. Se os Dinka conseguissem reforços e voltassem para lutar, deparavam com uma completa formação de batalha. Os Nuer lutam em três divisões, separadas por duzentos ou trezentos metros, e, se uma divisão está combatendo, as outras avançam ou recuam paralelamente a ela, segundo as fortunas da guerra. Um grupo de batedores situa-se à frente da divisão central, e avança contra o inimigo, atira suas lanças e recua até o corpo principal.

Os atacantes ficavam várias semanas na terra dos Dinka e algumas vezes ficavam lá por toda a estação da seca, alimentando-se do leite e da carne do gado capturado, dos cereais pilhados e de peixes. Usando um *kraal* capturado como base, eles estendiam seu ataque contra acampamentos distantes. Parece que as migrações nuer foram conduzidas ao longo dessas linhas, os atacantes fixando-se permanentemente na região dinka e, através de saques sistemáticos, forçando os habitantes a se retirarem cada vez mais para longe dos pontos de ocupação. Na estação seguinte, uma nova série de ataques era iniciada e o processo repetia-se até que os Dinka se viam forçados a procurar refúgio com seus parentes de outras tribos, abandonando a região aos invasores. Se não se cogitava de fixação definitiva, contudo, os atacantes voltavam para casa quando pensavam ter presas suficientes.

Antes que o acampamento se desfizesse, realizavam uma prática altamente indicativa do sentimento nuer de igualdade e justiça. Reconhecia-se que toda a força era responsável conjuntamente pelo sucesso da expedição e ocorria, portanto, uma redistribuição das pilhagens. O profeta, cujas revelações sancionavam o ataque, fazia primeiro um giro pelo acampamento e selecionava, de cada casa, uma vaca para o espírito divino que ele era o porta--voz. Nessa ocasião, uma casa podia possuir umas cinquenta cabeças de gado, de modo que não constituía um sacrifício dar uma delas ao espírito. Ocorria, então, uma confusão geral, e todos corriam para o gado a fim de marcar seus animais. Um homem que pudesse pegar primeiro um animal, amarrá-lo e cortar sua orelha tinha direitos absolutos sobre ele. O homem que capturava originalmente uma vaca tinha a vantagem de que ela ficava amarrada perto de seu abrigo contra o vento, mas se ele e membros de seu agrupamento doméstico estivessem com uma parcela indevida do saque, eles não podiam

TEMPO E ESPAÇO

marcar todos os animais antes que outros os tomassem. Como seria de se esperar, frequentemente os homens saíam feridos dessa confusão, pois, se dois homens pegassem a mesma vaca, eles lutariam com clavas pela posse dela. Não se devia empregar a lança nessas ocasiões. Homens de acampamentos vizinhos tomavam parte na redistribuição uns dos outros, e deve ter havido muita confusão. Prisioneiros, mulheres em idade de casar, meninos e meninas não eram redistribuídos, mas pertenciam a seu captor original. Mulheres mais velhas e bebês eram mortos a pauladas e, quando o ataque era contra uma aldeia, seus corpos eram jogados nas choupanas e estábulos em chamas. Os prisioneiros eram colocados no centro do acampamento, algumas vezes sendo as mulheres amarradas de noite para que não fugissem. Relações sexuais são tabu durante um ataque. E nem os Nuer podem comer junto com um prisioneiro. Um menino cativo não pode mesmo apanhar água para que eles bebam. Somente depois que um boi tenha sido sacrificado em honra dos deuses, depois da volta para casa, e que eles tenham sido informados da entrada de estrangeiros em suas moradias, é que os Nuer podem manter relações sexuais com os cativos ou comer junto com eles.

Na seção seguinte, descrevemos outros contatos com estrangeiros, mas até a conquista europeia, as únicas relações estrangeiras que se pode dizer terem sido expressas por guerras constantes eram as com as várias tribos dinka que fazem fronteira com a terra dos Nuer. Não as enumeramos, pois seus nomes são irrelevantes. A luta entre os dois povos tem sido incessante desde tempos imemoriais e parece ter atingido um estágio de equilíbrio antes que a conquista europeia o perturbasse. (O mapa de Malte-Brun comparado com mapas modernos sugere que as posições tribais não se alteraram muito desde 1860.) Na primeira parte do período histórico, de aproximadamente 1840 até fins do século, os Nuer parecem ter-se expandido à procura de novas pastagens, porém continuaram pilhando gado, ação agressiva que atribuímos às relações estruturais entre os dois povos, mas que sem dúvida foi intensificada pela peste bovina.

Embora as relações dos Dinka com os Nuer sejam extremamente hostis e a guerra entre eles possa ser chamada de instituição estabelecida, eles ocasionalmente chegaram a unir-se para guerrear contra o governo egípcio e algumas vezes houve reuniões sociais conjuntas. Nas épocas de fome, muitas vezes os Dinka vieram residir na terra dos Nuer e foram prontamente aceitos e incorporados às tribos nuer. Em tempos de paz, também, os Dinka visitavam os parentes que haviam sido capturados ou que se haviam fixado na terra nuer, e, como já foi observado antes, parece que em certas regiões houve algum comércio entre os dois povos. As linhas de relacionamento social de tipo geral, que são frequentemente numerosas através dos limites de tribos nuer adjacentes e que se estendem por toda a terra dos Nuer, são assim prolongadas de modo tênue além dos limites da terra nuer em contatos ocasionais e casuais com estrangeiros.

Distribuição tribal por volta de 1860 (segundo V. A. Malte-Brum, *Nouvelles annales de ravages*, 1863)

TEMPO E ESPAÇO

Todos os Dinka são agrupados na categoria dos *jaang*, e os Nuer acham que essa categoria está mais próxima deles do que outras categorias de estrangeiros. Esses povos estrangeiros – os Nuer atingiram com todos eles um estado de hostilidade equilibrada, um equilíbrio de oposições, expresso ocasionalmente em lutas – são, à exceção dos Beir, classificados genericamente como *bar*, povos sem gado ou que possuem muito pouco gado. Uma outra categoria é *a jur*, povos sem gado que os Nuer consideram situar-se na periferia de seu mundo, como o grupo de povos Bongo-Mittu, os Azande, os Árabes e nós mesmos. Contudo eles possuem nomes diversos para a maioria desses povos.

Já dissemos que os Nuer acham que os Dinka são mais próximos deles do que outros estrangeiros, e, a esse respeito, chamamos a atenção para o fato de que os Nuer demonstram maior hostilidade e atacam com maior persistência os Dinka, que são sob todos os aspectos mais assemelhados a eles, do que qualquer outro povo estrangeiro. Sem dúvida, isso se deve até certo ponto, à facilidade com que podem saquear os vastos rebanhos Dinka. Também pode--se atribuir, em parte, ao fato de que, dentre todas as áreas vizinhas, apenas a terra dos Dinka não opõe sérias desvantagens ecológicas a um povo pastoril. Contudo, pode-se ainda sugerir que o tipo de guerra existente entre Nuer e Dinka, levando também em consideração a assimilação dos cativos e as relações sociais intermitentes entre os dois povos entre as guerras, pareceria exigir um reconhecimento de afinidades culturais e de valores semelhantes. A guerra entre Dinka e Nuer não é meramente um conflito de interesses, mas é também um relacionamento estrutural entre os dois povos; e tal relacionamento requer um certo reconhecimento, por ambos os lados, de que cada um, até determinado ponto, a partilha dos sentimentos e hábitos do outro. Somos levados por essa reflexão a notar que as relações políticas são profundamente influenciadas pelo grau de diferenciação cultural existente entre os Nuer e seus vizinhos. Quanto mais próximos dos Nuer estão os povos em termos de subsistência, língua e costumes, mais intimamente os Nuer os encaram, mais facilmente iniciam relações de hostilidade com eles e mais facilmente fundem-se a eles. A diferenciação cultural está fortemente influenciada pelas divergências ecológicas, particularmente pelo grau em que povos vizinhos são pastoris, o que depende dos solos, reservas de água, insetos e assim por diante. Mas é também, numa extensão considerável, independente de circunstâncias ecológicas, sendo autônoma e histórica. Pode-se sustentar que a semelhança cultural entre Dinka e Nuer pode determinar amplamente suas relações estruturais; da mesma forma, também, como as relações entre os Nuer e outros povos são amplamente determinadas por sua diferença cultural cada vez maior. A clivagem cultural é menor entre os Nuer e os Dinka; torna-se mais ampla entre os Nuer e os povos que falam shilluk; e é mais ampla entre os Nuer e povos como os Koma, Burun e Bongo-Mittu.

Os Nuer guerreiam contra um povo que possui uma cultura parecida com a sua, mais do que entre si ou contra povos com culturas muito diferentes da sua. As relações entre estrutura social e cultura são obscuras, mas pode muito bem ser que, se os Nuer não tivessem podido expandir-se às custas dos Dinka e pilhá-los, eles se teriam demonstrado mais antagônicos quanto a pessoas de sua mesma origem, e as mudanças estruturais que daí resultassem teriam levado a uma maior heterogeneidade cultural na terra nuer do que a que existe atualmente. Isso pode não passar de mera conjetura, mas podemos dizer ao menos que a vizinhança de um povo parecido, possuidor de grandes rebanhos a serem pilhados, pode ter tido o efeito de dirigir os impulsos agressivos dos Nuer para outros que não seus compatriotas. As tendências predatórias, que os Nuer partilham com outros nômades, encontram uma pronta válvula de escape contra os Dinka, e isso pode explicar não apenas as poucas guerras entre tribos nuer, como também, consequentemente, ser uma das explicações do notável tamanho de muitas tribos nuer, pois elas não poderiam manter a unidade que possuem se suas seções ficassem saqueando-se umas às outras com a mesma persistência com que atacam os Dinka.

IX

Os Nuer tiveram poucos contatos com os Shilluk, estando isolados deles, na maioria das regiões, por um segmento dos Dinka; e onde existe uma fronteira comum, a guerra parece ter-se limitado a incidentes envolvendo apenas acampamentos fronteiriços. O poderoso reino shilluk, bem organizado e abrangendo mais de cem mil pessoas, não poderia ter sido saqueado com a mesma impunidade das tribos Dinka, mas a razão característica que os Nuer dão para não atacá-lo é outra: "Eles não têm gado. Os Nuer só atacam povos que possuem gado. Se eles tivessem gado, nós os atacaríamos e pilharíamos seu gado, pois eles não sabem lutar como nós lutamos". Não existe inimizade real ou mitológica entre os dois povos.

Os Anuak, que também pertencem ao grupo shilluk-luo, confrontam os Nuer a sudeste. Embora hoje sejam quase que inteiramente hortícolas, no passado possuíam gado e, na opinião dos Nuer, sua terra tem pastos melhores do que a terra dos Shilluk. Foi tomada pelos Nuer há mais de meio século, até o sopé da escarpa etíope, mas foi prontamente abandonada, provavelmente por causa da tsé-tsé, pois os Anuak ofereceram pouca resistência. Os Nuer continuaram a saqueá-los até faz trinta anos, quando os Anuak conseguiram obter rifles da Abissínia e puderam resistir melhor e mesmo tomar a ofensiva. Apesar de dois revezes, eles finalmente conseguiram penetrar na região dos Lou, onde provocaram pesadas perdas e capturaram muitas crianças e gado, feito que trouxe as forças governamentais abaixo do Pibor, encerrando assim as hostilidades. Muitas evidências mostram que houve uma época em que os Anuak estendiam-se muito mais a oeste do que sua distribuição atual e que foram expulsos desses lugares, ou assimilados, pelos Nuer.

TEMPO E ESPAÇO

Os demais povos com que os Nuer têm contato podem ser mencionados com muita brevidade, já que suas inter-relações possuem pouca importância política. Outro povo vizinho do sudeste é o Beir (Murle). Até onde sei, os Nuer não os atacavam com frequência e aqueles poucos que os conhecem, respeitam-nos como dedicados criadores de gado. A nordeste da terra dos Nuer, os Gaajak têm tido, por várias décadas, relações com os Galla da Etiópia. Parece que tais relações são pacíficas e que houve uma determinada quantidade de trocas entre os dois povos. A falta de atrito pode ser atribuída notadamente ao corredor da morte que os separa, pois quando os Galla descem de seu planalto rapidamente sucumbem à malária, enquanto que qualquer tentativa por parte dos Nuer para caminhar em direção ao leste é derrotada pelo cinturão de tsé-tsé que circunda os sopés das montanhas. Os Gaajak atacavam os Burun e os Koma (ambos frequentemente mencionados de modo impreciso como "*burum*") para fazer prisioneiros, e estes eram em número muito pequeno e por demais desorganizados para resistir ou retaliar. A noroeste, as tribos jikany, leek e bul ocasionalmente saqueavam os árabes e as comunidades das montanhas Nuba; e, a julgar por uma afirmação feita por Jules Poncet, o problema referente à água e pastagens na estação da seca que ocorre hoje entre Nuer e árabes existe há muito tempo[6]

Os escravagistas e mercadores de marfim árabes, que provocaram tanta miséria e destruição entre os povos do Sudão meridional depois da conquista do Sudão setentrional por Muhammad Ali em 1821, incomodaram muito pouco os Nuer. Algumas vezes eles atacaram aldeias de beira de rio, mas não conheço qualquer registro de que tenham penetrado muito pelo interior, e parece que foram apenas as seções mais acessíveis das tribos do rio Zeraf que sofreram algum dano com suas depredações. Não creio que em parte alguma os Nuer tenham sido profundamente afetados pelo contato árabe[7]. O governo egípcio e, mais tarde, o governo mahdista, que supostamente controlaram o Sudão desde 1821 até o final do século, de modo algum administraram os Nuer ou exerceram qualquer controle sobre eles a partir dos postos que estabeleceram à beira dos rios nos confins de sua terra. Algumas vezes os Nuer saqueavam esses postos e outras vezes eram saqueados a partir deles[8], mas, em linhas gerais, pode-se dizer que eles prosseguiam em suas vidas não os levando em consideração.

Essa não consideração continuou depois da reconquista do Sudão pelas forças anglo-egípcias e do estabelecimento de uma nova administração. Os Nuer foram o último povo importante a ser controlado, e a administração de sua região não pode ser chamada de muito eficiente senão a partir de 1928, sendo que antes desse ano o governo consistia em patrulhas ocasionais que apenas conseguiam aliená-los mais ainda. A natureza da região tornava difíceis as comunicações e impedia o estabelecimento de postos na própria terra nuer, e os Nuer não mostravam desejar entrar em contato com os postos situados na periferia. Exercia-se pouco controle e era impossível fazer com que as decisões fossem cumpridas[9]. Outras dificuldade era a ausência de Nuer que tivessem

---

6. Poncet, *op. cit.*, p. 25.

7. Vejo-me impossibilitado de aceitar as afirmações de Casati sobre o caso (pp. *cit.*, v. I, p. 38), mas considero que se deve dar mais crédito à opinião de outras autoridades. Ver a carta de Romolo Gessi ao editor de *Esploratore*, em 1880 (op. *cit.*, p. xx), e o relatório de Lejean feito em Kartum em 1860 (pp. *cit.*, p. 215).

8. Ver, por exemplo, Casati, pp. *cit.*, p. 221.

9. Para uma descrição das condições nessa época, ver *Sudan Intelligence Reports*, especialmente os de Kaimakan F.J. Maxse (n. 61, 1899), Cap. H.H. Wilson (n. 128, 1905) e O'Sullivan Bey (n. 187, 1910).

146 OS NUER

viajado por regiões estrangeiras e falassem árabe, pois seu lugar como intérpretes e outros cargos em geral era tomado pelos Dinka e Anuak, dos quais os Nuer desconfiavam, e com razão, e contra os quais apresentavam toda sorte de queixas.

A truculência e desprendimento que os Nuer exibem estão conforme a sua cultura, organização social e caráter. A autossuficiência e simplicidade de sua cultura e a fixação de seus interesses nos rebanhos explica por que eles não quiseram, nem estavam dispostos a aceitar inovações europeias e por que rejeitaram uma paz com a qual tinham tudo a perder. Sua estrutura política dependia, para sua forma e persistência, de antagonismos equilibrados que somente podiam ser expressos na guerra contra os vizinhos se a estrutura era para ser mantida. O reconhecimento da luta, enquanto valor capital, o orgulho nas realizações do passado e um profundo senso de sua igualdade comum e sua superioridade em relação a outros povos tornaram impossível para eles aceitar de boa vontade a dominação, que até então jamais tinham experimentado. Se se tivesse sabido mais a respeito deles, poder-se-ia ter instituído uma política diferente antes e com menos prejuízos[10].

Em 1920, foram feitas operações militares de grande escala, incluindo bombardeios e metralhamentos de acampamentos, contra os Jikany do leste, que causaram muitas mortes e destruição de propriedades. Ocorreram mais patrulhas, de tempos em tempos, mas os Nuer continuaram insubmissos. Em 1927, a tribo nuong matou seu comissário distrital, enquanto que ao mesmo tempo os Lou desafiavam abertamente o governo, e os Gaawar atacavam o posto policial de Duk Faiyuil. De 1928 a 1930, fizeram-se operações prolongadas contra a totalidade da área conturbada e elas marcaram o fim da luta séria entre os Nuer e o governo. A conquista constituiu um golpe severo para os Nuer que, por tanto tempo, tinham saqueado seus vizinhos com impunidade cuja região tinha, em geral, permanecido intacta.

X

Na descrição que fizemos da contagem de tempo nuer, notamos que numa parte do tempo, o sistema de contá-lo é, em sentido amplo, uma transformação em conceitos, em termos de atividade, ou de modificações físicas que fornecem pontos de referência convenientes para as atividades, ou aquelas fases do ritmo ecológico que têm particular significação para eles. Notamos ainda que, em outra parte do tempo, ele é uma idealização de relações estruturais, estando as unidades temporais coordenadas com unidades do espaço estrutural. Fornecemos uma descrição sumária dessas unidades do espaço estrutural em sua dimensão política ou territorial e chamamos a atenção para a influência da ecologia na distribuição e, daí, nos valores atribuídos à distribuição, inter-relação entre os

---

10. Para referências ofensivas sobre os Nuer, ver *sir* Samuel Baker, *The Albert N'Yanza*, 1913 (publicado pela primeira vez em 1866), pp. 39-42; Cap. H.H. Austin, *Among Swamps and Giants in Equatorial África*, 1902, p. 15; Count Gleichen, *op. cit.*, 1905, v. I. p. 133; C.W.L. Bulpett, *A Picnic Party in Wildest África*, 1907, pp. 22-3 e 35; Bimbashi Coningham, *Sudan Intelligence Report*, n. 102, 1910; H. Lincoln Tangye, *In the Torrid Sudan*, 1910, p. 222; E.S. Stevens, *My Sudan Year*, 1912, pp. 215 e 256-7; H.C. Jackson, *op. cit.*, p. 60; *The Story of Fergie Bey. Told by himself and some of his Friends*, 1930, p. 113; e J.G. Millais, *Far away up the Nile*, 1924, pp. 174-5.

Il. XV:

a)
Abrigo
contra o vento (Lou).

b) Um poço
no leito do Nyanding (Lou).

148 OS NUER

quais encontra-se o sistema político. Esse sistema, contudo, não é tão simples como nós o apresentamos, pois os valores não são simples, e agora tentamos enfrentar algumas das dificuldades que havíamos deixado de lado. Damos início a esta tentativa perguntando o que os Nuer querem dizer quando falam de seu *cieng*.

Os valores estão incorporados em palavras, através das quais influenciam o comportamento. Quando um Nuer fala de seu *cieng*, seu *dhor*, seu *gol*, etc., ele está transformando em conceitos seus sentimentos da distância estrutural, identificando-se com uma comunidade local e, ao fazê-lo, isolando-se de outras comunidades do mesmo tipo. Um exame da palavra *cieng* nos fornecerá uma das características mais fundamentais dos grupos locais nuer e, com efeito, de todos os grupos sociais: sua relatividade estrutural.

O que quer dizer um Nuer quando diz: "Sou um homem do *cieng* tal"? *Cieng* significa "lar", mas seu significado preciso varia com a situação em que é dito. Se encontrarmos um inglês na Alemanha e perguntarmos onde é seu lar, ele pode responder que é a Inglaterra. Se encontrarmos o mesmo homem em Londres e fizermos a mesma pergunta, ele nos dirá que seu lar é em Oxfordshire, enquanto que, se o encontrarmos naquela região, ele dirá o nome da cidade ou aldeia onde mora. Se fizermos a pergunta em sua cidade ou aldeia, ele mencionará o nome da sua rua, e, se perguntado na rua onde mora, ele indicará sua casa. O mesmo ocorre com os Nuer. Um Nuer encontrado fora de sua terra, diz que seu lar é *cieng Nath*, a terra dos Nuer. Pode ser também que ele se refira à região de sua tribo como seu *cieng*, embora a expressão mais usual para isso seja *rol*. Se perguntarmos, em sua tribo, qual é seu *cieng*, ele dirá o nome de sua aldeia ou de sua seção tribal, conforme o contexto. Em geral, ele dirá o nome ou de sua seção tribal terciária ou de sua aldeia, mas ele também pode dar o nome de sua seção primária ou secundária. Se perguntado dentro da aldeia, ele mencionará o nome de sua aldeola ou indicará sua casa ou a extremidade da aldeia em que se situa a casa. Portanto, se um homem disser "*Wa ciengda*", "Vou para casa", fora de sua aldeia, ele quer dizer que está voltando a ela; se for dentro da aldeia, que está indo para sua aldeola; se dentro de sua aldeiola, que está indo para sua casa. Assim, *cieng* quer dizer casa, aldeiola, aldeia e seções tribais de várias dimensões.

As variações de significado da palavra *cieng* não são devidas à incoerência da língua, mas sim à relatividade dos valores grupais a que se refere. Ressalto esse caráter da distância estrutural desde já porque é preciso compreendê-lo para seguir o relato dos vários grupos sociais que passaremos a descrever. Uma vez compreendida, as aparentes contradições de nossa exposição passarão a ser vistas como contradições na própria estrutura, sendo de fato uma qualidade da mesma. O tema é introduzido aqui por sua aplicação às comunidades locais, que serão tratadas com maiores detalhes no capítulo seguinte, e sua aplicação às linhagens e conjuntos etários é adiada para os Caps. 5 e 6.

Uma pessoa é membro de um grupo político de qualquer espécie em virtude de não ser membro de outros grupos da mesma espécie. Ela os vê enquanto grupos e os membros destes a veem enquanto membro de um grupo, e as relações da pessoa com eles são controladas pela distância estrutural entre os grupos envolvidos. Mas uma pessoa não se vê como membro daquele mesmo grupo na medida em que for membro de um segmento do grupo que se situa fora e em posição oposta a outros segmentos do grupo. Portanto, uma pessoa pode ser membro de um grupo e, contudo, não ser membro dele. Este é um princípio fundamental da estrutura política nuer. Assim, uma pessoa é membro de sua tribo em relação a outras tribos, mas não é membro de sua tribo na relação que seu segmento mantém com outros segmentos do mesmo tipo. Da mesma forma, uma pessoa é membro de seu segmento tribal na relação que este mantém com outros segmentos, mas não é um membro dele na relação de sua aldeia com outras aldeias do mesmo segmento. Uma característica de qualquer grupo político é, consequentemente, sua invariável tendência para divisões e oposição de seus segmentos, e outra característica é sua tendência para a fusão com outros grupos de sua própria ordem em oposição a segmentos políticos maiores do que o próprio grupo. Os valores políticos, portanto, estão sempre em conflito, falando-se em termos de estrutura. Um valor vincula uma pessoa a seu grupo e um outro a um segmento do grupo em oposição a outros segmentos do mesmo, e o valor que controla suas ações é uma função da situação social em que a pessoa se encontra. Pois uma pessoa vê a si mesma como membro de um grupo apenas enquanto em oposição a outros grupos e vê um membro de outro grupo como membro de uma unidade social, por mais que esta esteja fragmentada em segmentos opostos.

Portanto, o diagrama apresentado na p. 127 ilustra a estrutura política de modo muito grosseiro e formal. Ela não pode ser representada em diagramas com muita facilidade, pois as relações políticas são relativas e dinâmicas. Estas são colocadas melhor enquanto tendências para conformar-se a certos valores em certas situações, e o valor é determinado pelos relacionamentos estruturais das pessoas que compõem a situação. Assim, se e de que lado um homem irá lutar depende do relacionamento estrutural das pessoas envolvidas na luta e do seu próprio relacionamento com cada um dos lados.

Precisamos fazer referência a outro importante princípio da estrutura política nuer: quanto menor o grupo local, mais forte o sentimento que une seus membros. O sentimento tribal é mais fraco do que o sentimento num de seus segmentos, e o sentimento num dos segmentos é mais fraco do que o sentimento numa aldeia que faça parte dele. Logicamente, pode-se supor que isso ocorre, pois, se a unidade dentro de um grupo é função de sua oposição a grupos do mesmo tipo, pode-se inferir que o sentimento de unidade dentro de um grupo deve ser mais forte do que o sentimento de unidade dentro de um grupo maior que contenha o primeiro. Mas é também evidente que, quanto menor o grupo, maiores os contatos entre seus membros, mais variados são esses contatos, e mais cooperativos são eles. Num grupo grande como a tribo, os contatos entre os membros são pouco frequentes e a cooperação limita-se a ocasionais incursões militares. Num grupo pequeno como a aldeia, não somente existem contatos diários de habitação, frequentemente de natureza cooperativa, como também os membros estão unidos por íntimos laços agnáticos, cognáticos e de afinidade, que podem ser expressados na ação recíproca. Os laços tornam-se menos e mais distantes quanto maior for o grupo, e a coesão de um grupo político depende sem dúvida alguma do número e força dos vínculos de tipo não político.

Também deve ser dito que as realidades políticas são confusas e conflitantes. São confusas porque nem sempre, mesmo num contexto político, estão de acordo com os valores políticos, embora tenham tendências a conformar-se a eles, e porque os vínculos sociais de tipo diverso operam no mesmo campo, algumas vezes reforçando e outras indo em sentido contrário a eles. São conflitantes porque os valores que as determinam, devido à relatividade da estrutura política, estão, eles também, em conflito. A coerência das realidades políticas pode ser vista apenas quando o dinamismo e relatividade da estrutura política são compreendidos e quando a relação da estrutura política com outros sistemas sociais é levada em consideração.

4. O Sistema Político

I

As tribos nuer dividem-se em segmentos. Os segmentos maiores são chamados de seções tribais primárias, e estes dividem-se mais em seções tribais secundárias, que são, por sua vez, segmentadas em seções tribais terciárias. A experiência provou que "primária", "secundária" e "terciária" são suficientes enquanto termos de definição, e, nas tribos menores, provavelmente precisa-se de menos termos. Uma seção tribal terciária compreende várias comunidades de aldeias, que são compostas por grupos domésticos e de parentesco.

Assim, a tribo lou, como se pode ver no diagrama abaixo, está segmentada nas seções primárias *gun* e *mor*. A seção primária *gun* está segmentada nas seções secundárias *rumjok* e *gaatbal*. A seção secundária *gaatbal* está ainda segmentada nas seções terciárias *leng* e *nyarkwac*. Apenas alguns segmentos são mostrados no diagrama, pois a seção *gaaliek* divide-se em *nyaak* e *buth*, a *rumjok* em *falker*, *nyajikany*, *kwacgien*, etc.

TRIBO LOU

Seção primária *mor*	Seção primária *gun*	
seção secundária *gaaliek*	seção secundaria *rumjok*	
seção secundária *jimac*	seção terciária *leng*	seção secund. *gaatbal*
seção secundária *jaajoah*	seção terciária *nyarkwac*	

152 · OS NUER

O diagrama abaixo mostra as seções primárias da tribo gaag-wang do leste e as seções primárias e secundárias das tribos gaajak do leste e gaajok. Elas são apresentadas da maneira mais acurada que permitem meus conhecimentos, mas qualquer pessoa familiarizada com as dificuldades de desembaraçar o complexo sistema das divisões tribais nuer não ficará surpresa se descobrir seções que conhece por nomes diferentes ou outras que acha que não deveriam ter sido omitidas. Não tenho certeza sobre as seções secundárias da tribo gaagwang, que não visitei.

TRIBOS JIKANY DO LESTE

	tribo gaajok	tribo gaagwang	tribo gaaja	
seção primária *laang*	seção sec. *thiur*	seção prim. *gaatcika*	seção sec. *nyayan*[1]	seção primária *gaagwong*
	seç. sec. *dwong*		seção sec. *cany*	
	seç. sec. *kwith*		seção sec. *wau*	
seção primária *wangkac*	seç. sec. *minyaal*	seção prim. *nyingee*	seção sec. *kong*[2]	seção primária *reng*
	seção sec. *wang*		seção sec. *col*[3]	
	seção sec. *nyathol*		seção sec. *dhileak*[4]	
seção primária *yol*	seção sec. *pwot*	seção prim. *nyaang*	seção sec. *tar*	seção primária *thiang*
	seção sec. *kwal*			
	seção sec. *yiic*		seção sec. *kang*	
	seção sec. *cam*			
	seção sec. *kwul*		seção sec. *lony*	

Entre os Jikany do oeste, parece que os Gaagwang são classificados como parte da tribo gaajok, cujo território abrange ambos os lados do Bahr-el-Ghazal, vivendo a tribo gaajak ao sul desse rio. As seções primárias dessas duas tribos, *gaagwong, reng, thiang, laang, wangkac* e *yol* são as mesmas que existem no leste, mas algumas seções secundárias que são importantes ao norte do Sobat não são encontradas – exceto enquanto agrupamentos muito pe-

1. Junto com a qual vai a seção *nyajaani*.
2. Também chamada *nyaruny*.
3. Também chamada *tiek tyaar*.
4. Também chamada *gying*.

O SISTEMA POLÍTICO   153

quenos – no Bahr-el-Ghazal, e vice-versa. A razão para tanto é que certas linhagens migraram para o leste, enquanto que as demais permaneceram na terra de origem. Depois de ter verificado que a segmentação de outras tribos Nuer segue o mesmo padrão das tribos lou e jikany, não elaborei listas detalhadas de suas divisões, interessando-me por novas e diferentes investigações. Incluo, entretanto, algumas representações sumárias da segmentação tribal nas regiões Gaawar, Lak e Thiang, pelo que fico muito grato a B.A. Lewis, que num tempo foi comissário do distrito do rio Zeraf.

TRIBO GAAWAR

Seção primária *radh*	Seção primária *bar*	
seção secundária *kerfail*	seção terciária *bang*	
seção sec. *nyadakwon*	— — — — — — — — —	seção sec. *lidh*
	seção terc. *jamogh*	
seção secundária *per*	— — — — — — — — —	
	seção terc. *caam*	
seção sec. *nyaiguà*	— — — — — — — — —	seção sec. *gatkwa*
seção sec. *jitheib*	seção terc. *gatkwa*	

TRIBO LAK

seção primária *jenyang*	seção primária *kwacbur*	
	seção terciária *nyawar*	
seção sec. *kudwop*	— — — — — — — — —	seção sec. *tobut*
	seção terciária *dongrial*	
	seção terciária *thiang*	
seção sec. *nyapir*	seção terciária *kar*	seção sec. *lak*
	seção terciária *cuak*	

TRIBO THIANG

seção primária *riah*	seção primária *bang*	
	seção terciária *gul*	seção sec. *tobut*
seção sec. *juak*	— — — — — — — — —	
	seção terciária *bedid*	
	seção terciária *dwong*	
seção sec. *manyal*		
	seção sec. *kwoth*	
seção sec. *giin*		
	seção sec. *cuol*	

154 OS NUER

Deve-se ter observado que não tentei relacionar todas as seções de cada tribo, mas sim tentei meramente indicar o modo de segmentação, de tal forma que se possa compreender mais claramente a relação entre divisões tribais e linhagens no capítulo seguinte.

II

Os segmentos de uma tribo possuem muitas das características da própria tribo. Cada um possui um nome diferente, um sentimento comum e um território único. Em geral, uma seção está nitidamente separada de outra por um amplo trecho de mato ou por um rio. Segmentos de uma mesma tribo também tendem a voltar-se em direções diferentes para suas pastagens da seca, como é mostrado nos mapas esquemáticos das pp. 67-69-71, de tal maneira que as divisões espaciais do tempo das chuvas são mantidas e podem ser até acentuadas durante a estiagem, embora, como já foi apontado, nas tribos maiores a leste do Nilo a severidade das condições naturais possa também produzir inter-relacionamentos mais íntimos do que nas tribos menores do oeste.

Quanto menor o segmento tribal, mais compacto é seu território, mais contíguos estão seus membros, mais variados e íntimos são seus laços sociais genéricos, e mais forte, portanto, é seu sentimento de unidade. Como veremos, um segmento tribal é cristalizado em torno de uma linhagem do clã dominante da tribo, e, quanto menor o segmento, mais próximas são as relações genealógicas entre membros desse fragmento de clã. Também quanto menor o segmento, mais o sistema de conjuntos etários determina o comportamento e provoca a cooperação dentro dele. A coesão política, em consequência, não varia somente com as variações da distância política, mas é também uma função da distância estrutural de outros tipos.

Cada segmento é, por sua vez, segmentado e há oposição entre suas partes. Os membros de qualquer segmento unem-se na guerra contra segmentos adjacentes da mesma ordem e unem-se com esses segmentos adjacentes contra seções maiores. Os próprios Nuer colocam claramente esse princípio estrutural na expressão de seus valores políticos. Assim, eles dizem que, se a seção terciária *leng* da tribo lou lutar com a seção terciária *nyarkwac* – e, realmente, tem havido prolongadas disputas entre elas –, as aldeias que compõem cada seção juntar-se-ão para a luta; mas, se houver uma briga entre a seção terciária *nyarkwac* e a seção secundária *rumjok*, como ocorreu recentemente em torno de direitos sobre a água em Fading, *leng* e *nyarkwac* unir-se-ão contra o inimigo comum, *rumjok*, que, por sua vez, formará uma coalizão dos vários segmentos em que está dividido. Se houver uma luta entre as seções primárias *mòr* e *gun*, *rumjok* e *gaatbal* unir-se-ão contra as seções *mor* combinadas: *gaaliek, jimac* e *jaajoah*. Se houver lutas contra os Gaajok ou os Gaawar, as seções primárias, *gun* e *mor*, combinar-se-ão – ao menos em teoria –, e uma tribo lou unida tomará o campo, já que ambas as seções pertencem ao mesmo grupo político e que suas linhagens dominantes pertencem ao mesmo clã. Com certeza elas costumavam unir-se quando dos ataques contra os Dinka.

Entre os Gaajok do leste, as seções *minyal, wang* e *nyathol* combinam-se contra os *yol*. Também as seções *thiur, dwong* e *kwith* unem-se para a guerra. Essas lutas entre seções tribais e as questões que daí resultam, embora estando baseadas num princípio territorial, frequentemente são representadas em termos de linhagens, uma vez que existe um íntimo relacionamento entre segmentos territoriais e segmentos de linhagem, e os Nuer costumam exprimir as obrigações sociais empregando expressões de parentesco. Assim, ao me contarem que os wangkac e o yol iriam unir-se para guerrear contra qualquer outra seção, os Nuer fizeram essa declaração dizendo que as linhagens wangkac e yol (que constituem as linhagens dominantes dessas seções) iriam unir-se porque seus ancestrais eram filhos da mesma mãe. Veremos no Cap. 5 que os Nuer geralmente falam nesses termos.

Esse princípio de segmentação e a oposição entre segmentos é o mesmo em cada seção de uma tribo e estende-se, além da tribo, para relações entre tribos, especialmente entre as tribos menores do oeste, que se juntam com maior facilidade e frequência para saquear os Dinka e lutar uns contra outros do que as tribos maiores a leste do Nilo. Assim, um homem da seção *fadang* da tribo bor o exemplificou quando me disse: "Lutamos contra os *rengyan*, mas quando qualquer um de nós dois está lutando contra um terceiro lado, nós nos combinamos com os *rengyan*". Isso pode ser colocado em termos hipotéticos pelos próprios Nuer e pode ser melhor representado da seguinte maneira. No diagrama abaixo, quando Z^1 luta com Z^2, nenhuma outra seção é envolvida. Quando Z^1 luta com Y^1, Z^1 e Z^2 unem-se para formar Y^2. Quando Y^1 luta contra X^1 Y^1 e Y^2 unem-se, e o mesmo fazem X^1 e X^2. Quando X^1 luta

	A		B	
		X	Y	
		X^1	Y^1	
		X^2	Z^1	Y^2
			Z^2	

156 OS NUER

contra A, X^1, X^2, Y^1 e Y^2 unem-se, todos, para formar B. Quando A saqueia os Dinka, A e B podem unir-se.

As seções tribais maiores eram quase grupos autônomos e agiam como tal em suas inimizades e alianças. Num momento, estavam lutando entre si e, noutro, estavam combinadas contra uma terceira parte. Essas combinações não eram sempre tão regulares e simples como me explicaram e como eu as apresentei. Darei alguns exemplos de lutas entre seções tribais. Uma das piores guerras na história dos Nuer ocorreu na geração passada, entre as metades *gun* e *mor* da tribo lou. Ficou conhecida como a *kur luny yak*, a guerra de soltar a hiena, porque tantas pessoas foram mortas que os corpos eram deixados para as hienas comerem. Diz-se que nessa luta os homens demonstraram uma ferocidade incomum, chegando a cortar fora braços a fim de tomar rapidamente braceletes de marfim. Houve uma disputa mais prolongada, e mais recente, entre as seções terciárias *leng* e *nyarkwac* da tribo lou, que continua até hoje. Começou de uma luta anterior entre *thiang* e *yol*, que numa época formavam subseções dos *nyarkwac*. Os ancestrais das linhagens dominantes nas divisões *leng* e *yol* eram irmãos, enquanto que o ancestral da linhagem dominante da divisão *thiang* estava para esses irmãos na posição de filho de irmã. Por muito tempo os *yol* e os *thiang* viveram em paz lado a lado, mas há alguns anos irrompeu uma briga entre eles, e os *thiang*, derrotados, fugiram em busca de proteção para a seção *leng*. Os *yol* enviaram mensagens aos *leng*, dizendo-lhes para não receber seus inimigos, nem dar-lhes asilo. Os *leng* responderam que o ancestral da linhagem LENG era tio materno do ancestral da linhagem THIANG e que não podiam recusar asilo aos filhos de suas irmãs. Essa atitude envolveu os *yol(nyarkwac)* numa segunda guerra, desta vez contra uma combinação de *leng* e *thiang*. Outras disputas recentes dos Lou foram entre as divisões *falkir* e *nyajikany* da seção secundária *rumjok*, e entre várias comunidades locais da seção primária *mor*, particularmente entre duas divisões da seção secundária *jimac*.

Na região Gaajok do leste, a seção primária *yol* reuniu-se à tribo gaagwang (que parece ter-se identificado tanto com a tribo gaajok que quase podemos falar delas – como podemos quando nos referimos ao oeste do Nilo – como uma única tribo separada dos Gaajak pelos amplos pântanos de Maçar) contra várias, se não todas, as seções da tribo gaajak. Os *yol* lutavam contra os *nyayan*, enquanto que os Gaagwang lutavam contra os *reng* e *kang*. Há cerca de meio século, as seções primárias *laang* e *wangkac* da tribo Gaajok- envolveram-se numa longa disputa, e também houve guerras entre as seções *yol* e *wangkac*, de que a *yol*, ajudada por seus aliados da tribo gaagwang, saiu vitoriosa; sofrendo os *wangkac* uma derrota tão pesada que se mudaram para o sul, para as margens do rio Pibor. Ali, dizem eles, foram atacados por *Turuk* (árabes de alguma espécie) e mudaram-se novamente para o norte, de volta ao local de suas antigas moradias. Estavam por demais exaustos para retomar a rixa contra a seção *yol*. Apesar dessas lutas internas, se qualquer seção da tribo gaajok estiver envolvida na guerra contra a tribo lou, todas as suas seções virão ajudar a seção ameaçada se esta não for suficientemente forte para resistir à seção dos Lou que se opõe a ela. Também houve disputas entre as seções gaajak do leste, por exemplo, entre *thiang* e *reng*. Quando duas tribos lutam, outras tribos ficam neutras, e se duas seções de uma tribo estão guerreando entre si, as outras seções podem deixar que elas resolvam a questão sozinhas desde que as forças sejam equilibradas e não se peça ajuda. Alguns dos informantes da Srta. Soule indicaram que, quando houve problemas há alguns anos entre a seção *yol* da tribo gaajok e a seção *lony* da tribo gaajak, elas eram bastante fortes para lutar por si mesmas, mas caso a *lony* não fosse bastante forte para lutar sozinha, a

O SISTEMA POLÍTICO

157

seção *kaang* e a *tar*, e possivelmente outras da tribo gaajak teriam vindo em seu auxílio, caso em que as seções gaajok ter-se-iam unido à *yol*. Eles também indicaram que, atualmente, há problemas entre a seção *luluaa* e a seção *wang*. Há também problemas entre várias seções do *wangkac*. Se os *luluaa* e *wang* começarem a lutar, as seções *wangkac* entrarão em alguma espécie de composição e juntar-se-ão aos *luluaa*.

Segundo a tendência generalizada a oeste do Nilo, as tribos gaajak e gaajok do oeste não são apenas menores, mas também menos unidas do que a gaajak e gaajok do leste. Ambas, no Bahr-el-Ghazal, tinham disputas internas frequentes e amargas. Havia uma luta feroz entre a divisão *gai* da seção primária *gaagwong* e duas outras divisões da mesma seção, a *kwoth* e a *bor*, cujas linhagens dominantes originam-se da mesma mãe. As divisões *kwoth* e *bor* foram derrotadas e emigraram para o sul, fixando-se em Kwac, na região dos *rengyan*. A mesma divisão *gai* também teve uma disputa com a divisão primária *reng*, depois do que mudou-se para território *karlual*. Houve numerosas outras lutas na tribo gaajak. Num tempo, a tribo gaajok toda vivia na margem esquerda do Bahr-el-Ghazal e sua atual extensão na margem direita é consequência de migrações que se seguiram às disputas.

Houve uma época em que toda a tribo leek vivia na margem direita do Bhar-el-Ghazal. Ali, duas de suas seções primárias, a *cuaagh* e a *deng* que viviam a oeste do rio Gany, lutaram contra a terceira seção primária, os *keunyang* (*karlual*) que viviam a leste desse rio e, ao serem derrotados, cruzaram o Bahr-el--Ghazal e fixaram-se em sua margem esquerda. Conta-se que alguns aristocratas da seção *nyapir* e alguns aristocratas da seção *nyawah* usaram expressões ofensivas uns em relação aos outros em canções. Tais canções levaram à luta dos rapazes, sendo que um de cada lado foi morto. Houve mais lutas como consequência e, finalmente, os *deng* e os *cuaagh* atravessaram o rio. No ano seguinte, eles atravessaram novamente o Bahr-el-Ghazal na estação da seca para acampar na margem direita e, quando voltaram a suas aldeias, traziam consigo rebanhos que pertenciam aos *keunyang*. Seis das moças voltaram para pegar os recipientes de uso diário que haviam deixado numa choupana do acampamento e foram emboscadas e mortas por alguns homens *keunyang*. Esse ato foi considerado como uma séria quebra das regras da guerra, pois os Nuer não matam outras mulheres nuer. Por causa dele, os *deng* lançaram uma maldição, segundo a qual é proibido a um aristocrata *keunyang* que atravessa o Bahr-el-Ghazal e fixa-se entre os *deng* ou *cuaagh* – e também a um aristocrata *deng* Ou *cuaagh* que muda para o sul e fixa-se entre os *keunyang* – construir um estábulo para gado da maneira habitual. A maldição também faz com que o aristocrata que assim mudou de residência gere apenas meninos como primeiros filhos, por causa das moças que foram assassinadas. Quando o governo efetuou a incursão na região *karlual* (*keunyang*), muitos aristocratas *keunyang* atravessaram o rio para viver na região *deng* e *cuaagh*. Atualmente, muitos *deng* e *cuaagh* passam a estação da seca na região *keunyang* porque sua própria região não é rica em bons pastos, mas consiste principalmente em relvas de pântano, que não são tão nutritivas.

Dentro de cada uma dessas seções primárias havia disputas constantes. Assim, na região *karlual*, as seções *riaagh, gom, jiom, nyaagh, jikul* e *ngwol* frequentemente lutam umas com as outras. Seria aborrecido relatar as ocasiões e resultado dessas lutas mesquinhas. Desejo somente deixar claro que as aldeias ocupadas pelas seções menores, *tutgar* (*ngwol*), *nyang* (*riaagh*), *nyueny* (*juak*), *kol* (*Jikul*), etc. distam apenas poucos quilômetros de seus vizinhos mais próximos, estando todos eles contidos em um raio de uns oito quilômetros. É entre aldeias e seções tribais terciárias que ocorrem com maior frequência as brigas e que se desenvolvem as disputas.

Il. XVI:

Vista aérea de aldeias (**Nuong**)
Royal Air Force Official –
Copyright reserved.

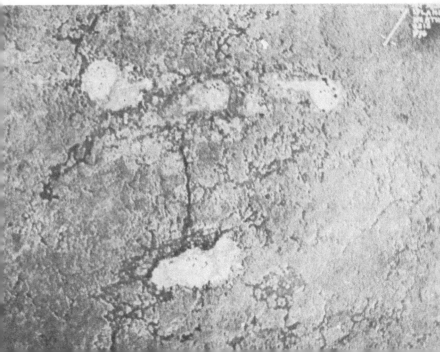

O SISTEMA POLÍTICO 159

Poderia dar muitos outros exemplos de disputas, mas não haveria maior interesse, pois aqueles que citei ilustram fartamente a falta de controle político nas tribos nuer. Podemos concluir que a tribo de um homem apenas exige sua fidelidade nas lutas entre tribos e em guerras contra os Dinka. Em tempos normais, um homem pensa e age como membro de grupos locais muito menores, com cujos membros ele tem múltiplos contatos.

III

Podemos empregar o diagrama da p. 155 para ressaltar o princípio da contradição na estrutura política. Um membro da seção terciária Z^2 da tribo B vê a si mesmo como membro de Z^2 em relação a Z^1, e todos os demais membros de Z^2 veem a si mesmos como membros desse grupo em relação a Z^1 e são assim considerados pelos membros de Z^1. Mas ele se considera membro de Y^2 e não mais de Z^2 em relação a Y^1 e é assim considerado pelos membros de Y^1. Da mesma forma, ele se considera membro de Y e não mais de Y^2 em relação a X, e como membro da tribo B, e não de sua seção primária Y, em relação à tribo A. Qualquer segmento se vê como unidade independente em relação a outro segmento da mesma seção, mas vê ambos os segmentos como uma unidade em relação a outra seção; e uma seção – que, do ponto de vista de seus membros, compreende segmentos opostos – é vista pelos membros de outra seção como uma unidade não segmentada. Por conseguinte, como já apontamos antes, existe sempre contradição na definição de um grupo político, pois ele é um grupo apenas em oposição a outros grupos. Um segmento tribal é um grupo político em oposição a outros segmentos do mesmo tipo, e eles, em conjunto, formam uma tribo apenas quando relacionada a outras tribos nuer e estrangeiras adjacentes, que formam parte do mesmo sistema político; e sem essas relações pode-se atribuir muito pouco sentido aos conceitos de segmento tribal e de tribo. Queremos dizer aqui o mesmo que dissemos quando discutimos a palavra *cieng*: que os valores políticos são relativos e que o sistema político é um equilíbrio entre tendências opostas para a separação e a fusão, entre a tendência de todos os grupos a se segmentarem e a tendência de todos os grupos a se combinarem com segmentos da mesma ordem. A tendência para a fusão é inerente ao caráter segmentário da estrutura política nuer, pois embora todo grupo tenda a se dividir em partes opostas, essas partes precisam tender a fundir-se em relação a outros grupos, já que fazem parte de um sistema segmentário. Daí a divisão e a fusão nos grupos políticos serem dois aspectos do mesmo princípio segmentário, e a tribo nuer e suas divisões devem ser entendidas como um equilíbrio entre essas tendências contraditórias, contudo complementares. O meio ambiente, o modo de subsistência, comunicações pobres, tecnologia simples e escassos suprimentos de comida – com efeito, tudo que chamamos de sua ecologia – explicam até certo ponto os aspectos demográficos da segmentação política nuer, mas a tendência para a segmentação deve ser definida como um princípio fundamental de sua estrutura social.

Deve sempre haver, por conseguinte, algo de arbitrário sobre nossa definição formal de uma tribo por meio dos caracteres anteriormente enumerados. O sistema político é uma série em expansão de segmentos opostos a partir das relações dentro da menor seção tribal até as relações entre tribos e estrangeiros, pois a oposição entre segmentos da menor seção parece-nos ter o mesmo caráter estrutural que a oposição entre uma tribo e seus vizinhos dinka, embora a forma de sua expressão seja diferente. Muitas vezes não é. nada fácil decidir se um grupo deve ser considerado como uma tribo ou como o segmento de uma tribo, pois a estrutura política possui uma qualidade dinâmica. Usando o pagamento de indenização de sangue como o critério principal, classificamos os Gaajok do leste e os Gaajak como tribos distintas porque não há ressarcimento por homicídios entre eles; contudo, eles se consideram como uma única comunidade em relação aos Lou. O valor tribal ainda é reconhecido por todo o território lou, mas, na realidade, as seções *gun* e *mor* são grandemente autônomas e pode-se duvidar que o ressarcimento por homicídio seja efetivamente pago entre elas, embora os indivíduos digam que deve ser pago. Parece que tantos indivíduos foram mortos nas contendas entre as seções primárias *yol* e *wangkac* da tribo gaajok que todos os pagamentos por homicídio foram interrompidos. Por outro lado, disseram-me que, na época do auge da influência dos profetas lou, Ngundeng e Gwek, houve indenizações durante algum tempo entre os Lou e os Gaajok. Nas tribos maiores, os segmentos reconhecem uma unidade formal, porém pode haver pouca coesão real. O valor tribal ainda é afirmado, mas as relações concretas podem estar em conflito com ele já que se baseiam em lealdades locais dentro da tribo e, em nossa opinião, é nesse conflito entre valores rivais dentro de um sistema territorial que consiste a essência da estrutura política.

As tribos nuer constituem uma avaliação na distribuição territorial, e as relações tribais, intertribais e estrangeiras são modos padronizados de comportamento através dos quais se expressam os valores. O valor tribal é, portanto, relativo e a qualquer momento está vinculado a uma determinada extensão de uma série em expansão de relações estruturais, sem estar inevitavelmente fixado a essa extensão. Além do mais, é não somente relativo (porque aquilo que chamamos de tribo hoje pode ser duas tribos amanhã), como também pode-se dizer que determina o comportamento quando um determinado conjunto de relações estruturais está em operação,

O SISTEMA POLÍTICO

principalmente atos de hostilidade entre segmentos tribais e entre uma tribo e outros grupos da mesma ordem estrutural, ou atos que provavelmente irão causar agressão. É muito raro que uma tribo se dedique a atividades de cooperação, e, além disso, o valor tribal determina o comportamento num campo definido e restrito de relações sociais e constitui apenas um dentre uma série de valores políticos, alguns dos quais estão em conflito com ele. O mesmo se aplica a seus segmentos. Sugerimos, portanto, que os grupos políticos nuer sejam definidos, em função dos valores, pelas relações entre seus segmentos e por suas inter-relações enquanto segmentos de um sistema maior numa organização da sociedade em determinadas situações sociais, e não enquanto partes de uma espécie de moldura fixa dentro da qual vivem as pessoas.

Não duvidamos de que existe uma interdependência entre as várias inter-relações das seções e todo o sistema político do qual fazem parte, mas isso não pode ser demonstrado com facilidade. Já ficou dito que, quanto menor o grupo local, mais coeso ele é e mais contatos de vários tipos têm seus membros uns com os outros. Há menos solidariedade, quanto mais amplo tornamos o círculo, de uma aldeia para as tribos adjacentes. Pode-se concluir, portanto, que há sempre maior oposição entre dois grupos do que entre segmentos deles e que os segmentos são, digamos, segurados juntos por essa pressão externa; não podemos admitir, contudo, que essa opinião esteja de acordo com os fatos, porque parece que se sente maior hostilidade entre aldeias, grupos de aldeias em seções tribais terciárias do que entre seções tribais maiores e entre tribos. É provável que os ataques efetuados pelas tribos e pelas federações de tribos contra os Dinka tenham tido um efeito de integração, porém os Dinka não foram agressivos para com os Nuer e parece que a manutenção da estrutura tribal deve, antes, ser atribuída à oposição entre seus segmentos menores do que a qualquer pressão externa. Se for esse o caso – e um exame da instituição da disputa sugere que é o caso –, chegamos à conclusão de que, quanto mais frequentes e múltiplos os contatos entre membros de um segmento, mais intensa é a oposição entre suas partes. Por mais paradoxal que possa parecer, à primeira vista essa conclusão, somos levados a ela tanto pela observação, quanto pela reflexão sobre o que constitui um sistema segmentário.

IV

Empregamos o termo "disputa" na seção anterior no sentido de hostilidades mútuas prolongadas entre comunidades locais dentro de uma tribo. Esse emprego amplo e ligeiramente impreciso parece justificado pela convenção e, também, conforme demonstraremos, porque – embora a responsabilidade pelo homicídio e o dever de vingar-se caibam apenas aos parentes agnatos próximos do assassino e assassinado – as comunidades a que pertencem ambas as partes são envolvidas, de um modo ou de outro, na hostilidade que se segue e não raro em quaisquer lutas que resultem da disputa. Estritamente, contudo, a palavra poderia ser considerada como empregada com maior adequação para descrever as relações entre os parentes de ambas as partes numa situação de homicídio, pois ela então se refere a uma instituição específica. Algumas vezes, portanto, falamos de "vendeta" para dar ênfase a esse significado mais restrito e definido com maior clareza.

As vendetas constituem uma instituição tribal, pois podem ocorrer apenas quando se reconhece que houve uma infração à lei, já que constituem o modo pelo qual se obtém o ressarcimento. O temor de provocar uma vendeta é, com efeito, a mais importante sanção legal dentro de uma tribo e a principal garantia da vida e da propriedade de um indivíduo. Se a comunidade de uma tribo tentar vingar um homicídio contra a comunidade de outra tribo, segue-se uma situação de guerra intertribal, mais do que uma situação de disputa e não há modo de resolver a questão por arbitramento.

Como os Nuer têm muita inclinação para lutar, as pessoas são mortas com frequência. De fato, é raro ver um homem de certa idade que não tenha cicatrizes de clava ou lança. Um Nuer deu-me as seguintes causas para lutar: desentendimentos em relação a uma vaca; uma vaca ou cabra comer o sorgo de uma pessoa e esta bater naquela; um homem bater no filho pequeno de outro; adultério; direito sobre a água na estação da seca; direito sobre o pasto; um homem tomar emprestado algum objeto – especialmente um ornamento de dança – sem pedir licença ao dono. O Nuer briga imediatamente se acha ter sido insultado, e os Nuer são muito sensíveis e ofendem-se com facilidade. Quando um homem pensa ter sofrido um dano, não há qualquer autoridade a quem se possa queixar e da qual possa obter um ressarcimento, de modo que ele, imediatamente, desafia para um duelo o homem que causou o dano, e o desafio deve ser aceito. Não há outra maneira de resolver uma questão, e a coragem de um homem é sua única proteção imediata contra a agressão. Somente quando o parentesco ou o *status* do conjunto etário impedem um apelo às armas, é que o Nuer hesita em fazer o desafio, pois jamais lhe ocorre pedir conselhos antes e ninguém iria prestar atenção a conselhos não pedidos. A partir de seus anos mais tenros, as crianças são encorajadas pelos mais velhos a resolverem todas as questões lutando, e elas crescem considerando a habilidade de lutar como a realização mais necessária e a coragem, como a virtude mais elevada.

Os meninos brigam com braceletes pontiagudos. Homens da mesma aldeia ou acampamento brigam com clavas, pois é conven-

O SISTEMA POLÍTICO

cional que as lanças não sejam empregadas entre vizinhos próximos, ou um deles poderia ser morto e a comunidade ficar dividida por uma vendeta. É também convencional que nenhum terceiro tome parte na briga, mesmo que seja parente próximo de um dos combatentes. Uma vez começada a briga, nenhuma das partes pode desistir e são obrigadas a continuar até que uma delas fique seriamente ferida, a menos que – como acontece em geral – as pessoas as separem à força, reclamando em altos brados, e se coloquem entre elas.

Quando começa uma briga entre pessoas de aldeias diferentes é com lanças; todo homem adulto de ambas as comunidades toma parte nela; e não pode ser terminada antes que tenha havido uma perda considerável de vidas. Os Nuer sabem disso e, a menos que estejam muito zangados, relutam em começar brigas com aldeias vizinhas e muitas vezes permitem de boa vontade que o chefe da pele de leopardo ou os anciãos intervenham. Vi uma briga desse tipo ser impedida pela mediação dos anciãos de ambos os lados, mas estava claro que tal mediação teria servido de pouco se os jovens estivessem ansiosos para chegar às vias de fato. Hoje tais brigas são menos comuns, porque o medo da intervenção do governo funciona como preventivo, mas cheguei a ver acampamentos e seções tribais preparados para a guerra e a ponto de lutar, e, numa época, as lutas devem ter sido muito frequentes.

Algumas vezes as tribos atacavam-se por causa do gado, mas as lutas entre elas eram raras. Lutas entre comunidades e as vendetas que delas resultam são parte das relações políticas que existem entre segmentos de uma organização tribal comum. Um homem leek disse-me o seguinte: "Nós temos nossas lutas entre nós, e os Gaajok têm lutas entre eles. Nós não lutamos com os Gaajok. Nós só lutamos entre nós. Eles têm suas próprias lutas". As pessoas são mortas nessas lutas e, assim, começam as vendetas. Dentro de uma tribo, existe um método pelo qual tais disputas podem ser resolvidas por arbitramento.

V

Faremos um relato sumário do procedimento de resolver uma vendeta, sem descrever os detalhes do ritual. Logo que um homem mata outro, corre para a casa do chefe da pele de leopardo a fim de limpar-se do sangue que derramou e procurar refúgio contra a retaliação em que incorreu. Ele não pode comer nem beber até que o sangue do morto não tenha saído de seu corpo (pois pensa-se que o sangue entra de alguma forma no corpo do assassino), e, para tanto, o chefe faz uma ou duas incisões verticais em seu braço por meio de um golpe de cima para baixo, a partir do ombro, com uma lança de pesca. O assassino presenteia o chefe com um novilho, um carneiro ou um bode, que o chefe sacrifica. Esse rito e a marca no braço são chamados de *bir*. Logo que os parentes do morto ficam sabendo que ele foi assassinado, tentam vingar-se do assassino, pois a vingança é a obrigação mais coercitiva entre parentes paternos e constitui a epítome de todas as suas obrigações. Seria uma grande vergonha para todos os parentes, se não se esforçassem em vingar o homicídio. Morando como hóspede do chefe a partir do momento em que seu braço foi cortado até a solução final, o assassino tem asilo, pois o chefe é sagrado e não se deve derramar sangue em sua casa. É possível que os homens se refugiem com um chefe apenas quando o perigo de vingança é muito grande, mas parece que é prática geral.

Enquanto o assassino está na casa do chefe, os vingadores ficam vigiando-o (*bim*) de vez em quando para ver se ele sai de seu santuário e lhes dá uma oportunidade de atingi-lo com as lanças. Eles aproveitam todas as oportunidades que têm para matá-lo, mas não são muito persistentes no procurar essa oportunidade. Esse estado de coisas pode persistir por algumas semanas antes que o chefe inicie as negociações com os parentes do morto, pois não é provável que ele encontre receptividade em suas ofertas até que a cerimônia mortuária não tenha sido realizada e as emoções tenham esfriado um pouco. As negociações são feitas com vagar. O chefe primeiro verifica quanto gado possuem os parentes do assassino (*Jithunga*) e se eles estão dispostos a pagar a indenização. Não creio que frequentemente eles se recusem a pagar, a menos que morem muito longe dos vingadores ou que haja uma série de vendetas não resolvidas entre as seções envolvidas, embora eles possam não ter a intenção de entregar todo o gado. O chefe, depois, visita os parentes do morto (*Jiran*) e pede-lhes que aceitem o gado em troca da vida. Em geral, eles recusam, pois é ponto de honra ser obstinado, mas a recusa não significa que não estejam dispostos a aceitar o ressarcimento. O chefe sabe disso e insiste, chegando mesmo a ameaçar amaldiçoá-los se não cederem, e suas exortações são apoiadas pelos conselhos de parentes paternos distantes e parentes cognatos que não irão receber nenhuma das cabeças de gado e não precisam, portanto, demonstrar tanto orgulho e teimosia, mas que têm o direito de expressar sua opinião em virtude de seu relacionamento com o morto. A defesa do compromisso é também sustentada pelas tendências do costume. Não obstante, os parentes próximos devem recusar-se a escutá-la até que o chefe não tenha chegado aos limites de sua argumentação, e quando cedem declaram que estão aceitando o gado apenas para honrar o chefe e não porque estão prontos a tomar o gado em troca da vida do parente morto.

Na teoria, paga-se de quarenta a cinquenta reses, mas é pouco provável que todas elas sejam pagas ao mesmo tempo e o débito

O SISTEMA POLÍTICO

pode continuar durante anos. As cerimônias de reconciliação são realizadas quando umas vinte reses já foram entregues, e depois disso os parentes do assassino podem circular sem medo de serem emboscados – ao menos por algum tempo, pois não estão livres da vingança até que todo o gado tenha sido inteiramente pago, e possivelmente nem assim. O chefe leva o gado ao lar do morto. Os parentes do assassino não se aventuram a acompanhá-lo. O gado é parcialmente distribuído entre os parentes do morto e parcialmente empregado para casar uma mulher com seu nome para dar-lhe herdeiros. Mesmo que um homem de cada lado tenha sido morto, o gado deve ser pago por ambos os lados, embora talvez apenas vinte cabeças para cada um, pois o espírito deve ser apaziguado e a honra dos vivos deve ser mantida. Também deve-se realizar sacrifícios a fim de livrar as aldeias da morte, que se encontra à solta nela e deve ser mandada para o mato, e os parentes de ambos os lados devem ser purificados. Por sua participação em tais providências, o chefe recebe, além da carne dos sacrifícios, dois animais, mas ele tem de dar um deles ao parente ágnato que o ajuda. É frequente não ganhar nada, já que se espera que ele dê ao assassino uma vaca para ajudá-lo a pagar a indenização e, além do mais, ele teve as despesas de fornecer ao assassino prolongada hospitalidade.

Um homicídio não diz respeito somente ao homem que o cometeu, mas também a seus parentes agnatos próximos. Há mútua hostilidade entre os parentes de ambos os lados e estão proibidos – sob pena de morte, que inevitavelmente caberá àqueles que cometerem a infração – de comer ou beber uns com os outros ou dos mesmos pratos ou vasilhas, mesmo que seja na casa de um homem que não seja aparentado a nenhum dos lados. Essa proibição cessa depois que o gado foi pago e os sacrifícios foram feitos, mas os parentes próximos de ambos os lados não comerão uns com os outros durante anos, até mesmo durante uma ou duas gerações, por razões sentimentais. "Um osso (o morto) está entre eles". De fato, todos os Nuer reconhecem que, apesar dos pagamentos e dos sacrifícios, uma vendeta continua para sempre, pois os parentes do morto jamais cessam "de ter morte em seus corações". Durante anos, depois de o gado ter sido pago, agnatos próximos do assassino evitam os agnatos próximos do morto, especialmente nas danças, pois na excitação que estas provocam o simples ato de esbarrar num homem cujo parente foi morto pode dar início a uma briga, pois a ofensa jamais é esquecida e as contas devem, em última análise, ser acertadas com uma vida. Quando um morto é casado com uma esposa, a noiva é esfregada com cinzas pelos parentes do marido morto e, por meio delas, invoca-se a deus, pedindo que ela possa gerar um filho que irá vingar seu pai. Esse filho é um *gat ter*, um filho de vendeta. Nos sacrifícios, diz-se ao espírito que seus parentes aceitaram o gado e casarão uma esposa com ele, mas os parentes também lhe garantem que um dia ele será vingado adequadamente pela lança. "Um Nuer é orgulhoso e quer o corpo de um homem como vingança e não seu gado. Quando ele matou um homem, ele pagou a dívida e, então, seu coração se alegrou". Portanto, embora o chefe avise os parentes do morto, nas cerimônias de reconciliação, que a vendeta terminou e não deve ser reiniciada, os Nuer sabem que "uma vendeta jamais termina". Pode haver paz por algum tempo, em virtude das razões que persuadiram os parentes a aceitar a indenização e em virtude do gado que receberam, mas a inimizade continua e as pessoas de ambos os lados ficam *jiter*, pessoas que estão lutando, mesmo que não haja abertamente hostilidades. Não há lutas frequentes ou uma hostilidade incessante e contínua, mas a ferida ulcera-se e a disputa, embora formalmente terminada, pode a qualquer momento irromper novamente.

VI

Já dissemos que as disputas criam um estado de hostilidade entre as linhagens e, consequentemente, como explicaremos mais adiante, entre seções tribais inteiras; e que não há uma diferença muito grande entre os esforços ocasionais para obter vingança quando as disputas ainda não foram resolvidas, e a hostilidade latente que persiste quando já o foram. Isso, contudo, aplica-se somente quando os homicídios são entre seções tribais primárias, secundárias ou terciárias. Em grupos menores isso não ocorre, pois, apesar da força dos sentimentos despertados e de sua persistência após ter sido efetuado o ressarcimento, as disputas têm de ser resolvidas com maior rapidez e não é provável que irrompam novamente depois da solução.

O que acontece quando um homem mata outro depende do relacionamento existente entre as pessoas envolvidas e de suas posições estruturais. Existem pagamentos diferentes, conforme seja um verdadeiro Nuer, um Dinka vivendo na terra dos Nuer, e, entre os Jikany do leste, um membro do clã aristocrático (ver p. 226). A habilidade de levar avante uma vendeta e, consequentemente, de obter reparação por meio de uma vida ou pelo pagamento de gado depende até certo ponto da força da linhagem do homem e de suas relações de parentesco. Mas a intensidade de uma disputa e a dificuldade de solucioná-la dependem principalmente do tamanho do grupo envolvido. Se um homem mata outro que se relaciona intimamente com ele – seu primo paterno, por exemplo – ainda há pagamento de gado, embora menos, provavelmente umas vinte cabeças. Uma das fontes de contribuição, os irmãos do pai, ou os filhos deles, seriam os beneficiários da indenização e, portanto, não podem pagá-lo. Não obstante, algum gado deve ser

Il. XVII: Menino apanhando esterco para combustível (Lou).

pago já que é necessário compensar a família do morto, dar ao espírito uma esposa e realizar os sacrifícios devidos. Disseram-me que em tais casos a questão é resolvida rapidamente. É provável que uma vendeta possa ser resolvida com maior facilidade quando ocorre no interior de um clã, pois os Nuer consideram errado que os membros de um clã se envolvam numa vendeta. Depois que o pagamento foi feito, eles dizem: "A vendeta foi cortada para trás, nós voltamos ao parentesco". Também se diz que, se houve muitos casamentos entre dois grupos, é pouco provável que ocorra uma vendeta.

Quando um homem mata outro de sua própria aldeia ou de uma aldeia vizinha com a qual sua aldeia mantenha relações sociais íntimas, a vendeta é logo resolvida, porque as pessoas de ambos os lados precisam misturar-se e, com certeza, haverá entre elas muitos laços de parentesco e afinidade. Aponta-se ao espírito o fato que o gado foi pago e que é impossível vingá-lo tomando alguma vida porque ninguém acabaria ficando vivo se a disputa fosse continuada entre parentes e vizinhos. A vida cooperativa é incompatível com uma situação de vendeta. Quando um homem fere com a lança um outro de uma aldeia vizinha, é costume que as pessoas da aldeia de quem feriu enviem a lança que provocou o ferimento aos parentes do ferido a fim de que estes possam tratá-la pela mágica e impedir que a ferida seja fatal. Eles enviam também um carneiro para sacrifícios. Assim fazendo, declaram sua esperança de que a ferida logo fique curada e que não querem correr os riscos de uma vendeta por causa de uma briga pessoal. Depois dessa cortesia, mesmo se o homem morrer, seus parentes provavelmente aceitarão a indenização sem muita relutância. Se um homem morre muitos anos depois de ter sido ferido, a morte é atribuída a essa ferida, mas, da mesma forma, o ressarcimento será aceito sem timidez e em escala reduzida. Quando um homem mata um vizinho, é frequente que uma vaca seja paga imediata e apressadamente de modo que a comunidade possa continuar em paz. Não se deve supor, contudo, que a facilidade com que as disputas são resolvidas seja um indício da falta de violenta indignação ou que a dificuldade com que são resolvidas constitua um indício de indignação maior.

As disputas são resolvidas com certa facilidade num meio social restrito onde a distância estrutural entre os participantes é pequena, mas tornam-se mais difíceis de resolver quando o meio se expande, até atingirmos relações intertribais, onde nenhum ressarcimento é oferecido ou esperado. O grau de controle social sobre as disputas varia com o tamanho do segmento tribal, e os próprios Nuer frequentemente explicaram-me esse fato. Disputas prolongadas e intensas podem ter lugar entre seções tribais terciárias, mas em geral faz-se um esforço para terminadas, pois um segmento de

O SISTEMA POLÍTICO

tais dimensões possui um forte sentimento de comunidade, íntimos laços de linhagem e alguma interdependência econômica. Contudo, é muito menos fácil deter uma disputa entre pessoas de seções terciárias diferentes do que deter uma outra numa aldeia ou entre aldeias vizinhas, onde se garante uma solução rápida e permanente; tendem a acumular-se disputas não solucionadas entre seções dessas dimensões. Esse é o caso especialmente quando não houve uma só morte resultante de uma briga pessoal, mas várias mortes durante uma luta entre as duas seções. Quando ocorreu uma luta entre seções tribais secundárias, há poucas probabilidades de vingança exceto uma luta generalizada, e as pessoas sentem menos necessidade de submeter-se à mediação já que têm menos contatos sociais e estes são de tipo temporário, pois a facilidade relativa com que as disputas são solucionadas constitui uma indicação da coesão da comunidade. Quanto maior o segmento envolvido, maior a anarquia que prevalece. As pessoas dizem que há pagamento da indenização de sangue entre seções tribais primárias, mas não se sente uma grande necessidade de pagá-la. A tribo constitui o último estágio nessa anarquia crescente. Ela ainda tem uma unidade política nominal, e sustenta-se que as disputas entre seus membros mais distantes podem ser resolvidas pelo ressarcimento, mas não raro elas não são resolvidas, e, se muitos homens são mortos numa grande luta entre grandes seções, nada é feito para vingá-los ou para indenizar suas mortes. Os parentes ficam esperando até haver nova luta. O tegumento político pode, em consequência, ser esticado a ponto de romper-se e a tribo separar-se em duas. A fenda entre as seções torna-se mais ampla até que elas têm muito pouco a ver uma com a outra, além de ocasionais unificações para saques; e as disputas entre seus membros são resolvidas, se é que chegam a sê-lo, com maior dificuldade e casualidade.

VII

A probabilidade de um homicídio se transformar numa vendeta, sua força e suas possibilidades de solução, dependem, portanto, das inter-relações estruturais das pessoas envolvidas. Além disso, a vendeta pode ser vista como um movimento estrutural entre segmentos políticos por meio do qual é mantida a forma do sistema político nuer, que conhecemos. É verdade que apenas parentes agnatos próximos de ambos os lados são envolvidos imediata e diretamente, mas as disputas entre pessoas que pertencem às seções tribais diversas mais cedo ou mais tarde influenciam as inter-relações das comunidades inteiras a que pertencem.

Os parentes do morto tentam matar o *gwan thunga*, o assassino, mas têm também o direito de matar qualquer dos agnatos próximos (*gaat gwanlen*). Eles não podem matar filhos do irmão da mãe, da irmã do pai ou da irmã da mãe do assassino, porque essas pessoas não pertencem à linhagem do assassino. Também apenas as linhagens mínimas dos dois lados estão envolvidas indiretamente na disputa. Entretanto, a significação da disputa pode ser atribuída menos à facilidade de solução dentro dos grupos menores, do que às dificuldades de solução dentro dos grupos maiores, que participam indiretamente do conflito. Já foi dito que as pessoas envolvidas numa disputa não podem comer sob o mesmo teto, e, como um homem come em todas as casas de sua aldeia, os membros da aldeia são imediatamente alcançados pela proibição e passam a estar num estado de oposição ritual mútua. Todas as pessoas de uma aldeia estão em geral aparentadas de alguma maneira e também possuem um forte sentimento de comunidade, de modo que, se há alguma luta entre sua aldeia e outra em razão de uma disputa em que estão envolvidos alguns de seus membros, é provável que toda a aldeia venha a ser envolvida. Assim, nas danças, os homens de cada aldeia chegam em formação de guerra e mantém uma linha ininterrupta por toda a dança, de tal modo que, se um deles for atacado, os demais encontram-se a seu lado e podem ajudá-lo. Pessoas que não são diretamente afetadas pela disputa podem, assim, ver-se forçadas a ajudar as partes principais.

Observamos, além disso, que a intensidade de uma disputa e o modo como é conduzida dependem do relacionamento estrutural das pessoas envolvidas dentro do sistema político. Não se pode tolerar uma disputa dentro de uma aldeia e é impossível manter uma por longo tempo entre aldeias vizinhas. Consequentemente, embora as brigas ocorram com maior frequência dentro de uma aldeia ou entre aldeias e acampamentos vizinhos, uma vendeta, no sentido de uma relação de partes entre as quais existe uma dívida não saldada de homicídio que pode sê-lo, ou pela vingança, ou pelo pagamento de indenização – um estado temporário de hostilidade ativa que não força a uma solução imediata, porém exige uma conclusão eventual – somente pode persistir entre seções tribais que estejam bastante próximas para manter relações hostis ativas e bastante distantes para que essas relações não impeçam contatos sociais essenciais de tipo mais pacífico. Uma disputa tem pouco significado a menos que haja relações sociais de algum tipo que possam ser rompidas e retomadas, e, ao mesmo tempo, essas relações precisam de uma solução eventual se é que não se quer um rompimento completo. A função da disputa vista sob esse prisma, é, portanto, manter o equilíbrio estrutural entre segmentos tribais opostos que estão, não obstante, fundidos politicamente quando comparados a unidades maiores.

Através da vendeta, seções inteiras são deixadas num estado de hostilidades mútuas sem que a hostilidade leve a guerras frequentes, pois o objetivo da vingança direta limita-se a pequenos

O SISTEMA POLÍTICO 171

grupos de parentesco e os esforços para atingi-la não são incessantes. Há uma briga entre duas seções e algumas pessoas são mortas em ambos os lados. Apenas as linhagens que perderam um membro encontram-se num estado de vendeta direta com as linhagens que destruíram o membro; contudo, através da residência comum, do patriotismo local e de uma rede de laços de parentesco, as seções inteiras participam da inimizade que disso resulta, e o prosseguimento das disputas pode levar a mais lutas entre as comunidades envolvidas e a uma multiplicação de disputas entre elas. Assim, quando a seção *tiyarkwac* da tribo lou lutou contra a seção *leng*, a linhagem Lam e as pessoas que vivem com ela colocaram-se contra as linhagens Mar, Kwoth e Malual e as pessoas que vivem com estas; a linhagem Manthiepni colocou-se contra a linhagem Dumien, e assim por diante. Apenas essas linhagens mínimas envolveram-se umas com as outras nas disputas que resultaram, e não linhagens colaterais, embora tenham tomado parte em outros setores da luta; entretanto, a hostilidade entre as seções era comum a todos os membros. Um exemplo do que os Nuer pensam a esse respeito é dado por suas reações no acampamento de gado de Muot Dit, quando o governo fez reféns para forçá-los a entregar dois profetas. A queixa que eu mais ouvi foi que os reféns não pertenciam às linhagens dos profetas e, portanto, não estavam diretamente envolvidos na questão. O governo estava encarando o problema em termos territoriais, eles, em função do parentesco, de modo analógico às convenções de uma vendeta.

Além das obrigações rituais, dos deveres de parentesco, do sentimento de comunidade e outros, existe outra razão para que as vendetas entre pequenas linhagens, especialmente quando há muitas, desenvolvam-se até se tornarem estados de disputas crônicos e tendam a manter sentimentos de hostilidade entre comunidades. Conforme é explicado no Cap. 5, toda comunidade está associada a uma linhagem de tal modo que todas as pessoas na comunidade que não são membros da linhagem são assimiladas a ela nas relações políticas, as quais são, portanto, frequentemente exprimidas em valores de linhagem. Daí uma vendeta entre pequenos grupos agnatos ser traduzida numa disputa, no sentido mais amplo, entre linhagens com que esses grupos estão associados através da expressão das relações perturbadas em função de sua estrutura, e as comunidades associadas às linhagens estarem envolvidas em hostilidades mútuas.

A hostilidade entre segmentos menores de uma tribo pode envolver os segmentos maiores das quais fazem parte. Uma briga entre duas aldeias pode, portanto, como já notamos, causar uma luta entre seções tribais secundárias, ou mesmo primárias. As inter-relações entre seções maiores são, de certo modo, operadas pelas inter-relações entre seções menores. Quando uma seção na qual há disputas não resolvidas luta contra outra seção, todas as brigas são deixadas temporariamente de lado e toda a seção junta--se para a ação.

A vendeta é uma instituição política, sendo um modo aprovado e regulado de comportamento entre comunidades dentro de uma tribo. A oposição equilibrada entre segmentos tribais e suas tendências complementares de fundir-se e dividir-se – que vimos constituírem um princípio estrutural – torna-se evidente na instituição da vendeta que, por um lado, dá vazão à hostilidade por uma ação ocasional e violenta que serve para manter as seções distanciadas, e, por outro lado, em virtude dos meios fornecidos para a solução, impede que a oposição se desenvolva até o rompimento total. A constituição da tribo precisa de ambos os elementos de uma disputa, a necessidade de vingança e o meio de solução. O meio de solução é o chefe da pele de leopardo, cujo papel iremos examinar mais adiante. Nós consideramos a disputa, portanto, como essencial para o sistema político, na forma como existe hoje. Entre tribos, somente pode haver guerra; e através da guerra, da memória da guerra e da potencialidade de guerra, as relações entre tribos são definidas e expressadas. Dentro de uma tribo, as lutas sempre produzem disputas, e uma relação de disputa é característica dos segmentos tribais e fornece à estrutura tribal um movimento de expansão e contração.

É claro que não existe uma distinção nítida entre lutar contra outra tribo e lutar contra um segmento da própria tribo. Os Nuer, contudo, ressaltam que a possibilidade de arbitramento e de pagamento de indenização de sangue por mortes resultantes de uma luta dentro de uma tribo transforma-a em *ter*, uma disputa, e que isso difere de uma luta entre tribos, *kur*, onde pretensões de ressarcimento não seriam reconhecidas. Ambas diferem do ataque contra os Dinka, *pec*, e dos duelos individuais, *dwac*, embora todas as lutas sejam *kur* em sentido genérico. Mas é óbvio que uma luta numa aldeia, que leva de imediato ao pagamento de ressarcimento pelas mortes, e uma luta entre tribos onde não há ressarcimentos por mortes são dois polos distintos, e que, quanto mais nos distanciamos de uma comunidade de aldeias, as lutas entre seções tribais tornam-se mais semelhantes às lutas entre tribos, em virtude do ressarcimento ser efetuado cada vez com maior dificuldade e com menos frequência, de tal forma que, entre seções primárias, o valor tribal, o sentimento de que o ressarcimento pode e mesmo deve ser efetuado distingue, ele sozinho, as lutas entre seções das lutas entre tribos. Aqui, novamente, ressaltamos a conclusão de que o valor tribal é relativo à situação estrutural.

Ressaltamos, além disso, que as vendetas envolvem diretamente apenas umas poucas pessoas e que, embora por vezes provoquem violências entre comunidades locais inteiras – uma

O SISTEMA POLÍTICO 173

disputa em sentido amplo –, os contatos sociais normais continuam apesar delas. Os fios do parentesco e afinidade, das filiações a conjuntos etários, e dos interesses militares e mesmo econômicos permanecem intactos; e esses fios funcionam como elásticos entre as seções, sendo capazes de considerável expansão pelas relações políticas conturbadas, mas sempre contendo as comunidades e mantendo-as enquanto um único grupo em relação a outros grupos do mesmo tipo. Como já explicamos, esses fios diminuem de número e força quanto maior a comunidade, mas eles se esticam até mesmo além das fronteiras tribais. Crescente anarquia e crescente dificuldade em solucionar vendetas, caminham passo a passo com a menor frequência dos contatos sociais de todo tipo. A coesão social aumenta à medida que o tamanho dá comunidade diminui.

VIII

É claro que existem disputas entre Nuer além das referentes a homicídios, mas elas podem ser tratadas com brevidade e em relação direta com o homicídio e a vendeta. Em sentido estrito, os Nuer não têm lei. Há ressarcimentos convencionais por danos, adultério, perda de membros, etc., mas não há qualquer autoridade com poder para pronunciar sentenças sobre tais questões ou para fazer cumprir vereditos. Na terra dos Nuer, os poderes legislativo, judiciário e executivo não estão investidos em quaisquer pessoas ou conselhos. Entre membros de tribos diferentes não há de se falar em ressarcimento; e, mesmo dentro de uma tribo, pelo que vi, os danos não são apresentados sob o que chamaríamos de forma legal, embora o ressarcimento por danos (*ruok*) seja pago algumas vezes. Um homem que acha ter sido prejudicado por outro, não pode processá-lo porque não existe tribunal para citá-lo, mesmo que este estivesse disposto a comparecer. Vivi em intimidade com os Nuer durante um ano e jamais ouvi uma questão ser apresentada perante um indivíduo ou tribunal de qualquer tipo e, além disso, cheguei à conclusão de que é muito raro que um homem obtenha ressarcimento a não ser pela força ou pela ameaça de empregar a força. A recente introdução de cortes governamentais, perante as quais, hoje, algumas vezes as questões são resolvidas, de modo algum invalida essa impressão, porque sabe-se muito bem que, entre outros povos africanos são apresentadas questões perante cortes sob a supervisão do governo que anteriormente não foram resolvidas num tribunal, ou mesmo conciliadas, e como durante muito tempo depois da instituição de tais tribunais governamentais eles vêm operando lado a lado com os antigos métodos de fazer justiça.

Antes de discutir as principais características do processo legal nuer, desejo registrar que – segundo informações verbais, pois jamais observei o procedi-

174   OS NUER

mento – uma das maneiras de solucionar disputas é usando como mediador o chefe da pele de leopardo. Assim, disseram-me que um homem cuja vaca tenha sido roubada pode pedir ao chefe da pele de leopardo que vá junto com ele pedir a devolução da vaca. O chefe vai na frente, com vários dos anciãos da aldeia, à casa do queixoso, onde lhe dão cerveja para beber. Mais tarde eles vão, com uma delegação da aldeia do queixoso, à aldeia do acusado, e também ali o chefe pode ser presenteado com um pouco de cerveja ou um bode. O chefe é considerado neutro e uma certa santidade é atribuída a sua pessoa, de modo que há poucas probabilidades da delegação ser ferida. Os anciãos visitantes sentam-se com os anciãos da aldeia do acusado e mais o chefe num dos estábulos e conversam sobre a questão em litígio. O dono do animal apresenta sua opinião e o homem que o roubou tenta justificar sua ação. Então o chefe, e qualquer outro que desejar, expressa sua opinião sobre o caso. Quando todos se manifestaram, o chefe e os anciãos retiram-se para discutir o caso entre si e para chegar a uma decisão comum. Os litigantes aceitam o veredito do chefe e dos anciãos e, mais tarde, o dono do animal dá ao chefe um novilho ou um carneiro novo a menos que seja um homem muito pobre, quando então nada dá.

Se alguém tem um litígio com pessoa da mesma vizinhança, pode ir à casa do chefe da pele de leopardo local e pôr suas lanças no chão de seu estábulo. Um homem nunca poderia cravar sua lança no estábulo de um chefe, e, me disseram, se alguém assim procedesse um observador poderia apropriar-se dela pelo fato de que essa atitude demonstra desrespeito para com o chefe. Quando ambos já deram suas versões sobre o caso, o chefe e os anciãos discutem o caso fora do estábulo e retornam para informar os litigantes sobre a decisão. A pessoa que recebe uma decisão favorável entrega sua lança ao chefe que ou a dá para um amigo ou cospe nela e a devolve ao dono. Ficou evidente, pelo modo como meus informantes descreveram todo o procedimento, que o chefe dá sua decisão forjada numa linguagem persuasiva e não com um julgamento pronunciado com autoridade. Além do mais, enquanto o caráter sacro do chefe e a influência dos anciãos têm seu peso, o veredito só é aceito em virtude de ambas as partes concordarem com ele. Nenhuma discussão pode ser estabelecida a menos que ambas as partes estejam preparadas para um compromisso e para submeter-se a um árbitro, sendo o papel do chefe o de mediador entre duas pessoas que desejam que outras os tirem de uma situação difícil que pode levá-los à violência. O homem contra quem se deu a decisão pode aceitá-la para honrar o chefe e os anciãos quando não o faria diretamente e sem a intervenção deles, dado que não perde prestígio ao aceitar o veredito pronunciado. Se houver alguma dúvida sobre os fatos, pode-se empregar alguns juramentos, que pertencem à esfera das provações, tais como fazer declarações juramentadas sobre a pele do leopardo do chefe.

Para que um litígio seja resolvido deste modo não apenas é necessário que ambas as partes queiram resolvê-lo amistosamente, como é também necessário que elas cheguem a um acordo durante a discussão. Ninguém pode obrigar uma parte a aceitar uma decisão e, de fato, não se pode chegar a uma decisão a menos que haja unanimidade, uma vez que os anciãos pertencem a ambos os lados em litígio. Assim, continuam discutindo até que todos tenham-se manifestado e que se haja chegado a um consenso.

Os cinco elementos importantes num acordo desta espécie através de negociações diretas por intermédio de um chefe são: 1. o desejo dos litigantes de resolver a disputa; 2. a santidade da pessoa do chefe e seu tradicional papel de mediador; 3. discussão

O SISTEMA POLÍTICO 175

completa e livre que conduz a um alto nível de concordância entre todos os presentes; 4. o sentimento de que um homem pode ceder face ao chefe e aos anciãos sem perder sua dignidade, quando não poderia ceder frente a seu oponente; e 5. reconhecimento, pela parte perdedora, da justiça do caso apresentado pela outra parte.

Repito que não vi este método sendo utilizado e acrescento que penso que deve ser bem pouco usado, e isto somente quando as partes são vizinhos bem próximos e pertencem a comunidades ligadas intimamente por muitos laços sociais. Em teoria, qualquer membro de uma tribo pode obter reparação de um outro, mas não temos provas que nos levam a supor que tal reparação era frequentemente obtida. Antes de resumir aquilo que julgamos constituir a natureza e o objetivo das relações legais entre os Nuer, lembramos uns poucos exemplos de atos típicos que conduzem- à violência se não se obtém alguma reparação.

Quando um Nuer diz que uma pessoa roubou (*kwal*) um animal, ele quer dizer que essa pessoa levou-o sem permissão e furtivamente, e não quer dizer de modo algum que essa pessoa não deveria tê-lo levado. Numa tribo, um ladrão de gado sempre acha que está pegando aquilo que lhe é devido. Ele está saldando uma dívida (*ngwal*) a seu modo, porque o homem que lhe deve o gado não o pagou de espontânea vontade. O problema legal, assim, consiste em saber se ele tem razão ao sustentar a existência da dívida e se deveria ter levado os animais que levou. É tão comum essa prática de a pessoa levar aquilo que lhe é devido, que se pode dizer que constitui um modo costumeiro de saldar dívidas. Assim, o gado referente ao pagamento final por homicídio é frequentemente apanhado nos pastos, e não raro ocorre que, quando um noivo e sua família não entregam todo o gado que prometeram, os irmãos da mulher tentam apanhar os animais ainda devidos. Em outras circunstâncias, um homem rouba uma vaca que lhe é devida, às vezes utilizando os serviços de um mágico para encantar o dono a fim de que ele não guarde seu rebanho no dia planejado para o roubo por exemplo, é o que acontece com um homem que emprestou um boi para sacrifício por doença, no casamento de sua filha, em tempos de fome e assim por diante, e não recebeu uma vitela de volta, embora o devedor possua uma. Tendo levado uma vaca do rebanho do devedor, ele está pronto a devolvê-la se receber, em troca, a vitela devida. Neste caso, o devedor ou tentará roubar sua vaca ou dará início a uma discussão que resultará em seu pagamento de uma vitela, recebendo a vaca de volta.

As únicas querelas numa aldeia ou acampamento com referência à propriedade de gado que testemunhei diziam respeito a obrigações de consanguinidade ou afinidade, e finalmente foram acertadas pelo fato de uma das partes ceder em virtude de seu relacionamento com a outra. Se um homem toma cabeças de gado de um parente consanguíneo ou de um vizinho, ele penetra em seu *kraal* e pega-as. Se o dono estiver com a razão, pode resistir: caso contrário, deixa o gado ir, pois sabe que aquele homem será apoiado pela opinião pública da comunidade. Se um homem pega algum gado de outro homem de uma aldeia diferente, adota táticas diversas. Com um ou dois amigos, fica vigiando o gado no pasto até surgir uma oportunidade. Nunca ouvi falar de que um Nuer roubasse gado de um companheiro de tribo simplesmente pelo fato de querer esse gado. Por outro lado, ele não hesita de modo algum em roubar vacas de pessoas pertencentes a tribos vizinhas e chega mesmo a ir com amigos

176 OS NUER

a tribos vizinhas a fim de roubá-las. Este roubo (*kwal*) não é considerado, de modo algum, como algo errado.

Se um homem comete adultério, paga uma indenização de cinco vacas e um boi, a menos que o outro seja impotente; neste caso, o adúltero pode reivindicar a vaca no casamento da filha adulterina. Mesmo quando o marido não é impotente, se o adúltero pode provar que há fruto de seu adultério, pode reivindicar de volta o gado que pagou como indenização, com exceção de uma vaca que recebe o nome *deyang kule*, a vaca da pele-de-dormir, que tem um significado ritual. Mas o adultério dentro de uma pequena comunidade local provavelmente é raro porque as pessoas se relacionam todas umas com as outras, e, portanto, um homem não apenas considera errado cometer adultério com as mulheres dos outros como isso seria também, num grau maior ou menor, incestuoso. Se os dois homens são consanguíneos próximos, o adúltero fornece um boi em sacrifício, mas dificilmente pagará uma indenização. Se não há parentesco íntimo, o marido pode tentar pegar o gado do adúltero, mas só dará este passo se de fato surpreender o ofensor cometendo o adultério. O adúltero, para evitar uma luta, foge, e, se teme que seu gado seja roubado, coloca-o no *kraal* de amigos e parentes. Isto dificulta que o marido leve o gado, pois, ainda que saiba onde estão as reses, não deseja envolver-se em litígio com vários de seus vizinhos por assaltar seus *kraals*. Os Nuer não consideram imoral cometer adultério com as mulheres de pessoas que vivem em outras aldeias. Se o marido descobre a ofensa, pode tentar tomar o gado do ofensor, mas agindo assim corre o risco de encontrar resistência, alguém morrer e daí resultar uma vendeta. Um rebanho é propriedade comum de vários irmãos, embora esteja dividido entre eles, e eles não aquiescem facilmente à perda de gado por causa de adultério. Pelo que vi, posso dizer que dificilmente um homem consegue reparação por adultério. Adultério com a mulher de um homem de outra tribo não tem importância alguma. Seja como for, o que poderia ele fazer?

Do mesmo modo, a relação sexual com moça não casada é compensada com o pagamento de uma vitela e um novilho. Mas dificilmente o pagamento será feito. Se os parentes homens da moça sabem que ela está mantendo relações com um homem que possui gado e tem possibilidades de casar-se com ela, eles fecham os olhos. Se ele não tem gado algum ou se a moça já está comprometida e algum de seus irmãos os surpreende em flagrante, o irmão lutará com ele a menos que, como frequentemente acontece, o homem fuja, pois não se considera covardia fugir em circunstâncias desse tipo. Os parentes da moça podem ir ao *kraal* do homem e, se ele os possuir, pegar um bezerro e uma novilha, e, se forem bastante fortes, podem não encontrar resistência. Isso é o que os Nuer dizem, mas nunca vi ninguém pegar bezerro algum, embora após todas as danças tenha visto moços e moças se encontrarem e manterem relações sexuais promíscuas sem se esforçarem por ocultá-las. Frequentemente acontece um homem engravidar uma jovem solteira; neste caso, espera-se que case com ela. Os parentes da moça podem fazer uma incursão em seu *kraal* e apanhar algumas cabeças de gado, mas ele tentará evitar isso escondendo seus animais nos *kraals* de parentes e vizinhos. Se mais tarde vier a casar-se com a moça, o gado capturado vale como parte da riqueza presenteada no casamento; e se recusar o casamento, o gado vale como pagamento pela criança que vai nascer, de forma que em ambos os casos ele não paga indenização alguma mas apenas uma taxa para estabelecer seus direitos. Aqui novamente, para falar a verdade, é muito difícil que os irmãos da moça tomem esse gado, a menos que o homem lhes permita levá-lo, e sempre existe o risco de uma luta que pode tornar-se generalizada. Não se mantêm relações sexuais com moças de sua própria aldeia, pois geralmente existem relações de parentesco, de forma que, quando um

Il. XVIII: Construção de um estábulo (Jikany orientais).

178 OS NUER

problema dessa espécie surge, em geral envolve pessoas de diferentes aldeias do mesmo distrito. Se o jovem, no momento do incidente, conseguir não ser atingido na cabeça por uma maça e não aparecer na aldeia da moça durante alguns meses, é provável que acabe não pagando indenização alguma nem sofrendo qualquer outra consequência. Se engravidar a moça, em condições normais o rapaz enviará um parente para dizer que pretende casar-se com ela. Neste caso, a moça é considerada comprometida, e o jovem torna-se genro dos pais da moça, e não se fere o próprio genro. Mesmo se ele se recusar a casar-se com a moça, os irmãos dela hesitarão em atacar o pai da criança.

É possível obter dos Nuer uma lista de indenizações por ferimentos nas pessoas; por exemplo: dez cabeças de gado por uma perna ou cabeça quebrada, dez cabeças de gado pela perda de um olho, duas cabeças de gado pelos dentes quebrados de uma moça, etc. Por uma ferida na carne, embora grave, não há indenização a menos que a pessoa morra. Em diferentes partes da terra nuer o número de reses a ser pago como indenização varia. Não constatei caso algum em que alguém recebesse uma indenização dessas, exceto de um tribunal do governo, mas os Nuer alegam que a receberiam se seus parentes fossem suficientemente fortes para retaliar.

Conta-se que, outrora, se um homem morria devido à mágica, seus parentes tentariam matar o mágico (*gwan wal*), embora não tenha conseguido registrar nenhum caso de mágico que foi morto. Os Nuer ressaltam que um mágico não usa seu poder contra pessoas de sua comunidade, mas somente contra pessoas de outras aldeias, de modo que não é fácil vingar-se dele, já que será apoiado por sua aldeia (que considera a mágica poderosa como um valor para a comunidade). Também se diz que, outrora, algumas vezes as bruxas (*peth*) eram assassinadas, embora não possa dizer com qual frequência isso ocorria, se é que chegou a ocorrer.

Muitas disputas originam-se da riqueza presenteada nos casamentos: os parentes do marido não pagam o que prometeram ou, havendo o divórcio, os parentes da mulher não devolvem todo o gado que receberam. Em tais circunstâncias, o devedor não nega o débito, mas apresenta uma pretensão contrária com um fundamento qualquer ou diz que não tem gado para saldá-la. É muito frequente que ele diga isso mesmo quando tem gado. O credor só pode ter certeza de receber o que lhe é devido se o tomar pela força do *kraal* do devedor ou do rebanho do devedor quando está no pasto. Se ele for forte e tiver o apoio de uma linhagem poderosa, não encontra resistência, já que tem o direito a seu lado. Tais questões são resolvidas facilmente dentro de uma aldeia e entre pessoas que partilham de um acampamento comum na estação da seca, porque todos percebem que, através da discussão, deve-se chegar a algum tipo de acordo e que este deve ser justo. Contudo, quando as partes pertencem a aldeias diferentes, e talvez hostis, a solução não é tão fácil. Pode-se empregar da maneira já descrita o chefe da pele de leopardo, a fim de fazer com que as partes se reúnam para discutir e se possa chegar a algum entendimento, mas muitas dessas dívidas jamais chegam a ser resolvidas. Elas são relembradas durante anos. Talvez algum dia, talvez na próxima geração, haja oportunidade para roubar o gado.

Se uma esposa morre na primeira gravidez ou no primeiro parto, o marido é responsável. Não se trata de principiar uma vendeta, mas o marido perde o gado que lhe foi pago pelo casamento, pois ele se transforma em indenização de sangue pela perda da mulher. O marido somente é responsabilizado se a morte ocorrer durante o parto, antes da expulsão das páreas. Se há algum desacordo quanto ao tipo de morte ou ao número de reses que ainda são devidas, soluciona-se o problema através de um mediador, chamado *kuaa yiika* ou *kuaa yiini*, "o chefe das esteiras", função que pertence a certas linhagens. Esse homem

O SISTEMA POLÍTICO

não tem outros cargos e não se torna uma pessoa importante em virtude de seu papel de árbitro em questões desse tipo. É fácil obter indenização, pois o sogro tem a posse da riqueza presenteada no casamento. Existe, além de tudo, um laço de afinidade e é pouco provável que alguma das duas partes recorra à violência.

Empregando essas notas breves para exemplificar as tendências da lei nuer, podemos agora expor quais são essas tendências. Falamos de "lei", aqui, no sentido que parece mais adequado quando se está escrevendo sobre os Nuer, ou seja, uma obrigação moral de resolver questões por métodos convencionais, e não no sentido de procedimento legal ou instituições legais. E falamos apenas sobre a lei civil, pois não parece haver ações consideradas ofensivas a toda comunidade e punidas por ela. Os informantes que disseram que algumas vezes as bruxas e os mágicos eram mortos, afirmaram que eram sempre indivíduos ou grupos de parentes que os emboscavam e os matavam como desforra.

O primeiro ponto a ser notado sobre a lei nuer é que ela não tem uma força uniforme dentro de uma tribo, mas é relativa à posição das pessoas na estrutura social, à distância que as separa no sistema de parentesco, de linhagem, de conjunto etário, e, acima de tudo, político. Em teoria, pode-se obter indenização de qualquer membro da tribo a que se pertence, mas, na verdade, há poucas possibilidades disso se ele não for também membro do mesmo distrito e um parente. Quanto mais ampla a área que contém as partes de um litígio, mais fraco o sentimento de obrigação de solucioná-lo e mais difícil a tarefa de fazer com que seja solucionado; e, consequentemente, menos possibilidades dele ser solucionado. No interior de uma aldeia, as diferenças entre as pessoas são discutidas pelos anciãos da aldeia, geralmente chega-se com facilidade a um acordo e a indenização é paga, ou prometida, pois todos estão relacionados pelo parentesco e interesses comuns. Litígios entre membros de aldeias vizinhas, entre as quais existem muitos contatos sociais e outros vínculos, também podem ser resolvidos por acordo, porém com menos facilidade e maiores probabilidades de se lançar mão da força. Quanto mais nos aproximarmos da tribo, menores as possibilidades de solução. A lei tem pouca força para operar fora de um raio muito limitado e em parte alguma é muito eficaz. A falta de controle social a que frequentemente nos referimos é assim mostrada pela fraqueza da lei, e as inter-relações estruturais dos segmentos tribais são vistas na relatividade da lei, pois a lei nuer é relativa como a própria estrutura.

Uma razão de peso para que haja poucas possibilidades de indenização entre membros de seções tribais secundárias ou terciárias diferentes é que a base da lei é a força. Não devemos nos deixar enganar pela enumeração dos pagamentos tradicionais por danos e supor que é fácil obtê-los, a não ser que a pessoa esteja preparada a usar a força. A clava e a lança são as sanções dos direitos. O que faz com que as pessoas paguem uma indenização é, principalmente, o medo de que o prejudicado e seus parentes apelem para a violência. Conclui-se que um membro de uma linhagem forte está em posição diversa da de um membro de linhagem fraca. As possibilidades de um homem obter indenização por danos também são menores quanto mais ele se distancia do homem que causou os danos, dado que a oportunidade para empregar, a violência e a eficácia do apoio dos parentes torna-se menor à medida que aumenta a distância entre as partes. Já que as providências tomadas pela pessoa, com algum apoio da opinião pública, constituem a principal sanção, ela somente funciona quando as pessoas encontram-se a uma distância onde podem atingir-se mutuamente. Esta constitui uma das razões principais da dificuldade de solucionar litígios quando as partes pertencem a seções tribais primárias ou secundárias.

A maioria dos litígios ocorre em aldeias ou acampamentos e entre pessoas de aldeias próximas, já que as pessoas que vivem perto umas das outras têm mais oportunidade de brigar do que as que vivem distanciadas. Essas brigas são em geral complicadas por aspectos de parentesco, afinidade, idade, etc., e não raro resultam de quebras de padrões específicos de comportamento social, mais do que de meras quebras de regulamentos sociais gerais. Em geral, portanto, são solucionadas em conformidade com esses padrões tradicionais. Contudo, se não forem solucionadas pela mediação de parentes, é provável que levem à violência, pois, como já observamos, os Nuer ficam logo dispostos a lutar quando sofrem algum dano ou insulto a menos que o parentesco, ou uma grande disparidade de idade, faça com que eles se contenham. Se alguém recusa-se a pagar indenização por danos, corre, portanto, um sério risco de ter seu crânio rachado por uma clava ou mesmo de ser atingido por uma lança se os ânimos estão agitados. E isso é o que acontece com frequência.

Por essa razão, dissemos que a lei nuer, enquanto aplicada a um estudo das relações políticas, deve ser tratada em conexão com a vendeta. Os litígios frequentemente podem ser solucionados por causa do parentesco próximo e outros laços sociais, mas entre membros da tribo enquanto tais eles são ou solucionados com o emprego da força pelo prejudicado (e isso pode resultar em homicídio e vendeta) ou com o devedor cedendo porque sabe que a força pode ser usada e daí resultar uma disputa. É o fato de saber que o Nuer é corajoso e irá resistir à agressão e fazer valer seus direitos com clava e lança que garante o respeito pela pessoa e pela propriedade.

Os Nuer possuem um agudo senso de direito e dignidade pessoal. A ideia de direito, *cuong*, é forte. Reconhece-se que um ho-

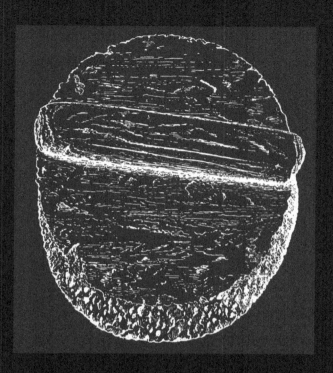

Fig. 12 – Mó de barro com rebolo de madeira.

mem deve ser indenizado por determinados danos. Isso não contradiz a afirmação de que a ameaça de violência é a sanção principal pelo não pagamento da indenização, mas está de acordo com ela, pois os parentes de um homem somente o apoiarão se ele tiver direito. É sem dúvida verdade que, um homem sendo fraco, é pouco provável que o fato de ter razão lhe permita obter qualquer satisfação, mas, se ele tiver razão, terá o apoio de seus parentes e seu oponente não – e é necessário a aprovação da comunidade a que se pertence e o apoio dos parentes a fim de lançar mão da violência ou enfrentá-la. Pode-se dizer que, se um homem tem o direito de seu lado e, como consequência, o apoio de seus parentes e se estes estão dispostos a empregar a força, ele tem boas probabilidades de obter o que lhe é devido, desde que as partes do litígio vivam perto uma da outra.

Quando dizemos que um homem tem razão, não queremos sugerir que os litígios se constituem principalmente numa nítida questão entre certo e errado. De fato, seria correto dizer que, em geral, ambas as partes têm razão até certo ponto, e a única pergunta que surge é "quem tem mais razão?" Colocando o problema de outro modo: um litígio nuer, via de regra, é um equilíbrio de danos, pois ninguém comete uma agressão – excetuando-se as questões sexuais – sem ser provocado antes. O Nuer não rouba a vaca de outro, fere-o com uma clava ou retém o gado presenteado no casamento depois de haver o divórcio, a menos que tenha alguma questão a resolver. Consequentemente, é muito raro que um homem negue ter causado algum dano. O que ele faz é procurar justificá-lo, de modo que a solução seja um ajuste de pretensões opostas. Um funcionário com ampla experiência em africanos contou-me que os acusados nuer são notáveis, pois é muito raro que mintam em casos levados aos tribunais do governo. Eles não precisam mentir, uma vez que estão apenas ansiosos por justificar o dano que causaram, mostrando que o mesmo constitui uma retaliação pelos danos causados anteriormente pelo queixoso.

IX

As vendetas são resolvidas através do chefe da pele de leopardo, e ele desempenha papel de pouca importância na solução de disputas que não se originam de homicídios. Poder-se-ia supor que esse funcionário ocupa uma posição de grande autoridade, mas isso não é verdade. Com efeito, baseados nos mesmos fundamentos que dissemos não terem os Nuer lei, podemos dizer que eles tampouco têm governo. Dedicamos algumas linhas a esclarecer quais são as qualificações rituais do chefe da pele de leopardo e, depois, avaliamos o papel que ele desempenha nas vendetas e disputas.

O SISTEMA POLÍTICO

183

As poucas referências feitas nos escritos dos primeiros viajantes sobre líderes nuer não sugerem que eles tenham sido pessoas de autoridade muito grande[1]. A ausência de quaisquer pessoas com autoridade suficiente ou, excetuando-se alguns profetas, com influência suficiente através das quais um sistema administrativo pudesse ser construído é apresentada em termos muito diretos pelos primeiros oficiais britânicos a penetrar na terra dos Nuer[2]. Os "xeques" descritos nesses primeiros relatórios como não tendo autoridade são provavelmente as pessoas que mais tarde ficaram conhecidas, entre os europeus, como chefes da pele de leopardo. Um chefe da pele de leopardo, *kuaar muon*, possui uma associação sagrada com a terra (*mun*) que lhe dá certos poderes rituais em relação a ela, incluindo o poder de abençoar ou amaldiçoar. Entretanto, antes que se suponha que o poder de lançar maldições permita a um chefe empunhar grande autoridade, quero registrar, de imediato, que jamais observei um chefe exercer esse poder. Existem estórias contando os supostos efeitos de uma maldição, mas eu creio que, como regra, um chefe apenas se aventura a ameaçar proferir uma maldição quando ele oficia, em sua capacidade ritual, na solução das disputas, ocasiões em que se espera que ele faça isso, dado que a ameaça faz parte do procedimento. Hoje por certo os chefes não têm autoridade em virtude de seu poder de amaldiçoar. Ele também é chamado de *kuaar twac* porque somente ele usa uma pele de leopardo (*twac*) nos ombros. Pode-se ver um chefe vestindo uma na fotografia feita por Corfield na Il. XXIV. A palavra *kuaar* possui associações rituais em todas as línguas nilotas, porém, sem discutir mais qual palavra poderia definir melhor seu objeto de referência na língua nuer, pretendemos referir-nos à pessoa em questão, como fizemos até agora, como um chefe, sempre fazendo a ressalva de que, com isso, não queremos dizer que ele possua alguma autoridade secular, porque sustentamos que seus atos públicos são notadamente rituais.

Não obstante, sua função é política, pois as relações entre grupos políticos são reguladas através dele, embora ele mesmo não seja uma autoridade política que tenha controle sobre elas. Suas atividades dizem respeito principalmente a pôr fim às vendetas, dado que estas não podem ser solucionadas sem sua intervenção, e é aqui que se encontra sua significação política. Os chefes por vezes impedem lutas entre comunidades, correndo entre as duas linhas de combatentes e levantando a terra com a enxada aqui e ali. Os mais velhos, então, tentam conter os jovens e chegar a uma

---

1. Werne. op. *cit.*, p. 207; Poncet, *op. cit.*, p. 40; Brun-Rollet, *op. cit.*, p. 222. O relato de Brun-Rollet é inaceitável.

2. Kaimakam G. Hawkes, *S.I.R.*, n. 98, 1902; Bimbashi H. Gordon, *S.I.R.*, n. 107, 1903.

solução da disputa através da discussão. Contudo, cremos que uma luta chega a ser impedida dessa forma somente quando os litigantes são vizinhos próximos e não estão de maneira alguma dispostos a matar-se entre si.

Além do papel que desempenham nas vendetas, os chefes executam rituais para purificar as pessoas envolvidas em relações incestuosas, e eles possuem um ligeiro poder de provocar chuva, embora os Nuer não atribuam muita importância a essa arte. Em linhas gerais, podemos dizer que os chefes nuer são pessoas sagradas, mas que isso não lhes confere qualquer autoridade genérica além de situações sociais específicas. Jamais vi um Nuer tratar um chefe com mais respeito do que trata outras pessoas ou falar deles como se fossem pessoas muito importantes. Os Nuer consideram-nos agentes através dos quais disputas de um certo tipo podem ser resolvidas e violações de um certo tipo podem ser apagadas, e não raro ouvi comentários como este: "Nós os pegamos e lhes demos peles de leopardo, e fizemos deles nossos chefes para que digam as palavras, nos sacrifícios por homicídios". Sua esfera ritual raras vezes estende-se além de uma seção tribal.

Somente determinadas linhagens são chefes e apenas alguns homens dessas linhagens o são efetivamente. Talvez seja significativo que, em muitas partes da terra nuer, incluindo a maioria da área que conheço, os chefes não pertençam aos clãs dominantes nas tribos onde exercem suas funções, embora se diga que alguns deles são aristocratas nas regiões dos Gaajak do Leste, Gaawar e Leek. A maioria daqueles que conheço são dos clãs GAATLEAK e JIMEN, que em parte alguma têm *status* de aristocratas. Dado que as lutas entre seções tribais são expressas em termos de linhagens do clã dominante associado às seções, conforme será explicado no capítulo seguinte, o chefe, não ocupando qualquer posição no sistema de linhagens dominantes, está, por isso mesmo, mais capacitado a servir de mediador entre elas. Ele não é membro dos proprietários tradicionais do território tribal, mas sim um estrangeiro que vive em seu meio. Um chefe pode agir como tal em qualquer tribo que resida. Se um chefe é morto, as cerimônias relacionadas com o pagamento da indenização são realizadas por um aristocrata da tribo. Provavelmente isso ocorre porque, mesmo quando os chefes de uma área não são todos membros de um só clã, acredita-se que eles tenham uma espécie de parentesco através da insígnia comum da pele de leopardo e não podem casar-se com membros das famílias dos outros chefes. Consideramos os chefes como uma categoria de peritos em ritual e não achamos que formem, de algum modo, uma classe ou graduação. Cremos que sua função social é um mecanismo pelo qual o equilíbrio do sistema político é mantido através da instituição da vendeta. A ligeira autoridade dos

O SISTEMA POLÍTICO 185

chefes e, em muitas regiões, sua posição externa aos clãs dominantes, confirma essa opinião.

Ao adotarmos a opinião de que considerar o chefe da pele de leopardo como um agente político ou autoridade judicial é compreender mal a constituição da sociedade nuer e estar cego para seus princípios fundamentais, temos de explicar o papel que ele desempenha na solução das vendetas. Afirmamos que ele não tem qualquer autoridade judicial ou executiva. Não é tarefa dele decidir sobre os méritos de um caso de homicídio. Jamais passaria pela mente de um Nuer que seria preciso um julgamento de alguma espécie. Da mesma forma, o chefe não tem meios de fazer com que as pessoas paguem ou aceitem o gado da indenização de sangue. Ele não tem parentes poderosos, nem o apoio de uma comunidade populosa para sustentado. Ele é simplesmente um mediador numa situação social específica, e sua mediação tem êxito apenas porque os laços comunitários são reconhecidos por ambas as partes e porque estas desejam evitar – ao menos por enquanto – mais hostilidades. Somente quando ambas as partes querem que o caso seja resolvido é que o chefe pode intervir com sucesso. Ele constitui o artifício que permite que os grupos normalizem um estado de coisas, quando desejam atingir esse objetivo.

É verdade que o chefe da pele de leopardo tem sempre, em tais circunstâncias, que persuadir por meio de exortações e ameaças os parentes do morto a aceitar um ressarcimento, mas essa pressão não deve ser considerada como uma ordem. Fica bastante claro, pelas muitas declarações dos Nuer sobre o assunto, que as ameaças do chefe são encorajadas ao máximo, a fim de que, cedendo à sua persuasão, os parentes do morto possam não desonrar-se por terem deixado de exigir uma vida pela vida de seu parente.

As ameaças de um chefe podem não ir além de dizer que se os parentes não querem ouvi-lo, nem ele ouvirá a eles quando se encontrarem em dificuldade semelhante. Mas disseram-me que, se as pessoas recusam a mediação com obstinação indevida, o chefe pode ameaçar sair de suas casas e amaldiçoá-los. Ele, então, pega um boi e esfrega seu lombo com cinzas, dirige-se a ele, dizendo que, se a parte prejudicada insistir na vingança, muitos deles serão mortos na tentativa e eles atirarão as lanças contra seus inimigos em vão. Disseram-me que ele então ergue a lança para abater o animal, momento em que as pessoas não o deixam prosseguir mais. Tendo afirmado seu orgulho de parente, um membro da família do homem morto agarra o braço erguido do chefe para impedir que atinja o boi, dizendo: "Não! Não mate seu boi. Está tudo acabado. Nós aceitaremos o ressarcimento". Meu informante, cujas afirmações foram confirmadas por outros, acrescentou que se as pessoas insistem em recusar a mediação do chefe da pele de leopardo, este toma um boi de chifres curtos e, depois de ter invocado deus, abate-o e esfrega os pelos da cabeça do boi até gastá-los, para que os membros da linhagem que rejeitou sua mediação morram ao darem prosseguimento à disputa.

Concluímos, portanto, que a maldição de um chefe não é, em si, a sanção real da falta de solução, mas sim uma operação ritual, convencional, na solução das disputas, solução que é conhecida antecipadamente por todos e já entra, assim, em seus planos. A ameaça nela existente é forçada por aqueles sobre os quais ela iria recair se fosse concretizada. Essas questões são como jogos nos quais todos conhecem as regras e as etapas de desenvolvimento: quando se espera que se abra mão, quando ficar firme, quando ceder no último momento, etc. Essa conclusão baseia-se em muitas afirmações. (Somente uma vez estive presente durante as discussões entre um chefe e os parentes de um homem assassinado, e então as circunstâncias eram incomuns.) Pode-se, contudo, dizer com certeza que nenhuma quantidade de pressão por parte do chefe da pele de leopardo – se chegar a exercê-la – pode resolver as vendetas rapidamente, se é que pode, entre seções tribais maiores. Em outras disputas, o chefe age raras vezes, e somente quando ambos os lados desejam firmemente uma solução. Ele não tem jurisdição para ouvir casos num distrito. Aqui, mais uma vez, disseram-me que, se uma das partes não aceitar a decisão dele enquanto árbitro, ele pode entregar sua pele de leopardo ao homem que recusa, ação que equivale a uma maldição. O homem, então, terá de fazer um presente ao chefe antes de que este consinta em tomar sua pele de volta. Contudo, isso provavelmente só acontece quando um homem se recusa a aceitar uma decisão com que todos os demais, incluindo os anciãos de sua própria aldeia, já concordaram. Disseram-me que, ao discutir as palavras de um chefe, um homem agirá respeitosamente, primeiro cuspindo nas mãos do chefe como sinal de boa vontade. Não há dúvida que se demonstra respeito pelo chefe nessas ocasiões, mas os chefes que eu vi eram tratados na vida quotidiana como qualquer outro homem e não há meios de dizer se um homem é chefe observando o comportamento dos demais em relação a ele. Seu papel nos litígios pode ser considerado um meio pelo qual os vizinhos, que desejam ver resolvida uma dificuldade sem o uso da força e reconhecem que o outro lado tem boas razões, podem negociar.

X

Consideramos a posição do chefe da pele de leopardo com algum vagar porque ela é estruturalmente importante. Ele de maneira alguma representa ou simboliza a unidade e exclusividade dos grupos políticos; mas é somente um artifício pelo qual, através da instituição da disputa, esses grupos interagem e mantêm sua distância estrutural. Existem outras pessoas na terra dos Nuer com poderes rituais de um tipo ou de outro, poderes que algumas vezes tornam um homem conhecido e, ocasionalmente, muito influente;

a) Acampamento de gado (Leek).

b) Depressão pantanosa típica em novembro (Jikany ocidentais).

188   OS NUER

nenhuma delas, porém, é politicamente importante, à exceção dos profetas, cujas atividades discutiremos mais adiante. Eles não governam, nem julgam, e suas funções sagradas não são, como as do chefe da pele de leopardo, especificamente relacionadas à interação de grupos locais. Contudo, não passamos totalmente por cima deles, porque os poderes sagrados frequentemente dão a um homem prestígio, em virtude do qual ele pode chegar a atingir um destaque local enquanto ancião importante, se os poderes são combinados com riqueza, habilidade e amplas conexões de parentesco.

Ao lado dos profetas e chefes da pele de leopardo, o *status* ritual que traz consigo maior prestígio é o de *wut ghok*, o Homem do Gado. Certas linhagens possuem poderes rituais hereditários em relação ao gado e são chamadas para curar animais doentes e tornar férteis as vacas estéreis, embora apenas alguns membros dessas linhagens empreguem seus poderes. Tal como os chefes da pele de leopardo, os Homens do Gado muitas vezes são membros de linhagens estrangeiras e não do clã aristocrático de sua tribo. Disseram-me que a maldição que podem lançar é temida, já que pode ser dirigida contra o gado, e que os Nuer não gostam de ofendê-los; porém, fora da tradição, não registrei qualquer ocasião em que tenha sido lançada. Além daqueles poucos Homens do Gado que desempenham um papel na regulação dos conjuntos etários (ver Cap. 6) e daqueles que algumas vezes são consultados a respeito da migração para novos pastos, eles não têm funções públicas. Um *wut ghok* dos Gaajok do leste ficou muito rico e poderoso há uma geração, mas seu prestigio devia-se grandemente a sua habilidade mágica.

Além do *kuaa muon*, que tem um relacionamento ritual com a terra, e do *wut ghok*, que tem um relacionamento ritual com o gado, há uma série de especialistas totêmicos cuja conexão ritual com leões, crocodilos, pássaros, etc. permite-lhes influenciar o comportamento destas criaturas. Um especialista totêmico é possuidor (*gwan*) do espírito (*kwoth*) de seu totem. Especialistas totêmicos não possuem significação política e não possuem influência social unicamente em razão de seus poderes. Existe um especialista em guerra cuja função é sacudir uma lança na frente do inimigo e fazer uma invocação contra ele. É chamado de gwan *muot*, possuidor da lança, ou *ngul*, e frequentemente, talvez sempre, é membro de uma linhagem mais velha do clã dominante da tribo, pois ele invoca a lança pelo "nome de lança" do clã. Há também mágicos de vários tipos: curandeiros, adivinhos, donos de remédios e donos de fetiches. Dentre esses especialistas, somente os donos de fetiches tornam-se membros de destaque de suas comunidades devido a seus poderes rituais. Os Nuer têm muito medo dos espíritos dos fetiches e acreditam que são tão poderosos que poderão mesmo comprá-los com gado. Um dono de fetiche pode tornar-se o homem mais influente da aldeia, e fiquei surpreso com o respeito e medo com que seus vizinhos algumas vezes o tratam. Não obstante, ele não tem autoridade definida no controle das relações que os moradores da aldeia mantêm entre si, nem representa a aldeia nas relações desta com comunidades vizinhas.

XI

O *status* ritual dá a um homem uma vaga influência em sua localidade; mas autoridade, somente em situações rituais específicas. Sexo e idade são dois atributos, mais gerais, condicionadores de influência local. Mulheres e crianças têm sempre posição infe-

O SISTEMA POLÍTICO

rior à dos homens. Eventualmente algumas mulheres obtêm renome como profetas e mágicas, porém, via de regra, elas não desempenham um papel de destaque nos negócios públicos. Entre os Nuer, as relações entre os sexos, e entre marido e mulher, são mais equitativas e dão às mulheres mais privilégios do que em qualquer outra tribo que eu tenha visitado no Sudão meridional. Não obstante, elas estão sujeitas aos homens: as filhas a seus pais e as mulheres a seus maridos. Os meninos estão sob as ordens de seus pais e irmãos mais velhos e somente tornam-se membros completos da tribo, com os privilégios e responsabilidade que isso acarreta, quando da iniciação. As relações entre os sexos e entre crianças e adultos pertencem mais a uma descrição das relações domésticas do que a um estudo das instituições políticas.

Quando um rapaz passou pela iniciação, ele se torna "um homem", e quando casou e gerou vários filhos ele se torna "um verdadeiro homem", o que chamamos de um ancião. Já mencionamos algumas vezes o papel desempenhado pelos anciãos em homicídios e outras disputas. Quando uma comunidade local age de modo cooperativo e é preciso liderança e conselhos, essas funções ficam com os mais velhos. Eles decidem quando as mudanças periódicas devem ser feitas e onde devem ser formados os acampamentos, negociam casamentos, aconselham quanto a questões de exogamia, realizam sacrifícios, e assim por diante. Suas opiniões sobre tais questões são prontamente aceitas pelos homens mais jovens, que pouco participam da discussão, a menos que estejam diretamente envolvidos no assunto. Quando os mais velhos discordam, há muita discussão e gritaria, pois toda pessoa que deseja falar, o faz com tanta frequência e em voz tão alta quanto quer. As palavras de alguns dos anciãos contam mais do que as palavras de outros, e pode-se observar facilmente que as opiniões deles em geral deparam com a concordância de todos.

Estes mais velhos são membros de conjuntos etários centrais, na atualidade os *Maker* e *Dangunga*, pois os membros dos conjuntos mais velhos, os *Thut* e *Boiloc*, não participam muito da vida pública. Discutimos, no Cap. 6, as relações entre os conjuntos etários. Aqui ressaltamos apenas que não existe uma autoridade constituída dentro de cada conjunto, tendo todos os membros uma mesma condição, e embora os membros dos conjuntos mais jovens respeitem os dos conjuntos mais velhos, a autoridade dos homens velhos é pessoal, muito indefinida e baseia-se numa analogia com as relações domésticas dentro da família. O comportamento entre os indivíduos é influenciado pela distância entre eles dentro do sistema de conjunto etário, mas os conjuntos etários não constituem uma instituição política no sentido de um sistema que tenha uma organização administrativa, militar ou judiciária.

190 OS NUER

A idade, só por si, não atribui a um homem uma posição social. Ele deve ter outras qualificações. Os mais velhos com maior influência são os *gaat twot*, os filhos dos touros. Um homem desses é chamado *tut*, touro, e em sentido estrito isso equivale a *dil*, aristocrata tribal. Como se explicará amplamente no Cap. 5, um *dil* é um membro do clã dominante em cada tribo e, em virtude dessa sua qualidade, tem, nessa tribo, uma posição social levemente superior. Este clã não constitui uma classe governante e o prestígio elevado de seus membros é muito indefinido. O sistema de clãs não tem liderança hereditária; uma linhagem mais velha não se coloca acima das outras; não existe um "pai do clã"; e não existe um "conselho dos mais velhos do clã". *Tut* é também usado num sentido mais amplo, referindo-se aos homens de posição social que não pertencem ao clã dominante mas a outras linhagens que há muito tempo estão domiciliadas na tribo. Neste sentido mais amplo, de "homem de boa posição" ou "líder social", um *tut* é um descendente de uma linhagem importante, o cabeça de sua própria família, e senhor de sua casa e seu rebanho. Geralmente, é também o sobrevivente mais velho da família de seu pai e, portanto, também o cabeça da família conjunta, o senhor da aldeiola. Para obter uma reputação social, deve possuir também um número suficiente de vacas para poder sustentar hóspedes e atrair os parentes jovens para residir em seu estábulo. Ao redor da casa desse homem dispõem-se as casas de seus irmãos e filhos casados e, muito frequentemente, as casas dos maridos de suas irmãs e de suas filhas. Para ser um líder social, cuja opinião é prontamente acatada, deve ser também um homem de caráter e habilidade.

A autoridade de um *gat twot* ou *tut wec*, "touro do acampamento" como é frequentemente chamado, nunca é formal. Não tem uma condição definida, poderes ou esfera de liderança. Linhagem, idade, a condição de mais velho na família, maior número de filhos, alianças por casamento, riqueza em gado, proezas como guerreiro, habilidade oratória, caráter e, frequentemente, poderes rituais de algum tipo, tudo isto se combina para produzir uma personalidade social de destaque que é encarada como cabeça de uma família conjunta e de um aglomerado de parentes cognatos e por afinidade, encarado como líder na aldeia e no acampamento, e uma pessoa importante na vaga esfera social que chamamos de distrito. É fácil de perceber, numa aldeia ou acampamento, quem são seus líderes sociais, e são essas pessoas que fornecem à administração a maior parte dos chefes governamentais, pois a influência do chefe da pele de leopardo restringe-se principalmente ao âmbito de suas funções rituais e somente se ele for também *gat twot* é que ele terá influência para além destes limites.

No entanto, quando indagamos de que maneira um *tut* atua como líder em sua comunidade, é difícil obter a resposta. Como

O SISTEMA POLÍTICO

homem principal de sua família e da família conjunta, ele assume um lugar de destaque na resolução dos assuntos desses grupos, mas nem por isso pode-se dizer que tenha uma autoridade política, pois estes grupos domésticos atuam independentemente dos outros na aldeia, embora algum tipo de coordenação se imponha a eles em virtude de suas exigências comuns. A conselho de seu *tut*, uma família conjunta decide mudar de acampamento e espera-se que o *tut* crave as primeiras estacas no novo acampamento, se ele está presente, mas as outras famílias conjuntas do mesmo acampamento podem decidir mudar-se apenas no dia seguinte. A liderança numa comunidade local consiste na decisão de um homem influente em fazer alguma coisa e em ser seguido pelas pessoas das outras aldeias de acordo com suas conveniências. Quando os membros da aldeia cooperam entre si, não há líder designado para organizar suas atividades. Se alguns membros de uma aldeia são atacados, os outros correm em sua ajuda, chefiados pelo mais esperto e mais corajoso, mas não existe uma pessoa que os conclame a assim agir ou que organize sua resistência. Uma aldeia é uma unidade política num sentido estrutural, mas não tem organização política. Não existe um cabeça ou líder investido com alguma autoridade que simbolize sua unidade, e tampouco nenhum conselho da aldeia. Além de seus grupos domésticos, um *tut* só tem autoridade em sua aldeia apenas na medida em que assume um papel preponderante nas questões de procedimento e outras discussões. Fora de sua aldeia, é uma pessoa muito conhecida, geralmente respeitada em seu distrito, mas sem uma posição política.

Em grupos mais amplos que o acampamento e a aldeia, há bem menos coordenação de atividades e menos oportunidades para lideranças. Apenas em tempos de guerra existe alguma cooperação direta prolongada. Os homens notáveis por suas proezas e habilidade provocam entre os jovens o entusiasmo por uma investida contra os Dinka ou uma luta contra outra seção da tribo, e dirigem as táticas simples utilizadas, mas estes homens não têm uma posição política nem uma liderança permanente. Os guerreiros mobilizam-se em divisões locais escolhidas por eles mesmos, pois não existem regimentos e companhias sob o comando de oficiais, e, na luta, seguem o mais atrevido e o mais corajoso dentre eles mesmos. Alguns destes guerreiros obtêm renome e sua reputação rapidamente atrai recrutas para tais investidas. Dois dos mais famosos líderes de guerra eram Latjor, que conduziu as tribos jikany, e Bidiit, que conduziu os Lou, em direção a leste. Nenhum deles tinha qualquer qualificação ritual, mas eram ambos homens de destacada habilidade e membros dos clãs dominantes de suas tribos. Os Nuer não dizem se estabeleceram algum controle político ou mesmo se tiveram muita autoridade em suas tribos. O papel dos profetas na guerra será examinado posteriormente. Entre

192 OS NUER

segmentos tribais não há atividades conjuntas que requeiram organização e direção.

XII

A ausência de órgãos de governo entre os Nuer, a ausência de instituições legais, de liderança desenvolvida e, em geral, de vida política organizada é notável. O estado por eles formado é um estado por parentesco e acéfalo, e somente através de um estudo do sistema de parentesco é que se pode compreender como se mantém a ordem e como se estabelecem e se conservam as relações sociais em amplas áreas. A anarquia ordenada em que vivem combina muito bem com seu caráter, pois é impossível viver entre os Nuer e conceber a existência de pessoas que os governem.

O Nuer é produto de uma educação árdua e igualitária, é profundamente democrático e facilmente levado à violência. Seu espírito turbulento considera toda limitação aborrecida e ninguém reconhece um superior. Riqueza não faz diferença alguma. Um homem com muito gado é invejado, mas não tratado de modo diferente do de alguém com pouco gado. O nascimento não faz diferença alguma. Um homem pode não ser membro do clã dominante de sua tribo, pode ser mesmo de descendência dinka, mas se alguém aludir a esse fato correrá o grave risco de receber um tacapaço.

O fato de que todo Nuer se considera tão bom quanto seu vizinho é evidente em todos os seus movimentos. Pavoneiam-se como se fossem os senhores da terra, coisa que de fato se consideram. Não existe senhor e servo em sua sociedade, apenas iguais que se consideram a mais nobre das criações de Deus. O respeito de um pelo outro contrasta com seu desprezo por todos os outros povos. Entre eles mesmos, a mais leve suspeita de uma ordem irrita a pessoa e ela, ou não a executa, ou a executa de um modo casual e demorado que é mais insultante que uma recusa. Quando um Nuer quer que alguém lhe faça alguma coisa, pede um favor a um parente, dizendo: "Filho de minha mãe, faça isto e aquilo", ou inclui a si mesmo na ordem, dizendo: "Partamos", "Que as pessoas voltem para casa", e assim por diante. Em seu relacionamento diário com seus companheiros, um homem demonstra respeito pelos mais velhos, por seus "pais" e por certas pessoas de condição ritual, dentro do circuito de sua referência, na medida em que não incomodem sua independência, mas não se submeterá a qualquer autoridade que entre em choque com seus interesses e não se considera obrigado a obedecer a ninguém. Uma vez eu estava discutindo os Shilluk com um Nuer que havia visitado a terra deles, e ele observou que: "Eles têm um grande chefe, mas nós não. Esse chefe pode mandar buscar um homem e pedir uma vaca, ou pode cortar a garganta de um homem. Quem já viu um Nuer fazer isso? Quem já viu um Nuer aparecer quando alguém mandou buscar por ele ou quem já viu um Nuer pagar uma vaca a alguém?".

Descobri no orgulho do Nuer uma fonte inesgotável de surpresas. É tão notável quanto sua indiferença e reticência. Já descrevi como os Nuer interrompiam minhas perguntas. Menciono aqui três incidentes típicos do modo cavalheiresco com o qual me trataram. Numa ocasião indaguei qual o caminho para um certo lugar e fui deliberadamente enganado. Voltei magoado para o

O SISTEMA POLÍTICO 193

acampamento e perguntei às pessoas por que me haviam indicado o caminho errado. Um deles respondeu: "Você é um estrangeiro, por que deveríamos apontar o caminho certo? Para um Nuer que nos fosse estranho e que perguntasse pelo caminho, nós diríamos 'Continue em frente por aquele caminho', mas não lhe diríamos que o caminho se bifurca mais adiante. Por que deveríamos dizer? Mas agora você é membro de nosso acampamento e é amável com nossas crianças, portanto no futuro lhe mostraremos o caminho certo".

Nesse mesmo acampamento, ao final de minha estada, quando eu estava doente e estava sendo removido de vapor, pedi às pessoas que carregassem minha barraca e meus pertences para a margem do rio. Recusaram-se, e eu e meu criado, um jovem Nuer, tivemos de fazer tudo nós mesmos. Quando lhe perguntei por·que estavam tão rudes, respondeu: "Você lhes disse para levar suas coisas para o rio. Foi por isso que recusaram. Se você lhes tivesse dito 'Filhos de minha mãe, ajudem-me' não teriam recusado".

Uma ocasião, alguns homens me deram informações sobre suas linhagens. No dia seguinte esses mesmos homens me visitaram e um deles me perguntou: "Você acredita no que lhe contamos ontem?" Quando respondi que havia acreditado caíram na risada e chamaram os outros para vir e se divertir também. Então um deles disse: "Escute, o que lhe contamos ontem não tem sentido. Agora vamos contar a verdade". Poderia relatar muitas outras histórias assim.

Os Nuer têm sido corretamente descritos como ríspidos, e muitas vezes são grosseiros e bruscos entre si mesmos e especialmente com estrangeiros. Mas se são abordados sem uma sugestão de superioridade não recusam amizade, e no infortúnio e na doença se mostram amáveis e gentis. Em momentos assim permitem-se demonstrar uma simpatia que seu orgulho outras vezes esconde, pois mesmo quando um Nuer aprova alguém não pode suportar que se perceba isso e tornam-se ainda mais truculentos para ocultar sua amizade. Nunca se mostram bajuladores ou servis. Quando um Nuer quer um presente, ele o pede diretamente e, se você recusa, ele continua de bom humor. O único teste de caráter deles consiste em saber se alguém se aguenta por si só. Quanto mais se vive seu tipo de vida e quanto mais se aceita seus valores, mais se sobe na estima dos Nuer.

Se se deseja viver entre os Nuer, deve-se fazê-lo nas condições deles, o que significa que se deve tratá-los como uma espécie de parente, e então eles nos tratarão como uma espécie de parente. Direitos, privilégios e obrigações são determinados por parentesco. Ou uma pessoa é um parente, ou de fato ou por ficção, ou é uma pessoa com a qual não se mantêm obrigações recíprocas e neste caso é tratada como um inimigo em potencial. Todos numa aldeia e distrito são parentes, de um modo ou de outro, nem que seja por assimilação linguística, de modo que, exceto com relação a um andarilho sem casa e desprezado, um Nuer só se associa com pessoas cujo comportamento para com ele se faz sobre o padrão do parentesco.

Parentes devem ajudar-se mutuamente, e se se tem um excedente de algum bem, deve-se dividi-lo com os vizinhos. Por conseguinte, Nuer algum tem sobras. Mas o europeu tem excedentes e se seus pertences são de alguma utilidade para os Nuer, deve dividi-los, na opinião deles, com as pessoas com que está vivendo. Viajantes muitas vezes comentaram que os Nuer os aborreceram com pedidos de presentes. Mas fazem os mesmos pedidos entre si com a mesma persistência. Não se espera que Nuer algum divida seu gado ou sua propriedade doméstica e, a não ser em circunstancias especiais, ninguém fará pedidos desse tipo. Mas se um homem possui várias lanças ou enxadas ou outros objetos desse tipo, inevitavelmente ficará sem parte deles. Deng, um chefe do governo e um homem de posição, me contou, quando eu estava deixando sua aldeia no rio Pibor, que ele estava agradecido pelas lanças de pesca que eu havia distribuído

194 OS NUER

entre seus parentes, mas acrescentou que não poderiam ficar com elas quando seus parentes de Fadoi viessem passar no Pibor a próxima estação das secas.

O único modo de ter tabaco entre os Nuer é negar que se tem tabaco e mantê-lo bem escondido. Quando dei a Deng um bom pedaço de tabaco anuak, ele conseguiu pôr um pouquinho em seu cachimbo, mas de imediato teve de distribuir o que restou. Quando dava tabaco a jovens em Yakwac, eles geralmente ficavam com um pouco para cheirar e pediam-me que escondesse o resto, de modo que pudessem voltar e pegar mais quando quisessem sem que se soubesse que tinham fumo. Eu tinha esconderijos por toda minha tenda. Nuer algum resiste a pedidos de tabaco por parte de seus parentes. Companheiros da mesma idade nem mesmo pedem tabaco: se o encontram no estábulo de alguém, simplesmente se apossam dele. Meu próprio sistema era dar logo na primeira oportunidade tudo aquilo que eu possuía e que os Nuer podiam desejar, e ficar depois na pobreza e em paz. Os mercadores árabes são quase levados à loucura com os pedidos que os Nuer fazem de presentes, mas geralmente falam bem o nuer e têm um conhecimento considerável dos hábitos nuer, de modo que conseguem aguentar e esquivar-se dos pedidos. Não obstante, verifiquei que se dá presentes mesmo quando não se espera nenhuma compensação.

Os Nuer são muito firmes a respeito de seus direitos e posses. Tomam com facilidade, porém dão com dificuldade. Esse egoísmo deriva de sua educação e da natureza das obrigações de parentesco. Uma criança logo aprende que, para manter-se em pé de igualdade com seus pares, ela deve resistir sozinha a todo abuso sobre sua pessoa e sua propriedade. Isto significa que se deve estar sempre preparado para lutar, e sua disposição e habilidade em fazer isto são as únicas proteções de sua integridade como pessoa livre e independente contra a avareza e a opressão de seus parentes. Estes o protegem contra os estrangeiros, mas deve resistir a suas exigências por si só. As exigências feitas a uma pessoa em nome do parentesco são incessantes e imperiosas, e o Nuer resiste a elas ao máximo.

XIII

Algumas lembranças pessoais e impressões gerais foram registradas na seção anterior a fim de que se compreenda quais são os sentimentos do Nuer a respeito da autoridade. É por isso que é notável o fato de se submeterem tão facilmente a pessoas que dizem possuir certos poderes sobrenaturais. Os fetiches são de introdução recente na terra nuer e inspiram muita apreensão entre eles, de modo que nos últimos anos os que os possuem muitas vezes ganharam muito prestígio em suas aldeias e se fizeram temidos em seus distritos e, ocasionalmente, mesmo em amplas seções tribais. Estes possuidores de fetiches, no entanto, não são de modo algum líderes tribais, e não se podem comparar em importância social aos profetas.

Devido ao fato de os profetas nuer terem sido focos de oposição ao governo, eles caíram em desgraça e os mais influentes estavam detidos ou escondidos durante minhas visitas à terra nuer de forma que não pude fazer observações mais detalhadas a respeito de seu comportamento[3]. Sem discutir as categorias religio-

---

3. O governo sempre viu com maus olhos os profetas, e sempre se opôs a sua influência. Ver algumas referências pejorativas a eles em Jackson, *op. cit.*, pp. 90-91; Fer-

O SISTEMA POLÍTICO

sas dos Nuer, pode-se dizer que um profeta é um homem possuído por algum dos espíritos do céu, ou deuses, que os Nuer consideram como filhos do Deus-Céu. Os Nuer têm muito respeito por estes espíritos e os temem, e seguem facilmente os que são possuídos por eles. Por conseguinte, os profetas conquistaram uma santidade maior e uma influência mais ampla do que qualquer outra pessoa na sociedade nuer. Um profeta é conhecido como *guk* e às vezes designado por *cok kwoth*, formiga de Deus. Participa também da categoria geral do *gwan kwoth*, possuidor de um espírito.

O primeiro profeta a ter conseguido grande influência parece ter sido Ngundeng, que morreu em 1906. Pertencia à tribo lou do clã GAATLEAK, e era um imigrante da região Jikany oriental. Tinha se exercitado como chefe da pele de leopardo antes de adquirir renome como profeta através de prolongados jejuns e outros comportamentos erráticos, através de sua habilidade para curar a esterilidade e a doença, e através de suas profecias. Mulheres vinham até ele, de toda a região lou, das tribos jikany orientais e mesmo da região ocidental do Zeraf e do Nilo, para que as tornasse férteis. Muitas traziam bois que Ngunden sacrificava a Deng, o Deus-Céu que o possuía. Ele então as untava com sua saliva. Quando o sarampo ameaçava os Lou, ele se punha a combatê-lo e a deter seu avanço através de sacrifícios de bois. Previu epidemias de gado e outros acontecimentos, e conduziu expedições contra os Dinka.

Quando Ngunden morreu, o espírito de Deng finalmente entrou em seu filho Gwek, que começou a fazer profecias e a curar esterilidade e doenças, como seu pai havia feito. No entanto, nunca demonstrou as qualidades patológicas de seu pai, que parece ter sido um psicótico genuíno. O espírito de Deng havia passado por cima de seus irmãos mais velhos, ou não havia permanecido muito tempo neles. Os Nuer dizem que um espírito eventualmente retorna para a linhagem do homem que ele primeiro possuiu, ainda que uma geração ou duas depois, e o receptor escolhido torna-se ciente da entrada em seu corpo por meio de uma séria doença seguida de delírio. Os Nuer comuns, especialmente quando jovens, não querem ser possuídos, e parece que geralmente é uma pessoa normal a primeira a ser possuída, enquanto é sobre o mais ambicioso de seus filhos que recai seu manto, pois este parece acolher de boa vontade essa possessão, embora não se submeta a jejuns para obtê-la. Gwek foi morto por forças governamentais em 1928. Outro famoso profeta, Diu ou Dengleaka, da tribo gaawar, era um Dinka capturado que se predispôs a adquirir um espírito através de jejuns e da solidão. Mais tarde conseguiu fama e poder através de campanhas bem sucedidas contra os Dinka, cuja região seus seguidores ocuparam, e contra os escravagistas árabes. Como Ngundeng, ele possuía a reputação de realizar milagres. Dengleaka morreu em 1908 e seu filho Dwal ficou possuído pelo espírito do Deus-Céu Diu. Atualmente, é um prisioneiro político. O único profeta que encontrei, Buom, da região Dok, era possuído pelo espírito de um Deus-Céu, Teeny. Era considerado egoísta e ganancioso por seus vizinhos, e foi hábil o suficiente para conseguir ser aceito como um chefe do governo. Demonstrou demasiada ambição, no entanto, e agora está no exílio. Profetas muito conhecidos, em outras partes da terra dos Nuer, eram Mut (dos Gaajak orientais), Kulang (na parte ocidental da terra dos Nuer) e outros.

gusson, apêndice a Jackson, p. 107; C.A. Willis, "The cult of Deng", *S.N. and R.*, v. xi, 1928, p. 200.

Il. XX: Gado em viagem (Lou).

O SISTEMA POLÍTICO

Uma rápida referência deve ser feita à notável pirâmide erigida por Ngundeng e continuada por Gwek na seção *rumjok* da tribo lou. Tinha entre 50 e 60 pés de altura, com enormes presas de elefante plantadas ao redor da base e no vértice. A fotografia da Il. XXV, tirada em 1901 pelo Dr. Crispin, mostra a paliçada de presas de marfim, o tipo de material de que era construída e o desgaste da base em virtude da ação das chuvas. Foi demolida pelas forças governamentais em 1928. O material utilizado em sua construção consistia em cinzas, terra e restos de materiais extraídos dos acampamentos de gado. As pessoas vinham de todas as partes da região lou e da jikany oriental, trazendo bois para sacrifício, a fim de ajudar na construção. Os Nuer dizem que foi construída em honra do Deus-Céu Deng e para glória de seu profeta Ngundeng. Não há dúvida alguma de que o culto de Deng tinha origem dinka e provavelmente a ideia de uma pirâmide veio da mesma fonte. Além da famosa pirâmide lou, diz-se que há uma menor em Thoc, na região Jikany oriental, construída por um profeta chamado Deng, filho de Dul.

Os Nuer são unânimes em afirmar que esses profetas constituem um acontecimento recente. Dizem que Deng desceu do céu em época recente – dentro dos limites da memória viva, de fato – e que foi o primeiro, ou praticamente o primeiro, dos Deuses-Céu a vir à terra. Dizem que nos tempos antigos não havia profetas; apenas os oficiais rituais antes mencionados. As anotações de viajantes europeus não são suficientemente explícitas para confirmar ou rejeitar tal afirmação. Poncet diz que, em sua época, havia entre os Nuer pessoas ricas e importantes, honradas após a morte e que ele chama de *devins* ou *sorciers* e *jongleurs*[4], e Brun-Rollet diz que os Nuer tinham uma espécie de papa, pelo qual nutriam uma veneração próxima da adoração, mas seu relato é demasiado fantasioso para ter algum peso[5]. Embora seja difícil de acreditar que não havia casos de pessoas possuídas há sessenta anos, na ausência de provas em contrário temos de aceitar a declaração unânime dos Nuer de que não havia posse pelos Deuses-Céu, e parece bastante verdadeiro o fato de que, se havia profetas nessa época, sua influência se limitava a pequenas localidades e não tinham a significação tribal dos tempos mais recentes. Há alguns indícios de que o desenvolvimento dos profetas nuer se relacione com a infiltração do madismo do norte do Sudão. Seja como for, não há dúvida de que poderosos profetas surgiram na época em que a intrusão árabe na terra dos Nuer estava em seu ponto culminante, e após a reconquista do Sudão eles se tornaram mais respeitados e passaram a ter mais influência do que qualquer outra pessoa entre os Nuer.

Consideramos, contudo, que o poder desses profetas, mesmo dos mais bem sucedidos, tem sido exagerado e que sua posição na tribo tem sido mal compreendida. Os primeiros oficiais do governo a penetrar em território lou observaram que Ngundeng era muito

4. Adivinhos, feiticeiros, ilusionistas. Poncet, *op. cit.*, p. 40.
5. Brun Rollet, *op. cit.*, p. 222.

temido e respeitado e achavam que, se os Lou tinham de ser administrados, seria necessário entrar num acordo com ele ou removê--lo. No entanto, o filho dele, Gwek, não tinha o apoio de algumas seções da tribo contra o governo. Struvé, na época governador da província do Alto Nilo, relata que Dwal, filho de Diu tinha uma "autoridade bastante fraca" entre os Gaawar. Tive a impressão, em 1932, que Buom tinha muito maior poder na região Dok como chefe do governo do que tinha na época pré-governo como profeta. Teme-se a maldição de um profeta, mas a intervenção armada das forças do governo é uma sanção mais pesada. Buon estava tentando exercer funções judiciais sem precedentes e seu banimento não despertou a hostilidade popular, mas apenas um leve pesar. Não há provas válidas de que os primeiros profetas tenham sido mais do que pessoas com dons espirituais, cujos poderes rituais eram utilizados especialmente em tempo de guerra, embora pareça que alguns dos mais recentes tenham começado a resolver litígios, mas, ainda assim, em suas próprias aldeias e distritos. Entre todos eles, talvez apenas Gwek tenha sido o que chegou mais perto de exercer funções políticas e de impor sua autoridade fora de seu próprio distrito, mas a hostilidade entre tribos e entre segmentos de tribos tornou impossível o exercício de um controle pessoal.

As únicas atividades dos profetas que de fato podem ser chamadas de tribais eram as investidas promovidas contra os Dinka e a conclamação à oposição contra a agressão árabe e europeia; e é nestes atos que se vê a significação estrutural que tinham e a explicação de seu aparecimento e do aumento de sua influência. Todos os profetas importantes sobre os quais temos alguma informação obtiveram prestígio conduzindo investidas bem sucedidas contra os Dinka, pois estas incursões eram feitas em nome dos espíritos que prometiam ricas recompensas através dos profetas. Nenhuma incursão mais ampla foi empreendida sem a permissão e a liderança dos profetas, que recebiam instruções dos Deuses-Céu, em sonhos e transes, a respeito do momento e do objetivo do ataque, e frequentemente os profetas acompanhavam os combatentes em pessoa e realizavam sacrifícios antes das batalhas. Ficavam com parte do saque e, em certa medida, supervisionavam a partilha do restante. Os guerreiros cantavam hinos de guerra aos Deuses-Céu antes de começar suas incursões, e os sacrifícios que faziam através dos profetas eram considerados como garantia de um bom saque e da segurança pessoal.

Pela primeira vez, uma única pessoa simbolizou, embora em grau moderado e de um modo predominantemente espiritual e não institucional, a unidade da tribo, pois os profetas são figuras tribais. Mas eles têm uma significação maior, pois sua influência estendeu--se para além das fronteiras das tribos. Gwek tinha muita influência nos Gaajok, e diz-se que em virtude dela os Lou e os Gaajok

O SISTEMA POLÍTICO   199

durante algum tempo pagaram indenizações pelos homicídios
ocorridos entre eles. Sua influência chegou até os Gaagwang Orientais e os Gaajak. Dengleaka tinha influência semelhante no vale do
Zeraf, especialmente entre os Thiang. Alguns dos profetas nuer
ocidentais tinham renome entre tribos vizinhas, que se uniam para
incursões sob a direção de seus espíritos. Eles não constituíam um
mecanismo na estrutura tribal, como os chefes da pele de leopardo,
mas eram os pivôs de federações entre tribos adjacentes e personi-
ficavam o princípio estrutural da oposição em sua expressão mais
ampla, a unidade e homogeneidade dos Nuer contra os estrangeiros. É provável que a coalizão entre tribos e a organização de incursões conjuntas se deva amplamente aos profetas – embora não
se possa ter certeza disto na ausência de registros históricos – e fez
deles figuras importantes e poderosas entre os Nuer. Esta interpretação explica como é que os profetas começaram a existir há meio
século ou, de qualquer modo, passaram nessa época para um primeiro plano. Algumas mudanças estruturais estavam então ocor-
rendo em resposta a condições modificadas: o desenvolvimento de
funções mais puramente políticas do que quaisquer outras exerci-
das anteriormente por um indivíduo e de um maior grau de unidade entre tribos vizinhas do que tinha havido até então. Como os
Deuses do céu passavam, com a morte do profeta, para os filhos
deste, justifica-se sugerir o crescimento da liderança política hereditária que, com a poderosa tendência para uma federação entre
tribos adjacentes, atribuímos à nova ameaça árabe-europeia. A oposição entre os Nuer e seus vizinhos sempre tinha sido em termos
de seções tribais. Eles eram confrontados agora por um inimigo
mais poderoso e comum. Quando o governo esmagou os profetas,
esta tendência foi contida. A nosso ver, os profetas opunham-se
inevitavelmente ao governo porque tinha sido esta oposição existente no povo que tinha levado a seu aparecimento e que estava
personificada neles.

XIV

Tentamos demonstrar como a distribuição depende da ecologia
e como as linhas de clivagem política tendem a seguir a distribuição
com relação aos modos de subsistência. Mas as considerações ecológicas apenas nos ajudam a compreender alguns traços demográficos das tribos e segmentos tribais nuer, e não a natureza de suas
relações estruturais. Estas só podem ser compreendidas em termos
de certos princípios estruturais e tentamos isolar estes princípios,
embora reconheçamos que não a um nível muito profundo de análise. Os pontos principais que estabelecemos são a seguir resumidos.

1. Os Nuer atribuem valores à sua distribuição geográfica e
estas valorações fornecem-nos unidades sócio espaciais e relacio-

nam estas unidades num sistema. 2. Em todas estas unidades é evidente a tendência para a fragmentação em segmentos opostos, e também a tendência para a fusão desses segmentos com relação a outras unidades. 3. Quanto menor for o segmento, maior será a coesão, e é por esta razão que existe um sistema segmentário. 4. O sistema político dos Nuer somente pode ser entendido com relação a toda a estrutura da qual outros povos participam e, do mesmo modo, o caráter de todas as comunidades nuer deve ser definido através de suas relações com outras comunidades da mesma ordem dentro do conjunto do sistema político. 5. O sistema social é bem mais amplo do que as esferas das relações políticas concretas e atravessa-as. 6. Os valores políticos dependem de mais coisas além das relações residenciais. As relações políticas podem ser isoladas e estudadas independentemente de outros sistemas sociais, mas são uma função específica de todo o conjunto das relações sociais. Estas são fundamentalmente do tipo baseado no parentesco, e a organização de relações por parentesco em relações políticas em certas situações é um de nossos maiores problemas. 7. As relações estruturais entre as tribos nuer e outros povos e entre tribo e tribo são mantidas através da instituição da guerra, e as relações estruturais entre segmentos da mesma tribo são mantidas pela instituição da disputa. 8. Não existe administração central, sendo o chefe da pele de leopardo um agente ritual cujas funções devem ser interpretadas em função do mecanismo estrutural da disputa. 9. A lei é relativa à distância estrutural entre as pessoas e não tem a mesma força nos diferentes conjuntos de relações. 10. As novas condições da intrusão árabe-europeia provavelmente causaram o desenvolvimento dos profetas, com funções jurídicas embrionárias, e uma maior solidariedade intertribal.

Fig. 13 – Coleira de sinos para bezerros feita com cocos.

5. O Sistema de Linhagens

I

Muitas das características dos clãs e das linhagens nuer pertencem ao estudo do parentesco que esperamos fazer num volume subsequente. Aqui serão discutidos apenas aqueles caracteres que são estritamente relevantes para o sistema territorial. Começaremos, entretanto, com uma definição formal de clã, linhagem e parentesco. O clã nuer é o maior grupo de agnatos que traçam sua descendência a partir de um ancestral comum, entre os quais está proibido o matrimônio e cujas eventuais relações sexuais são consideradas incestuosas. Não é meramente um grupo não diferençado de pessoas que reconhecem seu parentesco agnático comum, como alguns clãs africanos, mas sim uma estrutura genealógica altamente segmentada. Referimo-nos a esses segmentos genealógicos de um clã como sendo suas linhagens. O relacionamento existente entre qualquer membro de uma linhagem e outro membro dela pode ser colocado, com exatidão, em termos genealógicos, e, portanto, também o relacionamento existente entre ele e membros de outras linhagens do mesmo clã pode ser traçado, dado que o relacionamento de uma linhagem com outra é conhecido genealogicamente. Um clã é um sistema de linhagens, e uma linhagem é um segmento genealógico de um clã. Pode-se falar de todo o clã como uma linhagem, porém preferimos falar de linhagens como segmentos dele e defini-las como tais. Como alternativa, pode-se falar de uma linhagem enquanto grupo agnático cujos membros estão ligados genealogicamente, e de um clã enquanto sistema de tais grupos, sendo o sistema, entre os Nuer, um sistema genealógico. No diagrama abaixo, o clã A está segmentado nas linhagens máximas B e C, e estas bifurcam-se nas linhagens maiores D, E, F e G. As linhagens menores H, I, J e K são segmentos das linhagens maiores D e G, e L, M, N e O são linhagens mínimas que são segmentos de H e K. Chegou-se à conclusão de que bastam palavras para descrever quatro estágios de segmentação linear, mesmo quando se fala dos clãs maiores. A palavra nuer mais comum para linhagem é *thok dwiel*, e a menor unidade genealógica que eles descrevem como *thok dwiel* possui uma profundidade temporal de três a cinco gerações antes das pessoas vivas. Um clã inteiro é, portanto, uma estrutura genealógica, e as letras do diagrama representam pessoas a partir das quais o clã e seus segmentos traçam sua ascendência e de quem frequentemente adotam os nomes. Deve haver pelo menos uns vinte desses clãs na terra nuer, sem levar em conta numerosas linhagens pequenas de origem Dinka.

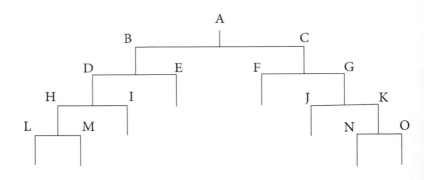

Uma linhagem, no sentido em que geralmente empregamos essa palavra, é um grupo de agnatos vivos, que descendem do fundador dessa linha determinada. Logicamente, ela inclui também pessoas mortas que descendem do fundador – e algumas vezes empregamos a palavra para incluí-las também – mas essas pessoas mortas somente são significativas enquanto sua posição genealógica explica os relacionamentos entre os vivos. Torna-se claro, pelo contexto, se a palavra está sendo usada num sentido mais ou menos amplo.

Clãs e linhagens têm nomes, possuem símbolos rituais variados e observam certas relações cerimoniais recíprocas. Elas têm "nomes de lança" que são proferidos a altas vozes nas cerimônias, títulos honoríficos pelos quais algumas vezes as pessoas são chamadas, afiliações totêmicas e outras afiliações místicas, e posição cerimonial umas em relação às outras.

O SISTEMA DE LINHAGENS
203

O parentesco agnático entre linhagens é chamado de *buth*. *Buth* é sempre um relacionamento agnático entre grupos de pessoas e é somente um relacionamento entre pessoas em virtude destas serem membros de grupos. A agnação *buth* deve ser diferençada do parentesco no sentido de relacionamento entre pessoas; por exemplo, entre um homem e o irmão de seu pai e o irmão de sua mãe. A cognação, nesse sentido, é chamada pelos Nuer de *mar*. Qualquer pessoa com que um homem pode traçar um vínculo genealógico, quer através de homens, quer de mulheres, é *mar* para ele. Os *mar* de um homem são, consequentemente, todos os parentes de seu pai e todos os parentes de sua mãe, e chamamos essa categoria cognatícia de parentela consanguínea. No uso normal, a palavra refere--se apenas a parentes próximos. Portanto, como *mar* abrange agnatos próximos, a palavra *buth* é empregada apenas como referência a agnatos distantes, entre os quais e a pessoa que fala existe uma clivagem na linhagem. Há um relacionamento *buth* entre linhagens do mesmo clã e também entre clãs aparentados que têm um mesmo ancestral, mas que não compõem uma unidade exogâmica. Um Dinka pode receber um relacionamento *buth* com uma linhagem nuer ao ser adotado por uma linhagem colateral. Por conseguinte, faremos uma distinção formal entre o sistema de linhagens, que é um sistema de grupos agnatícios, e o sistema de parentesco, que é um sistema de categorias de relacionamento entre pessoas; e referimo-nos a estes relacionamentos como os parentes paternos e os parentes maternos de um homem, e a ambos em conjunto, como sua parentela consanguínea.

Os grupos políticos e os de linhagem não são idênticos, mas possuem uma certa correspondência e com frequência têm o mesmo nome, pois uma área tribal e suas divisões não raro recebem o nome dos clãs e das linhagens que supostamente foram as primeiras em ocupá-la. Isso transforma sua inter-relação num problema muito difícil de ser investigado e levou a algumas confusões nos textos sobre os Nuer. Assim, "gaawar" é o nome de uma área tribal, dos membros da tribo que vivem nela, e dos membros de um clã que possui nessa área uma posição socialmente dominante. Da mesma forma, "gaajok" e "gaajak" são nomes de territórios, tribos e linhagens. Para tornar as coisas mais claras, portanto, os nomes de clãs e linhagens são escritos em versal. Por conseguinte, quando dissermos que um homem é um *gaawar*, queremos dizer que ele é membro da tribo Gaawar, é pessoa que reside na região *gaawar*, enquanto que, quando dissermos que ele é um GAAWAR, queremos dizer que ele é membro do clã GAAWAR, é um descendente na linha masculina de War, o fundador do clã dominante na região gaawar.

II

Três árvores de descendência do clã são apresentadas na seção seguinte, sob uma forma que para nós é convencional e que também seria adequada para os Nuer (algumas vezes eles falam de uma linhagem como sendo um *kar*, um ramo), como exemplos elucidativos do modo como as linhagens se dividem, cada uma formando um ramo de uma linhagem maior. Os JINACA são o clã dominante nas tribos lou e rengyan; os GAT-GANKIIR são o clã dominante nas tribos jikany; e os (GAA) THIANG constituem o clã dominante na tribo thiang. Mostra-se apenas uma linha de descendência das raízes até os galhos menores, do ancestral do clã até as linhagens mínimas, mas indica-se o ponto do tronco de onde partem os outros ramos, as outras linhagens máximas, maiores e menores.

III

Definimos a linhagem e o clã e demos alguns exemplos por meio de diagramas. Nesta seção, apontaremos algumas características de ambos que estão ligadas à nossa investigação. Pode-se dizer, de imediato, que não é fácil descobrir qual o clã de um Nuer, pois um clã, para um Nuer, não constitui uma abstração e não existe em sua língua uma palavra que possa ser traduzida por "clã". Pode-se conseguir o nome do clã de uma pessoa, perguntando-lhe quem foi seu "ancestral de outrora" ou seu "primeiro ancestral" (*gwandong*) ou quais são suas "sementes" (*kwai*), mas é somente quando já se conhece, como o Nuer, os clãs e suas linhagens e seus vários símbolos rituais, que se pode situar facilmente o clã de um homem através de sua linhagem ou por seu "nome de lança" e título honorífico, pois os Nuer falam fluentemente em termos de linhagens. Uma linhagem é *thok mac*, a lareira, ou *lhok dwiel*, a entrada da choupana; ou pode-se falar de *kar*, um ramo. *Thok dwiel* é a expressão mais comum para denotar uma linha de descendência agnática nas situações em que são relevantes a exatidão e a precisão genealógicas, mas no uso quotidiano normal os Nuer empregam a palavra *cieng*, conforme será explicado mais adiante. O próprio clã possui uma posição análoga, no sistema de clãs, à posição de uma linhagem, e é significativo para os Nuer não tanto enquanto grupo isolado, mas enquanto segmento de um sistema de grupos, pois adquire sua singularidade somente como parte de um sistema.

A linhagem é um termo relativo, dado que o alcance de suas referências depende da pessoa determinada que é escolhida como ponto de partida ao se traçar a descendência. Assim, se formos começar com um pai, o *thok dwiel* inclui apenas filhos e filhas; contudo, se tomarmos um avô como ponto de partida, ele abrange todos os filhos e filhas e os filhos dos filhos. Quanto mais alto na linha de ascendência tomarmos o ponto de partida para a conta-

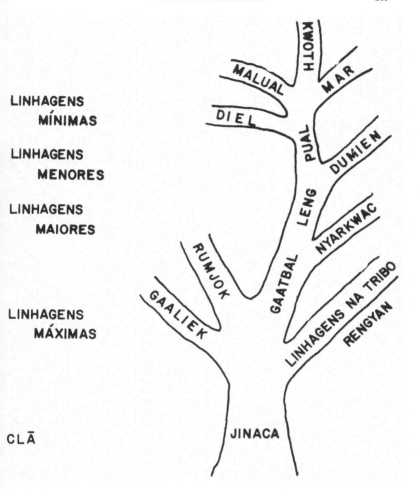

gem dos descendentes, maior será o número de agnatos incluídos. Pode-se sustentar que a menor linhagem possível são os filhos e filhas de um homem, mas os Nuer não se referem a eles como *thok dwiel*. Eles são, junto com a mãe e o pai, uma família e agrupamento doméstico. Não se pode dizer com certeza até onde os Nuer recuarão na linha dos ascendentes para escolher o vértice de uma linhagem mínima. Podem recuar apenas dois graus, até o avô, totalizando três gerações de agnatos; porém uma linhagem mínima de quatro ou cinco gerações é mais usual. Deixando de lado o uso nuer, consideramos importante definir as linhagens como grupos de uma profundidade de ao menos três gerações, dado que, então, constituem segmentos estruturais distintos dentro de um sistema de tais segmentos e não se confundem facilmente com os grupos domésticos.

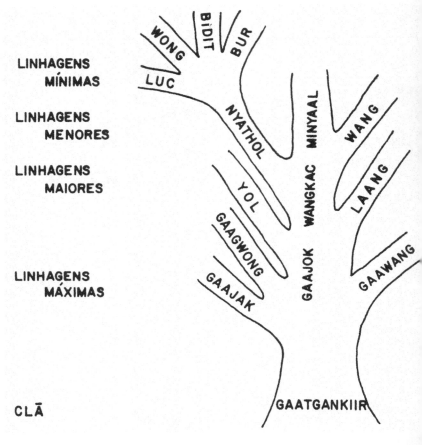

O clã nuer, sendo assim altamente segmentado, possui muitas das características que encontramos na estrutura tribal. Suas linhagens são grupos distintos apenas quando em oposição mútua. Assim, no diagrama da p. 202, M é um grupo somente enquanto oposto a L, H é um grupo apenas enquanto oposto a I, D é um grupo apenas enquanto oposto a E, etc. Existe sempre uma fusão das linhagens colaterais do mesmo ramo em relação a um ramo colateral; por exemplo, no diagrama, L e M constituem uma única linhagem menor, H, enquanto opostos a I, e não linhagens separadas; e D e constituem uma única linhagem máxima, B, em oposição a C, e não linhagens separadas. Daí duas linhagens que são iguais e opostas serem compostas em relação a uma terceira, de tal forma que um homem é membro de uma linhagem em relação a um determinado grupo e não membro dela em relação a um outro grupo qualquer. Os valores de linhagem são, assim, essencialmente relativos, tais como os valores tribais, e mais adiante sugerimos que os

O SISTEMA DE LINHAGENS

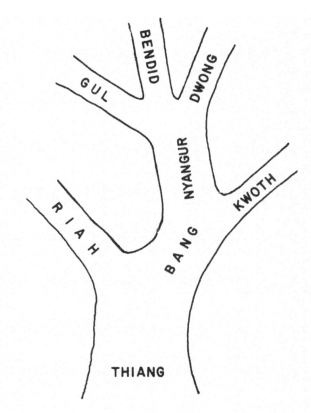

processos de segmentação de linhagens e de segmentação política são, até certo ponto, correspondentes.

Dado que os seres humanos se propagam, poder-se-ia supor que os clãs cada vez mais se distanciam de seus fundadores, e que os representantes vivos de um clã cada vez mais se separam na estrutura das linhagens. Não cremos, porém, que é isso que ocorre. Em teoria, todo homem é um fundador em potencial de uma linhagem, mas, na realidade, as linhagens originam-se de muito poucos nomes. Os demais, por uma razão ou outra, caem fora, de modo que apenas determinadas linhas de descendência são lembradas. Também nas linhas que persistem há nomes que caem fora dos graus de ascendência até o fundador do clã, de modo que a distância em gerações do fundador de um clã até o dia de hoje permanece razoavelmente constante. Quando discutimos a contagem de tempo nuer, levantamos a hipótese de que há sempre essa diferença entre uma verdadeira genealogia e a genealogia que os Nuer acham ser verdadeira. A prova de tal afirmação depende parcialmente de um estudo comparado das genealogias da África oriental e parcialmente de um estudo das genealogias nuer. Men-

208   OS NUER

cionamos algumas das razões que, surgindo de reflexões sobre genealogias nuer, levaram-nos a essa conclusão, já que a validade de alguns aspectos, desenvolvidos mais adiante no capítulo, depende de sua aceitação.

1. Todos os clãs principais têm cerca de dez ou doze gerações a contar de hoje até os ancestrais que os originaram. Não há motivos para supor que os Nuer começaram a existir há dez ou doze gerações. 2. Quando se pergunta a um Nuer sua linhagem, ele a diz em referência a um ancestral, o fundador de sua linhagem mínima, que se situa de três a seis (geralmente entre quatro e cinco) graus de ascendência a contar de hoje. Esses graus são determinados e sobre eles todos concordam. Isso é compreensível, dado que cinco graus representam um homem, seu pai, seu avô, seu bisavô e o avô de seu avô, e dado que os homens ensinam aos filhos os nomes dos antepassados imediatos. É evidente que, depois de cinco ou seis gerações, os nomes dos ancestrais são perdidos. É frequente que os jovens não os saibam, e existe muita confusão e desentendimento entre pessoas mais velhas. O fundador da linhagem menor deve ser situado nalgum lugar entre o fundador da linhagem mínima e o fundador da linhagem maior; o fundador da linhagem maior deve ser situado nalgum lugar entre o fundador da linhagem menor e o fundador da linhagem máxima; e o fundador da linhagem máxima, entre o fundador da linhagem maior e o fundador do clã. Os nomes desses fundadores de ramos de linhagem devem ser incluídos nalgum lugar da linha de ascendentes, e em ordem definida, porque são pontos significativos de referência. Não interessa se outros nomes entram ou não na linha, e sua ordem não importa. Consequentemente, alguns informantes os incluem e outros os deixam de lado, e alguns os colocam numa ordem e outros em ordem diferente. É evidente, além do mais, que, já que a linhagem mínima consiste de quatro ou cinco graus reais de ascendência, ocorreu um encurtamento da linha agnática que parte do fundador da linhagem mínima e vai até o fundador do clã, pois o fundador da linhagem mínima era, ele mesmo, a extremidade de outra linhagem mínima que se tornou, graças ao aumento de gerações, a linhagem menor, e assim por diante. Consequentemente, mesmo que o suposto fundador do clã fosse seu real fundador, deveria haver pelo menos dezesseis graus a partir dele até os dias de hoje, supondo-se que as linhagens mínimas tiveram sempre o mesmo caráter que têm atualmente. A distância entre as bifurcações na árvore de descendência logicamente deveria ser a mesma, enquanto que aquilo que podemos chamar de ponta de galho é mais comprido do que o ramo ou tronco de onde parte. 3. Existe outra maneira pela qual somente os ancestrais significativos, isto é, ancestrais que formam o vértice de um triângulo de descendência, são denotados nas árvores genealógicas, e os ancestrais irrelevantes, isto é, ancestrais que não dão nome a um grupo de descendentes, caem na obscuridade e, finalmente, no esquecimento. Não só há elos que caem fora da linha direta de descendência, como também há linhas colaterais que se fundem. Fica claro pelo estudo das genealogias nuer que os descendentes de um ou dois irmãos tornam-se numerosos e dominantes, enquanto que os descendentes de outros extinguem-se e os descendentes de ainda outros são relativamente poucos e fracos e prendem-se (como será explicado mais adiante), através da participação na vida local e corporativa, a uma linha colateral mais forte e dominante. São assimilados a essa linha nas referências comuns à linhagem e eventualmente são inseridos nela em virtude do deslocamento de seu fundador, que transforma-se em filho, ao invés de irmão, do fundador da linhagem dominante. Parece ser comum a fusão de linhas colaterais nas partes mais distanciadas de uma linhagem, e pa-

Il. XXII:

a) Gado pastando (Leek).

b) Acampamento de gado próximo a um reservatório na floresta no começo da estação seca (Lou).

rece ser mais frequente e necessário quanto mais nos aproximamos do ancestral comum. É necessário porque, conforme veremos mais adiante, o sistema de linhagens fornece um dos princípios da organização política.

A forma estrutural dos clãs permanece constante, enquanto que as linhagens reais, em qualquer ponto do tempo que as consideremos, são altamente dinâmicas, criando novas bifurcações e fundindo as antigas. Elas podem, por conseguinte, ser apresentadas como árvores. Contudo, uma apresentação mais útil para a análise sociológica é em termos de distância estrutural, pois as linhagens são grupos de agnatos vivos, e a distância existente entre eles varia de acordo com as posições relativas que cada um ocupa na estrutura do clã. Assim, no diagrama abaixo, a linha AB representa o clã JINACA. A distância agnática entre a linhagem mínima MAR e outras linhagens do mesmo clã é representada tanto na linha AB, quanto em sua dimensão temporal, pelos pontos de convergência em ascendência na linha BC. Quanto mais ampla a agnação especificada, mais distante estará o ponto de convergência, de tal modo que a profundidade de uma linhagem (a linha vertical de ascendência) está sempre em proporção com sua largura (a linha da base que representa os grupos de linhagem vivos no sistema de clãs).

Um clã nuer, portanto, é um sistema de linhagens, estando o relacionamento de cada linhagem com todas as outras marcado na estrutura do sistema por um ponto de convergência na linha ascendente. A distância até esse ponto constitui o que chamamos de profundidade temporal de uma linhagem. Em teoria, o relacionamento genealógico entre quaisquer dois membros de um clã pode ser traçado por esse ponto, e os Nuer podem realmente traçá-lo se

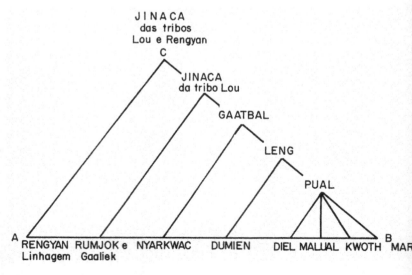

quiserem dar-se ao trabalho. Entretanto, eles não consideram necessário conhecer o relacionamento genealógico exato entre pessoas que se sabe que são parentes distantes em virtude de serem membros de suas respectivas linhagens. Assim, é suficiente que um homem da linhagem GAATBAL saiba que outro homem é da linhagem GAALIEK, sem que tenha de saber qual a descendência exata, pois essas duas linhagens mantêm entre si um determinado relacionamento estrutural, e, portanto, os dois homens situam-se, um em relação ao outro, nessa distância. Os Nuer estão familiarizados até certo ponto – em geral, até os fundadores de suas linhagens mínima e menor – com a amplidão total de seus relacionamentos genealógicos. Além desse ponto, eles calculam o parentesco em termos de linhagens. Para um Nuer, é necessário saber não só que determinado homem é membro do mesmo clã que ele, como também a qual linhagem ele pertence, ao decidir questões de exogamia e cerimonial. O relacionamento existente entre uma linhagem e outras do mesmo clã não é um relacionamento igualitário, pois as linhagens são unidades estruturalmente diferenças que se situam a distâncias estruturais diferentes e exatas.

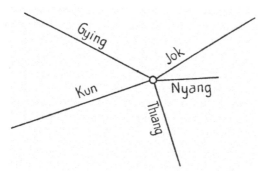

É interessante observar como os próprios Nuer imaginam um sistema de linhagem. Quando desenham no chão várias linhagens relacionadas, eles não as apresentam de maneira como nós as imaginamos neste capítulo (como uma série de bifurcações de descendência, como uma árvore de descendência ou como uma série de triângulos de ascendência), mas como várias linhas que partem, formando ângulos variados, de um ponto comum. Assim, na parte ocidental da terra dos Nuer, um homem ilustrou algumas das linhagens GAATGANKIIR, usando os nomes de seus fundadores, desenhando a figura acima no chão. Essa representação e os comentários que os Nuer fizeram sobre ela mostram vários fatos significativos sobre a maneira como o sistema é encarado. Eles o veem, fundamentalmente, enquanto relações concretas entre grupos de parentes dentro de comunidades locais, mais do que enquanto uma árvore de descendentes, pois nem todas as pessoas que dão nome às linhagens originam-se de um único indivíduo. Jok, Thiang e Kun são três filhos de Kir e fundadores das linhagens máximas GAAJOK, GAAJAK e GAAGWONG, do clã GAAT-GANKIIR. Thiang e Kun aparecem próximos porque, em conjunto, eles formam a moldura de linhagens da tribo gaajak. A linhagem Gying não faz parte do clã GAATGANKIIR, mas aparece perto da Kun por causa da proximidade da seção *reng*, da qual faz parte, com a seção *gaagwong*. Nyang aparece como uma linha curta ao lado de Jok porque, embora a linhagem que se origina nele pertença ao grupo de linhagens fundadas por Thiang, seus membros vivem na tribo gaagwang junto com uma linhagem que descende de Jok e a tribo gaagwang está intimamente associada à tribo gaajak. Os Nuer, excetuando-se certas situações rituais, avaliam clãs e linhagens em função de suas relações locais. Aí encontra-se a importância desses grupos para este estudo.

IV

As linhagens nuer não são comunidades cooperativas, localizadas, embora frequentemente sejam associadas a unidades territoriais, e os membros de uma linhagem que vivem numa área associada a ela consideram-se um grupo residencial, e o valor, ou conceito, de linhagem funciona, assim, através do sistema político. Cada aldeia nuer está associada a uma linhagem, e, embora os membros desta não raro constituam apenas uma pequena parcela da população da aldeia, a comunidade da aldeia é identificada com eles de tal forma que podemos falar dela como um agregado de pessoas em torno de um núcleo agnático. O agregado é identificado linguisticamente com o núcleo pelo fato de que a comunidade da aldeia é designada pelo nome da linhagem. É apenas em relação a regras de exogamia, a certas atividades rituais e, de modo muito limitado, à responsabilidade por homicídios, que é preciso considerar as linhagens como grupos completamente autônomos. Em geral, na vida social, eles funcionam dentro de comunidades locais, de todos os tamanhos, da aldeia até a tribo, e como parte delas.

Raramente um Nuer fala de sua linhagem como sendo diferente de sua comunidade e estando em oposição a outras linhagens que fazem parte da comunidade fora de um contexto cerimonial. Observei um Nuer, que sabia exatamente o que eu queria, tentar descobrir para mim o nome da linhagem de um desconhecido. Frequentemente ele tinha grande dificuldade inicial para fazer com que o homem compreendesse qual a informação que estava sendo pedida, pois em geral os Nuer pensam em termos de divisões locais e das relações existentes entre elas; uma tentativa de descobrir as afiliações de linhagem fora de suas relações comunitárias e fora de um contexto cerimonial, levava em geral a um mal entendido nas etapas iniciais da investigação.

O SISTEMA DE LINHAGENS

Mais uma vez, aqui, devo fazer referências ao termo *cieng*, que tem sido uma fonte de confusão nos estudos sobre os Nuer. Normalmente, um Nuer não diz que é membro de tal (*thok dwiel*) linhagem quando denota sua posição social, mas diz que é membro de uma determinada comunidade local, *cieng*. Assim, ele diz que é membro do *cieng mar*, do *cieng pual*, do *cieng leng*, do *cieng gaatbal*, etc. (ver diagrama na p.209). O que ele está dizendo é que é membro de um grupo de pessoas que vivem juntas numa aldeia, distrito, ou seção tribal. Nas situações ordinárias da vida quotidiana, é irrelevante se ele é ou não membro das linhagens de que essas comunidades locais adotam os nomes. Além do mais, dado que no discurso comum um nome de linhagem possui uma conotação local, mais do que uma estrita conotação de parentesco, aqueles que partilham da vida da comunidade com os membros da linhagem falam de si mesmos como se também fossem membros dela, porque politicamente identificam-se a ela. Assim, não raro a palavra *cieng* é usada num sentido ambíguo que deixa indeterminada a filiação de linhagem, já que é irrelevante, e consequentemente pode ser difícil, sem uma sondagem profunda, descobrir a qual linhagem um homem pertence.

Um *cieng*, no sentido de "casa", recebe o nome de seu proprietário; por exemplo, a casa de Rainen é chamada "*cieng* Rainen". Quando Rainen morrer e sua casa for ocupada por seus filhos e irmãos mais moços e sobrinhos, estes poderão chamar a aldeola com seu nome, e será dito que eles todos são membros do *cieng* Rainen. Se Rainen era um homem importante e vier a gerar uma forte linha de descendentes, toda a aldeia, onde vivem seus herdeiros agnatos e os estrangeiros que se casaram com estes ou que de alguma forma ficaram vinculados a eles, pode ficar conhecida como "*cieng* Rainen". Com o tempo, seus descendentes multiplicam-se e constituem o núcleo de uma seção tribal que é chamada "*cieng* Rainen". Daí acontece que muitas seções tribais recebem o nome de pessoas, por exemplo, *cieng* Minyaal, *cieng* Dumiel, *cieng* Wangkac, etc. Assim, uma linhagem torna-se identificada na fala com o território que ocupa; por exemplo, o distrito ocupado pela linhagem maior de WANGKAC é conhecido como *cieng* Wangkac. Um Nuer, portanto, fala da comunidade local e da linhagem que constitui seu núcleo político como se fossem termos intercambiáveis. Ele chega até mesmo a falar de *cieng* WANGKAC quando se refere à linhagem WANGKAC. Esse hábito confunde os europeus, uma vez que a linhagem WANGKAC e as pessoas que vivem na seção *wangkac* não são, em absoluto, as mesmas.

Se se perguntar a um Lou qual é seu *cieng*, está-se perguntando onde ele mora, qual é sua aldeia ou distrito. Suponhamos que ele responda que seu *cieng* é o *cieng* Pual. Pode-se então perguntar do que faz parte seu *cieng*, e ele dirá que é parte do *cieng leng*, nome de uma seção tribal terciária. Se o interrogatório continuar, ele irá informar que o *cieng leng* faz parte do *cieng gaatbal*, uma seção tribal secundária, e que o *cieng gaatbal* é um divisão da seção primária *gun* da tribo Lou. Mas ele não terá dito nada sobre sua filiação a um clã. Ele pode ser ou não membro da linhagem PUAL, que faz parte da linhagem LENG, que faz parte da linhagem GAATBAL, que faz parte do clã de JINACA ou GAAT-GANNACA (o povo de Nac ou os filhos dos filhos de Nac). Da mesma forma, se um Jikany disser que pertence aos *cieng* Kwith dos Gaajok, não se deve concluir que descende de Kwe (Kwith), que descende de Jok, fundador da linhagem GAAJOK do clã GAATGANKIIR (os filhos dos filhos de Kir). Ele pode meramente querer dizer que vive numa seção tribal ocupada pela linhagem KWITH desse clã. Mas esses homens não dirão que não são membros das linhagens dominantes nessas seções, e deixarão que se pense que o são, pois nas relações de comunidade existe um certo grau de assimilação linguística de todos os residentes, além dos membros da linhagem dominante, a essa linhagem, e as pessoas não querem ver ressaltado publicamente o fato de que são estrangeiros à área tribal, especialmente se forem de origem dinka.

A assimilação de laços comunitários à estrutura de linhagens, a expressão da filiação territorial em termos de linhagem e a expressão da filiação a uma linhagem em termos de fixação territorial são o que tornam o sistema de linhagens tão significativo para um estudo da organização política.

V

Ao dar ênfase às relações entre linhagens e comunidades locais, falamos principalmente daquelas linhagens que são segmentos dos clãs dominantes nas diferentes tribos. São elas que possuem a maior importância política. Falaremos sobre elas com maiores detalhes em outras seções. Agora faremos uma descrição preliminar de como elas estão associadas aos segmentos tribais e como agem nesses segmentos enquanto moldura da estrutura política.

Os dois diagramas seguintes mostram as principais linhagens dos clãs dominantes entre as tribos lou e jikany do leste e as maiores seções tribais onde são dominantes. As linhas de descendência são traçadas apenas até onde é necessário para ilustrar o assunto que se segue. Elas podem ser comparadas com as árvores de descendência dos dois clãs e com os mapas da pp. 67-69, que mostram a distribuição das seções das duas tribos.

TRIBO LOU

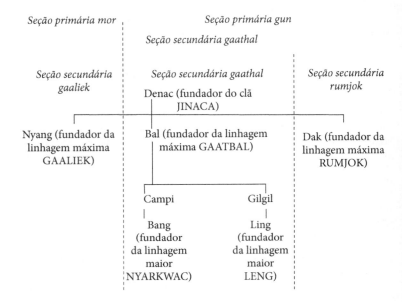

O SISTEMA DE LINHAGENS

Na tribo Iou, vê-se que os descendentes de Nyang, filho de Denac, formam o núcleo da seção secundária *gaaliek*; que os descendentes de Bal, outro dos filhos de Denac, formam o núcleo da seção secundária *gaatbal*, e que os descendentes de Dak, seu terceiro filho, formam o núcleo da seção secundária *rum-jok*. As seções mostradas no mapa que não aparecem na árvore genealógica são as seções *jimac ejaajoah*, cujos núcleos de clã são de origem estrangeira. Deve-se deixar claro que, quando uma seção tribal é chamada com o mesmo nome de uma linhagem, isso não significa que todos os membros da linhagem vivam nela, embora seja provável que a maioria o faça, e por certo não significa que somente eles vivem nela, pois as investigações mostram que eles formam apenas uma pequena minoria da população total da seção. Grandes linhagens estrangeiras são incluídas na área, sendo designadas por um título tomado de qualquer dos filhos de Denac, como, por exemplo, a linhagem THIANG na seção primária *gaatbal*. Existem também inúmeras linhagens pequenas, de Nuer estrangeiros ou de Dinka, que se agrupam em torno de linhagens da descendência GAATNACA. Assim, visitando-se as aldeias e acampamentos de gado que recebem os nomes das linhagens que se originam da linhagem máxima GAALIEK (por exemplo, as linhagens de JAANYEN e KUOK), será visto que estão ocupados por um número relativamente pequeno de pessoas dessas linhagens, enquanto que a maioria dos residentes terão suas origens em outros clãs nuer e dinka. Assim, no acampamento de gado em Muot Dit, em 1930, havia não apenas várias linhagens mínimas do ramo RUE da linhagem máxima RUMJOK do clã GAATNACA, os "donos" do local, como também uma linhagem KAANG da região *lang*, uma linhagem KAN da região *bul*, uma linhagem KONG da região *lang*, todos segmentos de clãs dominantes a oeste do Nilo, e muitas linhagens dinka. Igualmente, na aldeia de Parkur, na região *leek*, em 1930, as aldeiolas eram ocupadas por uma linhagem NYAPIR do clã dominante GAATBOL, uma linhagem CUOR dos Dinka que está intimamente associada ao clã JIKUL, uma linhagem GENG da região *beegh*, uma linhagem RUAL da região *bul*, uma linhagem KWACUKUNA do clã JIMEM, e outras.

Os descendentes de Jok[1], Kir formam o núcleo aristocrático da tribo gaa-jok; os descendentes de Thiang[2] Kir e Kun-Kir, os núcleos aristocráticos da tribo gaajak; e os descendentes de Gwang-Jok e Nyang-Thiang formam, juntos, o núcleo aristocrático da tribo gaagwang. No mapa da p. 67, os nomes dessas linhagens aparecem como seções tribais, pois deram seus nomes às áreas onde são dominantes. Assim, os nomes de três linhagens maiores descendentes de Jok – LAANG, YOL e WANGKAC – constam do mapa como *laang, yol* e *wangkac*. Nenhuma das linhagens estrangeiras possui tamanho suficiente para dar seu nome a uma grande divisão tribal, embora deem seus nomes a pequenas seções e aldeias[3]. Mais uma vez não se deve supor que os descendentes de Jok formem mais do que um fragmento da tribo gaajok. Da mesma forma, a tribo gaagwang compreende muitos elementos estrangeiros que provavelmente su-

---

1. Também chamado Majok.

2. Também chamado Mathiang.

3. Os nomes de aldeias em geral são nomes de lugares e não nomes de linhagens, mas pode-se fazer referência a essas comunidades empregando-se o nome de suas linhagens principais. Não raro acontece que essas linhagens são de descendência estrangeira ou dinka, e, embora as comunidades possam ser chamadas pelos nomes dessas linhagens, reconhece-se que os lugares pertencem às linhagens do clã dominante da tribo. Portanto, uma aldeia pode estar associada a duas linhagens. Assim, JUAK, NGWOL, etc. da tribo leek são linhagens estrangeiras ou dinka que dão nome às comunidades de aldeias, mas a localização destas constitui a terra da linhagem KEUNYANG e somente esta constitui *diel* nela.

216 OS NUER

peram em número os descendentes de Nyang-Thiang e Gwang-Jok. O mesmo pode ser dito da tribo gaajak. A linhagem GAAGWONG está associada tão intimamente com a linhagem GAAJAK na vida tribal que elas formam, em conjunto, um núcleo gêmeo da tribo gaajak. As seções secundárias de *lony*, *kang* e *tar*, mostradas no mapa, são todas chamadas com o nome das linhagens que se originam de Thiang-Kir. Da mesma forma, as seções secundárias de *nyayan*, *cany* e *wau* são chamadas pelo nome das linhagens que se originam de Kun-Kir. Portanto, a única seção constante do mapa que não aparece no diagrama é a seção primária de *reng*, cujas divisões *kong* e *dhilleak* possuem núcleos de clã de origem diversa das outras seções.

Em todas essas tribos e seções tribais, existe muita mistura de linhagens dentro das comunidades. As mesmas condições são encontradas no vale do Zeraf e também, talvez em menor grau, na parte ocidental da terra dos Nuer. Os Nuer dizem que as disputas e as lutas entre as linhagens levaram, em especial, a sua dispersão e podem citar muitos exemplos. Assim, os descendentes de Nyang--Thiang deixaram os outros filhos de Thiang e juntaram-se às pessoas com quem formam a tribo gaagwang, e a linhagem NYARUNY deixou seus parentes da seção primária *thiang*, juntando-se à seção primária *reng* da tribo gaajak. Depois de lutas, toda uma comunidade, conduzida por sua linhagem dominante, pode assim mudar--se para uma seção ou tribo diferente e ali fixar residência permanente. A migração levou a uma maior dispersão, dado que algumas linhagens permaneceram em sua terra natal a oeste do Nilo enquanto outras atravessaram o Nilo e o Zeraf, estabelecendo-se a leste desses rios. Os Nuer dizem que, nos primeiros estádios da migração, os guerreiros costumavam fazer incursões contra os Dinka, retornando para o seio de seus parentes após cada investida. Neste caso, estabeleceram-se no leste, mas mantiveram-se em contato íntimo com os indivíduos de sua linhagem no oeste. Mas, na medida em que se mudaram para mais longe, os contatos diminuíram e finalmente, em muitos casos, cessaram. Quando as linhagens migraram, já deveriam ter sido núcleos de acréscimos heterogêneos e não grupos exclusivos de agnatos: mas a mistura sem dúvida foi apressada e completada com esses movimentos.

É provável que dois fatores, além da migração, das lutas, casamento interno, etc., tenham contribuído para a dispersão das linhagens. Os Nuer são fundamentalmente um povo de pastores com predominantes interesses pastoris e não se sentem ligados, por necessidade econômica ou laços rituais, a nenhum lugar em especial. Lá onde estiver seu gado, o Nuer terá sua casa; sua lareira é feita com o esterco de seu gado, e seu altar é uma vara leve (*riek*) que ele finca onde estiver. Os espíritos que lhe deu proteção e os fantasmas dos ancestrais que zelam por seu bem-estar tampouco estão ligados a um lugar, e estão presentes lá onde estiverem os rebanhos. Os animais dedicados aos fantasmas e espíritos são seus

O SISTEMA DE LINHAGENS 217

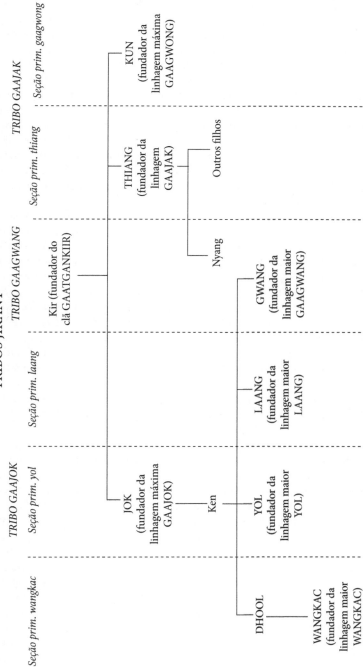

santuários ambulantes. Da mesma forma, os Nuer não têm nenhum culto organizado dos espíritos ancestrais. Os mortos são enterrados rápida e toscamente em túmulos não visitados e esquecidos; só em casos muito raros é que lhes são feitos sacrifícios e não há lugares santos associados a eles.

Assim, os Nuer sempre se sentiram livres para perambular como bem lhes agradasse, e se um homem se sente infeliz, sua família doente, seu rebanho declinando, sua horta exaurida, inadequadas as suas relações com alguns de seus vizinhos, ou simplesmente se está desassossegado, muda-se para um setor diferente da região e vai morar com alguns parentes. Dificilmente um homem parte sozinho, uma vez que os irmãos constituem uma corporação e, especialmente se são filhos da mesma mãe, permanecem juntos. Assim, como resultado de disputas, não raro um grupo de irmãos abandona uma aldeia e se estabelece em outro lugar. Dizem os Nuer que normalmente vão para a casa de uma irmã casada, onde têm certeza de serem bem recebidos. Ali são respeitados como *jiciengthu*, parentes por afinidade de casamento, e seus filhos aceitos como *gaat när*, filhos do irmão da mãe, enquanto que as pessoas às quais se juntam são, para eles, *cieng conyimar*, o povo do marido de minha irmã, e *gaat nyal*, os filhos de uma mulher agnata, e *gaat waca*, os filhos da irmã do pai. Um homem que muda de residência torna-se assim membro de uma comunidade diferente e entra em relação íntima com a linhagem dominante daquela comunidade. Quando um homem *gaatiek* me disse: "Agora que vim para ficar em *cieng* Kwoth sou um homem de *cieng* Kwoth", ele estava querendo dizer que, com exceção das situações cerimoniais, ele se identificava mais com a linhagem KWOTH do que com sua própria linhagem.

Mesmo um só homem é uma linhagem em potencial, e com mais razão o são vários irmãos. Uma linhagem mínima, e portanto uma linhagem menor, começa a existir tendo apenas um *status* ritual em relação a outras linhagens do clã, enquanto que, com o povo em cujas aldeia e distrito seus membros cresceram, ela tem interesses mútuos e experiências comuns. O grupo se desenvolve assim numa linhagem diferente. Produz casamentos internos com outras pessoas de seu próprio lugar, e esses casamentos internos ocorrem tão frequentemente, às vezes, com a linhagem dominante do distrito, que casamentos ulteriores entre elas tornam-se impossíveis sem o rompimento das normas do incesto. Deste modo, as linhagens emaranham-se umas nas outras e uma trama de relações entre cognatos une todos os membros da comunidade. Apenas algumas dessas linhagens se estabelecem e sobrevivem como linhagens. Muitas ou morrem ou perdem a maior parte de sua individualidade, ligando-se a linhagens mais amplas e mais fortes através de processos que explicaremos posteriormente.

l. XXII:

a) Pesca com lanças numa represa (Gaajok orientais).

b) Pesca com arpão no lago Fadio (Lou).

No entanto, uma linhagem nuer nunca se funde inteiramente com outro clã. Sempre há certas práticas rituais que não podem ser partilhadas. Se o casamento interno cria laços comunitários entre duas linhagens, por esse mesmo ato ele as torna distintas, uma vez que só é possível o casamento entre aqueles que não pertencem ao mesmo grupo agnato; e ainda que duas linhagens se casem entre si em tal proporção que as relações cognatas se tornem um impedimento a mais casamentos entre ambas, cada uma delas pode casar com linhagens colaterais do clã da outra e com os filhos de suas filhas. Se um elo mitológico instaura uma união mais estreita entre elas, isso constitui também uma lembrança de suas diferentes linhas de descendência que explica, de fato, como é que pessoas de descendência diferente estão vivendo juntas amistosamente. Assim uma linhagem, por mais afastada que esteja de sua terra natal e por mais longe que esteja de seus parentes, nunca é inteiramente absorvida ou perde sua herança ritual. Uma linhagem só pode misturar-se com uma linhagem colateral do mesmo clã.

Mas embora as linhagens mantenham sua autonomia, o valor delas só atua dentro do campo restrito do cerimonial e, portanto, apenas ocasionalmente se constitui num determinante do comportamento. Valores comunitários são aqueles que constantemente dirigem o comportamento, e atuam num conjunto de situações sociais diferentes do dos valores da linhagem. Enquanto os valores da linhagem controlam relações cerimoniais entre grupos de agnatos, os valores comunitários controlam relações políticas entre grupos de pessoas vivendo em aldeias, seções tribais e tribos separadas. Os dois tipos de valores controlam planos distintos da vida social.

Como explicaremos nas seções seguintes, é apenas a íntima associação entre uma tribo e seu clã dominante, e linhagens de algum modo relacionadas com este clã dominante, que torna politicamente importante o princípio agnático na estrutura da linhagem, pois estas linhagens atuam como valores no sistema político que lhes dá uma substância corporativa.

VI

A despeito de tanta dispersão e mistura de clãs, existe em cada tribo uma relação definida entre sua estrutura política e o sistema de clãs, pois em cada tribo um clã, ou linhagem máxima de um clã, está associado com um grupo político no qual ocupa uma posição dominante sobre outros grupos agnatos que moram ali. Além do mais, cada um de seus segmentos tende a associar-se com um segmento da tribo, de tal modo que existe uma correspondência, e não raro uma identificação linguística, entre as partes do clã e as partes da tribo. Assim, comparando-se os diagramas das pp. 155 e 202 e tomando o clã A como o clã dominante da tribo B, as li-

O SISTEMA DE LINHAGENS

nhagens máximas B e C correspondem às seções primárias X e Y, as linhagens maiores D e E correspondem às seções secundárias X_1 e X_2, as linhagens maiores F e G correspondem às seções secundárias Y_1 e Y_2, e as linhagens menores J e K correspondem às seções terciárias Z_1 e Z_2. As linhagens mínimas estão associadas às aldeias que compõem as seções terciárias. É por essa razão que dissemos que o clã dominante forma uma moldura, dentro da qual é construído o sistema político da tribo através de uma série complexa de laços de parentesco. O sistema de linhagens do clã dominante constitui um arcabouço conceitual sobre o qual colocam-se as comunidades locais formando uma organização de partes relacionadas, ou, como preferimos dizer, um sistema de valores ligando os segmentos tribais e fornecendo a linguagem em que suas relações podem ser expressas e dirigidas.

Os JINACA da região Lou viviam originalmente com seus parentes, JINACA da região Rengyan, a oeste do Nilo, mas separando-se deles e tendo atravessado o Nilo, conquistaram a atual região Lou. Aqui foram os primeiros ocupantes ou, ao menos, os elementos mais fortes entre os primeiros ocupantes. É provável que os homens JINACA atravessassem frequentemente o Nilo para juntar-se com seus parentes do leste e fundir-se com eles. Tais pessoas tornavam-se de imediato membros do clã dominante e eram chamadas de *diel*, membros do grupo aristocrático das linhagens. Porém membros de outros clãs que se fixaram na região Lou durante ou depois da ocupação eram classificados como estrangeiros (*rul*). Da mesma forma, as linhagens do clã GAATGANKIIR que cruzaram o Nilo e fixaram-se a norte do Sobat tinham ali uma posição privilegiada entre outros Nuer que se juntaram a eles.

Toda tribo nuer possui, desse modo, seu *diel*, seu clã superior, embora no caso de algumas tribos não tenhamos certeza quanto à designação correta desses clãs. Entre os Gaawar, são os GAAWAR, entre os Thiang, são os (GAA) THIANG, entre os Leek são os GAATBOL, entre os Wot e provavelmente também entre os Ror, são os JIDIET, entre os Begh são os JIKOI, etc. Quando não se sabe o nome correto do clã, podemos referir-nos a esses elementos dominantes como os aristocratas (*diel*) ou os "touros" (*tut*) da tribo tal, como fazem frequentemente os próprios Nuer; por exemplo: um *dil* ou *tut bura*, um aristocrata da tribo bor, *dil* ou *tut wotni*, um aristocrata da tribo wot, *dil* ou *tut beeka*, um aristocrata da tribo beegh, *dil* ou *tut laka*, um aristocrata da tribo lak, etc. Pode-se sempre falar de uma linhagem ou clã aristocrático usando seu nome próprio ou tomando como referência a tribo onde ocupa a posição privilegiada; por exemplo: GAATNACA, filhos de Nac, ou *diel looka*, aristocratas da tribo lou, GAATBOL, filhos de Bul, ou *diel leegni*, aristocratas da tribo leek.

Existem quatro pontos essenciais a serem lembrados a respeito desses clãs aristocráticos.

1. Nem todo clã ocupa uma posição superior numa tribo. Alguns clãs, por exemplo, os JIMEM e os JAKAR, não têm *wec*, ou seja, não têm comunidade local, como dizem os Nuer. Outros têm os territórios das aldeias onde residiram por muito tempo e que recebem seu nome, mas não são *diel* na tribo onde esses territórios

222 OS NUER

se situam. Muitos são como mudas que perderam todo contato com o tronco original; estes podem ser de imediato designados como linhagens dinka que surgiram de imigrantes e cujos descendentes por vezes conhecem a região Dinka de onde são originários, mas não conhecem sua posição no sistema de linhagens. Consequentemente, não podem traçar sua ascendência por tantas gerações quanto um Nuer verdadeiro, e suas linhagens são mais estreitas em amplidão e territorialmente mais restritas. Podem ser encontrados em pequenos bolsões locais dentro de uma tribo única, enquanto que os clãs nuer estão distribuídos por muitas tribos.

2. Nem todo membro de um clã nuer vive na tribo onde ocupa posição de superioridade, dado que a maioria dos clãs é encontrada em todas as partes da terra dos Nuer. A maioria dos JINACA vive nas áreas tribais lou e rengyan, onde são os *diel*, mas muitos são também encontrados entre as tribos jikany do leste e em outras partes. Da mesma forma, a maioria dos GAA-WAR vive na região Gaawar, mas também são encontrados na maioria, se não em todas, das tribos nuer. As tribos são grupos territoriais com uma extensão social ininterrupta, enquanto que os clãs são grupos de parentesco amplamente dispersos. Consequentemente, uma tribo é uma comunidade e pode ter funções de cooperação, mas um clã jamais é uma comunidade e jamais pode agir cooperativamente. A tribo lou reúne-se para fazer guerras. Os JINACA jamais se reúnem. E, também, um homem pode mudar de tribo ao mudar o local onde reside, mas jamais pode mudar seu clã. Um Lou que passe a viver na região Gaawar, torna-se um Gaawar. Um JINACA permanece um Nac onde quer que more.

3. Como ressaltamos anteriormente, um clã não é numericamente preponderante na tribo em que é dominante; por exemplo, os JINACA constituem apenas uma pequena minoria na tribo lou, e a linhagem GAAJOK constitui apenas uma pequena minoria na tribo gaajok.

4. Um homem só é um *dil*, aristocrata, na tribo em que seu clã tem uma condição superior. Assim, um *dil Leegni*, um aristocrata da tribo leek, só é um aristocrata ali e em nenhum outro lugar. Se se muda para a região Bul ou para uma das regiões Jikany, não é mais um *dil*, porém um *rul*, estrangeiro. Do mesmo modo, um membro dos JINACA é um *dil* na região Lou, mas, como fazem muitos de seu clã, se ele vai morar na região Gaajok não será um *dil* mas um *rul*, estrangeiro. Os JINACA são *diel booka*, mas os GAAJOK são *diel gaajok*. A condição de *diel* depende do fato de se residir em terras possuídas pelo clã. A única exceção a este princípio encontra-se em casos onde o clã é dominante em duas ou mais tribos, por exemplo, os JINACA em Lou e Rengyan e os GAATGANKIIR nas regiões Jikany a oeste e a leste do Bahr el Jebel. Se um homem dos JINACA muda-se de Rengyan para Lou,

O SISTEMA DE LINHAGENS

ele continua a ser um *dil*, pois ambas as regiões pertencem ao mesmo clã. Do mesmo modo, um homem da linhagem GAAJOK dos GAATGANKIIR pode mudar-se de Gaajok para Gaagwang ou para a região Gaajak, de ambos os lados do Nilo, e continuar a ser um *dil*, pois várias linhagens de seu clã são dominantes em todas estas tribos.

Como a maioria das palavras que denotam uma posição sociológica, *dil* é utilizada pelos Nuer em vários contextos, com vários significados. Neste livro, é utilizada com o sentido que lhe foi dado no parágrafo anterior. No entanto, é possível usar a palavra para denotar um membro verdadeiro de uma linhagem qualquer, quer seja ou não dominante na tribo. Por exemplo, a linhagem JUAK da tribo leek é de origem dinka e não é *diel Leegni*, mas um homem que esteja entre eles obviamente poderá ser tanto um *dil Juaka*, um verdadeiro membro da linhagem JUAK, ou uma pessoa que se ligou a ela por uma outra razão. Do mesmo modo, é possível falar-se em *dil JIMEM*, embora não exista tribo na qual os JIMEM tenham estatuto de *diel*, pois alguém pode ser um verdadeiro membro do clã ou um Dinka que se ligou a ele. Também um membro dos JINACA que abandona a região Lou e fixa-se em Gaajok continua a ser um *gat dila Looka*, um filho da aristocracia lou, e se designará com esse título, o que significa que quando está na região Lou é uma aristocrata.

As palavras "*tut*" ou "*gat twot*", filho do touro, são usadas do mesmo modo que "*dil*" e "*gat dila*". Aqui, outra vez, alguém pode ser um *tut* em sua linhagem, em contraste com o acúmulo de estrangeiros e Dinka que vivem no distrito associados a ela, sem ser um *tut* da tribo da qual faz parte aquele distrito; por exemplo, um homem pode ser um *tut* da seção secundária *jaajoah* da tribo lou sem se um *tut Looka*, pois o clã aristocrata de toda a região Lou são os JINACA, e os JAAJOAH não são membros desse clã. Em outras palavras, um homem pode chamar-se um *tut* dos Jaajoah para ressaltar que ele é do clã JAAJOAH e não apenas da tribo jaajoah, mas com isto ele não quer dizer que seja um *tut Looka*. Num sentido ainda mais geral, *tut* pode significar apenas, como observamos, um *pater famílias* ou mesmo uma pessoa do sexo masculino. Deve-se considerar o contexto em que a palavra está para se poder traduzi-la. Neste livro, usamos as palavras *tut ougat twot* no sentido, definido nas pp.190 e s., de pessoa mais velha, e usamos *dil* com referência a um aristocrata tribal.

É difícil encontrar, em inglês, uma palavra que descreva adequadamente a posição social dos *diel* numa tribo. Chamamo-los aristocratas, mas não pretendemos dizer que os Nuer os consideram como de grau superior pois, como ressaltamos enfaticamente, a ideia de alguém predominando sobre os demais lhes repugna. No conjunto – explicaremos esta colocação mais adiante – os *diel* têm mais prestígio do que posição, e mais influência do que poder. Se você é um *dil* da tribo em que vive, você é mais do que um membro da tribo. É um dos donos da região, do terreno da aldeia, dos pastos, dos reservatórios de pesca e dos poços. Outras pessoas vivem ali em virtude de casamentos feitos com membros de seu clã, da adoção pela sua linhagem ou algum outro laço social. Você é um líder da tribo, e o nome-de-lança de seu clã é invocado quando a tribo entra em guerra. Sempre que há um *dil* numa aldeia, esta se agrupa a seu redor assim como o gado se agrupa ao redor de seu touro.

Descrevi a posição dos *diel* tal como julguei que fosse na tribo lou. Tive a impressão de que a oeste do Nilo sua condição era menos destacada, enquanto que entre as tribos jikany orientais, na periferia da expansão nuer, era mais acentuada. Na área dos Karlual da tribo leek, única região dos Nuer ocidentais que conheço mais do que superficialmente, o prestígio aristocrático de um *diel* é reconhecido, mas há clãs de estrangeiros tão bem e há tanto tempo encravados nos distritos e aldeias em que hoje se encontram, que um *dil* não tem nenhum privilégio legal. Numa observação superficial, cheguei à conclusão de que as condições eram as mesmas entre os Nuer ocidentais, com exceção, talvez, dos Jikany, onde a condição dos *diel* pode ser mais destacada. Entre os Jikany orientais encontra-se uma insistência maior sobre a diferenciação social e o privilégio legal. A categoria dos *diel* tende a ser mais acentuada nas tribos maiores do que nas tribos menores, e quando se examinar sua função estrutural se entenderá o porquê.

Numa aldeia nuer ou num acampamento de gado raramente há mais que umas poucas famílias de *diel*. A maioria das pessoas são *rul*, Nuer ou outros clãs, *ou jaang*, pessoas de descendência dinka que não foram adotadas pelas linhagens nuer. Um *rul* é um Nuer que em certas tribos não é um *dil*, embora possa ser *dil* em outras tribos. Já expliquei como as linhagens se separam de seus grupos localizados de parentesco, perambulam, juntam-se a outras pessoas ou outros clãs e se tornam membros de uma nova comunidade. Este processo me foi bem descrito por um homem da tribo dok. Membros de uma linhagem geram filhos, tornam-se numerosos e espalham-se através da região, andando por aqui, por ali, por toda parte. A seguir, as relações íntimas entre eles cessam e vão viver no meio de outros clãs que se relacionam de longe com eles. Moram entre estes como amigos e aos poucos forjam novas relações cognatas através de casamentos internos. Por conseguinte, as linhagens se misturam demais em todas as comunidades locais.

Os Nuer também dizem que *dil* algum mora num meio social composto inteiramente por companheiros de aristocracia, pois as linhagens de *diel* se separam e os segmentos procuram autonomia tornando-se núcleos de novas aglomerações sociais nas quais são os elementos aristocratas. Assim, as linhagens de *diel* se separam não apenas em virtude de dissensões internas, mas porque um homem de personalidade gosta de estabelecer-se ali onde será uma pessoa importante, ao invés de permanecer como irmão mais moço num grupo de parentes mais velhos e influentes. Disseram-me que esse processo através do qual qualquer homem, especialmente um *dil*, pode tornar-se líder local é sentido como enraizado em seu sistema social, e é a razão pela qual eles se opõem à criação, pelo go-

XXIII:

a) Aspecto do **kraal** de acampamento (Lou).

b) O rio Sobat na estação seca (Lou).

verno, de uns poucos "chefes" locais cuja posição tende a tornar-se formal, permanente e hereditária. Para eles, isto constitui uma interpretação rígida da condição social, baseada em qualificações territoriais e não em qualificações pessoais, e que estabiliza a superioridade de um único homem ou única linhagem. Todo homem de posição acha que deveria ser um chefe. Daí não se deve concluir que um homem deve ser um aristocrata para ganhar influência sobre seus companheiros de aldeia. Pode ser um *tut* de alguma outra linhagem que não a dominante que, por seu caráter destacado, foi capaz de estabelecer-se, e a seu grupo de parentes, como líderes sociais em sua localidade.

Existe, portanto, em toda tribo, alguma diferença de *status*, mas as pessoas assim diferenciadas não constituem classes, e "estrangeiros" e "Dinkas" devem ser encarados antes como categorias do que como grupos. A relação que mantêm com os aristocratas no sistema tribal e o modo pelo qual os diferentes elementos se integram nas comunidades serão objeto de nossa atenção em capítulos posteriores.

VII

É apenas na avaliação em gado de raça que as diferenças sociais entre aristocratas e estrangeiros nuer têm maior importância e, neste caso, apenas entre as tribos jikany, especialmente entre os Jikany orientais. Entre os Jikany orientais, os parentes de um *dil*, aristocrata, morto deviam ser compensados com o pagamento de mais gado do que o devido aos parentes de um *rul* (estrangeiro) ou *jaang* (Dinka) mortos. Não é fácil saber a que ponto esse privilégio era obedecido ou mesmo descobrir as avaliações em gado de raça. Sem dúvida existia uma considerável elasticidade no reconhecimento de quem podia ser considerado um *dil* em situações de homicídio, e muita variação no número de reses pagas por homicídio. Muitos informantes declararam que na época pré-governo, um verdadeiro nuer, chamado nas tribos jikany de *gat Geeka*, valia a mesma coisa que um Jikany *dil* quando se tratava de avaliação em gado de raça, e me deram a seguinte relação: um aristocrata jikany, 40, um estrangeiro nuer, 40, um Dinka adotado por um aristocrata jikany, 20, um Dinka adotado por um Nuer estrangeiro, 20, e por um Dinka não adotado, 6. Em épocas mais recentes, foram considerados como normais os seguintes pagamentos: aristocrata jikany, 20, estrangeiro nuer, 17, Dinka permanentemente estabelecido na região, 16, Dinka estabelecido há não muito tempo, 10.

Eu não estava há tanto tempo entre os Jikany orientais de modo a poder investigar este assunto de modo mais completo, mas tive a impressão de que a segunda lista estava tingida na variação dos tributos, como certamente foi influenciada com relação aos totais dos pagamentos, por recentes decisões governamentais, embora os informantes que ma transmitiram tenham insistido que se baseava nos pagamentos antigos. Os aristocratas asseveraram que, no passado, pagava-se mais reses pelo homicídio de um aristocrata do que pelo de um Nuer estrangeiro. Membros de clãs nuer que não o GAATGANKI, que se estabeleceram nas tribos jikany, asseguraram-me que os pagamentos eram os mesmos em ambos os casos. Sem dúvida estavam tentando influenciar as práticas governamentais com suas declarações. No conjunto, acredito que entre os Jikany orientais provavelmente havia uma diferença entre os pagamentos por homicídio de

O SISTEMA DE LINHAGENS 227

aristocrata e de estrangeiro, mas que havia muita flexibilidade nos pagamentos, que em geral dependiam das circunstâncias especiais de cada caso: o tamanho da casa do morto na região, alianças de casamento entre sua família e as linhagens aristocratas, a força de sua linhagem e de sua comunidade local, o fato de ter sido morto por membro de sua aldeia ou por alguém de outra aldeia, e assim por diante. Provavelmente o mesmo é verdadeiro quanto às tribos jikany ocidentais, onde me disseram que o pagamento habitual por um aristocrata era de 40 a 50 reses, por um estrangeiro estabelecido na região, 30, e por um Dinka que estivesse morando por ali mas que ainda não havia construído uma casa, 20. A prática dos Jikany não é típica dos Nuer em sua totalidade.

No entanto, em toda a terra dos Nuer, os Nuer e os Dinka eram diferenciados através do pagamento de seu valor em gado de raça, embora a definição de um Dinka, sob este aspecto, variasse nas diferentes tribos. Entre os Lou, a prática era identificar aristocratas e estrangeiros através do total de 40 reses. Um Dinka nascido em região Lou tornava-se um Nuer (*caa nath*) e um membro da comunidade na qual estava vivendo (*caa ran wec*), de modo que também sua vida valia 40 reses. Por outro lado, um Dinka capturado em guerra e levado para a região Lou valia 16 reses, enquanto um Dinka em visita a parentes ou afins na região Lou valia apenas 6 reses. Disseram-me que um Dinka adotado tinha posição inferior à de seus filhos, que eram considerados Nuer verdadeiros. Nas tribos jagei, Nuer estrangeiros e Dinka que eram membros permanentes da comunidade aparentemente valiam 40 reses, como um aristocrata, enquanto um estrangeiro ou Dinka que ainda não tivesse construído um estábulo valia apenas 10.

A construção de um estábulo era importante porque um homem que construísse uma casa numa aldeia tinha claramente a intenção de permanecer ali e a comunidade ganhava um acréscimo em seu rebanho. Um homem nestas condições parece ter sido reconhecido como aristocrata em todas as partes da terra dos Nuer, exceto entre os Jikany onde, como me disseram, um Dinka jamais perdia sua condição inferior, transmitida a seus descendentes. A aceitação de um membro permanente de uma comunidade como sendo um aristocrata concorda com a tendência geral entre os Nuer segundo a qual a descendência se subordinava à comunidade, tendência que ressaltaremos constantemente.

Destacaremos novamente o ponto que chamamos atenção na seção sobre o direito, aquele no qual o grau de responsabilidade atribuído a um dano, as possibilidades de indenização oferecidas e o total pago como compensação dependem das relações das pessoas envolvidas na estrutura social. Assim, se um homem mata um Dinka não adotado, agregado a sua própria casa, um Dinka que não nasceu entre os Nuer, não há reparação, mas seu agrupamento doméstico protegerá seus Dinka contra estranhos e vingará as mortes que aconteçam. Dol, que é de descendência dinka, disse-

-me: "Se você ofende um Dinka de sua casa, muito bem, você ofendeu e pronto. Se ele ficar zangado, você lhe diz que o matará e que nada acontecera. Você simplesmente limpará a lança no chão e a pendurará. Mas se um outro homem ofender um Dinka de sua casa, você lutará com ele, pois o Dinka é seu irmão. Você perguntará ao homem se ele é seu Dinka ou Dinka dele".

A posição de um Dinka em seu próprio círculo doméstico é, assim, diferente de sua posição em relação aos membros de um grupo maior. Ele é apenas um *jaang* para a família conjunta que o considera como "um homem deles". Para as pessoas que não pertencem a esta família conjunta, ele é um membro daquela *gol*, família conjunta, e não cabe a eles estabelecer uma diferença de *status* dentro dela. Disseram-me que, se uma pessoa de fora chama um Dinka desse tipo de "*jang*", os filhos do homem que o tivesse capturado se ofenderiam com o insulto e poderiam dar início a uma luta para limpar a afronta, pois para eles o Dinka é "*demar*", "meu irmão", em relação aos de fora. Eles perguntam: "Quem é um *jaang*? Foi seu pai que o capturou ou foi nosso pai?" A aceitação de um Dinka nascido entre os Nuer como membro das casas e aldeias nuer é ainda mais acentuada.

O *status* de um Dinka é, portanto, relativo, e pode-se considerar que um homem em certa situação pertence a ele e em outras não. Com toda evidência, é isto o que acontece com a vida social em geral, porque normalmente ninguém diferencia um homem de descendência dinka de um outro de descendência nuer, e acreditamos que aconteceu a mesma coisa nas questões de homicídio, uma vez que a situação social compunha-se das relações estruturais do assassino e seus parentes com o homem morto e outras pessoas envolvidas na disputa. Em nossa opinião, as incertezas e as contradições sempre evidentes nas declarações dos Nuer a respeito dos pagamentos de gado de raça como indenização devem ser atribuídas à relatividade do *status* social, sempre relativo à distância estrutural entre as pessoas e, portanto, não definível em termos rígidos.

Do mesmo modo, *rul* é um conceito muito elástico. Se um Leek vai para a região *gaajak* para roubar gado e é morto, nenhuma compensação é paga por esse homicídio. Um Leek viajando através de território *gaajak* sem intenções de causar perdas a seus donos não seria assassinado sem provocar o pagamento da compensação. Se estivesse visitando parentes ou afins e fosse morto numa disputa, seus anfitriões se considerariam na obrigação de vingá-lo, embora não sentissem essa obrigação de modo muito acentuado. Mas um Leek que tivesse construído sua casa em território gaajak e casado dentro da aldeia onde reside é um membro daquela comunidade. Se um outro membro de sua aldeia o matar, pode-se argumentar que ela era um *rul* e, assim, sua morte será saldada com menos reses do que se se tratasse de um aristocrata. Mas se

O SISTEMA DE LINHAGENS 229

um membro de outra aldeia o matar, sua comunidade provavelmente não aceitaria esta definição de seu *status*, pois não se faz distinção entre os membros da própria comunidade com base na descendência em suas relações com outros segmentos políticos. Nas relações políticas, os laços comunitários são sempre dominantes e determinam o comportamento.

VIII

Observamos que, numa tribo, há três categorias de pessoas: *diel, rul* e *jaang*. Os *diel* constituem um clã aristocrata, numericamente ultrapassados na tribo pelos estrangeiros e Dinka, mas que fornecem a estrutura da linhagem sobre a qual se constrói a organização tribal. O problema é saber como os estrangeiros e os Dinka se ligam ao clã dominante de modo que o clã se torna, através das relações entre ele e os outros membros da tribo, a estrutura do sistema político. Como os Nuer identificam todos os laços sociais numa linguagem de parentesco, está claro que apenas o reconhecimento de laços mútuos de parentesco poderia levar a esse resultado. Este reconhecimento é feito de diversos modos. Começaremos examinando a adoção. Um Nuer não pode ser adotado por uma linhagem a não ser por aquela em que nasceu, de modo que esse costume diz respeito apenas aos Dinka.

Já descrevemos como os Nuer escarnecem dos Dinka e persistentemente realizam investidas contra eles, mas os Dinka que são membros permanentes de suas comunidades não são tratados diferentemente dos membros nuer, e vimos que pessoas de descendência dinka constituem provavelmente a metade da população da maioria das tribos. Esses Dinka são filhos de prisioneiros e imigrantes criados como Nuer, ou são prisioneiros e imigrantes residindo em caráter permanente entre os Nuer. São os "*Jaang-Nath*", "*Dinka-Nuer*" e, diz-se, os "*Caa Nath*", "eles se tornaram Nuer". Como explicamos, uma vez que se reconhecesse que pertencem a uma comunidade, na maior parte da região Nuer, sua condição legal é a mesma do Nuer, e é somente com relação ao ritual e às regras de exogamia que se chama a atenção para sua origem. Em relações estruturais de tipo político, são membros indistintos de um segmento. Embora em suas relações domésticas e de parentesco um Dinka não tenha uma posição tão sólida quanto a dos Nuer (uma vez que não tem a mesma gama de laços de parentesco), nunca observei que sofressem qualquer limitação em suas capacidades, e menos ainda qualquer degradação. Em resposta a minha pergunta se um Dinka capturado na verdade não trabalharia mais arduamente no *kraal* do que um filho da família, foi-me dito que ele era um filho e gozaria dos mesmos privilégios dos outros filhos, ganhando um boi de seu pai quando da iniciação e, mais tarde, gado

230 OS NUER

para presentear quando de seu casamento. Os únicos estrangeiros que sofrem uma séria desigualdade social são determinados setores marginalizados de Dinka e Anuak que foram conquistados mas não absorvidos pela sociedade e cultura nuer. Tais setores, como os *balak dinka* e os *anuak* no rio Sobat, não gozam nem dos privilégios dos cidadãos nuer, nem da liberdade dos estrangeiros. Esses setores não constituem verdadeiramente parte de uma tribo nuer.

Meninos dinka capturados quase invariavelmente são incorporados à linhagem de seus captores nuer através do rito da adoção, e figuram como filhos na estrutura da linhagem, assim como nas relações familiares, e quando as filhas dessa linhagem se casam, recebem o gado presenteado no casamento. Um menino dinka é criado como filho na casa de seu captor. É incorporado à família e à família conjunta através de sua aceitação como membro destes grupos pelos outros membros e pelos de fora. As pessoas dizem "*caa dil e cieng*" ou "*caa ran wec*", "ele se tornou membro da comunidade", e do homem que os capturou dizem "ele se tornou pai dele", e dos filhos deste, que "se tornaram irmãos do menino". Já é um membro do *gol*, a casa e a família conjunta. A adoção lhe confere uma posição na estrutura da linhagem e, com isso, *status* cerimonial, pois através da adoção ele se torna um membro da *thok dwiel* (linhagem) de seu captor.

Disseram-me que o captor raramente dará ele próprio ao menino a *buth*, filiação agnática a sua linhagem, e que o rito é normalmente realizado por um parente a pedido de seus filhos e com o consentimento de sua linhagem mínima. Um representante da linhagem convida o Dinka, agora crescido e iniciado, a participar do sacrifício de um boi ou carneiro em seu *kraal*. O chefe da família conjunta fornece o animal para o sacrifício e o representante da linhagem crava a estaca na terra diante da entrada do estábulo e para cima e para baixo no *kraal* invocando o nome-de-lança do clã e chamando os espíritos e fantasmas ancestrais da linhagem para que adotem o Dinka como membro da linhagem e submetido a sua proteção. A seguir ele lanceta o animal e o Dinka é untado com o conteúdo, não digerido, do estômago do animal, enquanto se pede aos fantasmas e espíritos que o aceitem. Ele é especialmente untado na sola dos pés, pois isto o liga a seu novo lar. Se o abandonar, morrerá. O animal é então cortado, e um filho da casa, ou o representante da linhagem, e seu novo irmão dividem a pele e o escroto, que o Dinka corta. O Dinka também fica com o pescoço. Em todas as ocasiões futuras em que se sacrifiquem animais pelos membros da linhagem, o Dinka receberá sua parte da carne, pois agora é membro dela. O corte do escroto é o ato simbólico que torna um homem membro da linhagem, porque somente um parente agnático pode cortar o escroto do animal de um sacrifício. "Um homem que tiver cortado o escroto do animal de outro, se tiver relações sexuais com a filha dele, morrerá".

Uma moça prisioneira não é adotada pela linhagem, mas as pessoas dizem "*caa lath cungni*"; "ela ganha o direito de receber gado para casar". "Seus filhos transformam-se em pessoas que partilham do gado presenteado no casamento". Isso significa que, quando ela se casar ou suas filhas se casarem, os filhos da família que a criou receberão as reses devidas a irmãos e tios maternos, e que, em troca, quando as filhas dos filhos e filhas da família se casarem, ela, ou seus

XXIV:

Um chefe
da pele de leopardo.

232   OS NUER

filhos, podem pretender receber a vaca devida à tia paterna e a vaca devida à tia materna. Ela se tornou filha de seu captor e irmã dos filhos dele, mas não é membro da linhagem deles.

Pela adoção, homens dinka são enxertados na linhagem de seus captores. Eles traçam sua ascendência pela linhagem até os ancestrais e se tornam um novo ponto no crescimento dela. A fusão é completa e final. Os espíritos da linhagem tornam-se seus espíritos, as almas tornam-se suas almas, e o nome-de-lança e nome honorífico tornam-se símbolos seus. De fato, é quase impossível, sem uma prolongada estadia numa aldeia ou acampamento nuer, descobrir quem é e quem não é de origem nuer pura. Durante semanas, considerei alguns homens como sendo Nuer verdadeiros, enquanto eram descendentes de Dinka capturados, pois um homem cujo avô dinka tenha sido adotado por uma linhagem nuer, considera-se tanto membro da linhagem quanto o homem cujo avô adotou seu ancestral, e ele é assim considerado pelos outros membros da linhagem e demais pessoas em geral. Assim, quando um homem dá sua descendência partindo de E e passando por D e C, e outro homem dá sua descendência partindo de E, passando por J e K, supõe-se naturalmente que D e J são filhos de E. Não há modo de saber se, com efeito, J era um Dinka aprisionado que foi adotado pela linhagem, a menos que alguém forneça essa informação espontaneamente – acontecimento muito pouco provável na terra dos Nuer. Além do mais, não é de boa educação perguntar a estranhos se seus avós foram Dinka aprisionados, e – mesmo que sejam de origem dinka – eles não o dirão logo. É claro que sempre se pode perguntar a outras pessoas; mas somente as que são membros da mesma linhagem têm probabilidades de conhecerem plenamente os ancestrais de alguém e elas, com certeza, não dirão que ele é de origem dinka, dado que é um parente agnático no que diz respeito a estranhos.

Um número muito grande de Dinka em todas as tribos foram incorporados, por adoção, às linhagens nuer. Já que, conforme disse antes, os Dinka adotados e seus descendentes podem casar-se com linhagens colaterais, não é exato dizer que eles são adotados pelos clãs. Provavelmente a maioria dos Dinka capturados foram adotados pelas linhagens nuer, mas existem também muitas linhagens dinka que descendem de homens que vieram de livre e espontânea vontade fixar-se na terra dos Nuer, quer para escapar à fome (causada em grande parte pelas pilhagens dos Nuer) em sua terra, quer para visitar irmãs capturadas, quer para reocupar locais de onde haviam sido expulsos pelos Nuer. Tais imigrantes não eram perturbados, e permitia-se que eles se fixassem ou voltasse à terra dos Dinka como quisessem. Um Dinka que decidisse fixar-se, tornava--se *o jaang* (seu dinka) e o *rand* (seu homem) de algum Nuer, e este

O SISTEMA DE LINHAGENS   233

lhe daria uma vaca ou talvez duas quando tivesse dado provas de sua fidelidade e apego a seu novo lar. Disseram-me que ele pode até mesmo receber uma filha da casa em casamento, sem pagamento da riqueza de matrimônio, se esta fosse cega ou manca e Nuer algum pensasse em casar-se com ela. Não raro alguma viúva vive em concubinato com um desses Dinka, que assim obtém uma "esposa" no sentido de cozinheira, governanta e companheira; e mesmo que os filhos que ela der à luz não contem como descendentes dele, ele pode fazer-se amar por eles. Se um Dinka se fixar na casa do marido nuer de sua irmã, pode ser que o marido lhe dê uma vaca ou duas como reconhecimento da afinidade.

Deve ter havido também setores de ocupantes originais dinka em regiões invadidas pelos Nuer, que se renderam e abandonaram sua língua e seus hábitos em favor daqueles dos Nuer. Em todo caso, existem hoje, em todas as tribos, muitas pequenas linhagens dinka e não raro há aldeias que recebem seu nome. Tais linhagens são numericamente preponderantes nas comunidades onde fiquei a maior parte do tempo, o acampamento Yakwac e a aldeia Nyueny. A maneira como essas linhagens se entrelaçam com a textura de linhagem do clã dominante da tribo é discutida nas próximas duas seções.

A seguir resumiremos alguns pontos que já emergiram de nossa descrição da posição dos Dinka em relação aos Nuer. 1. *Jaang* (Dinka) tem muitos significados: qualquer estrangeiro habitualmente pilhado pelos Nuer, Dinka que vive na terra dos Dinka e é saqueado pelos Nuer, Dinka de setores não absorvidos na terra dos Nuer ou em seus confins, imigrantes dinka recentes, certos clãs que dizem ser de origem dinka (por exemplo, o *Gaatgankiir*), membros de pequenas linhagens dinka que são Nuer sob todos os aspectos menos na origem, descendentes de Dinka adotados e Dinka adotados. Somente se pode julgar o significado que um Nuer atribui à palavra pelo contexto e tom com que é falada. 2. Nossa discussão atual diz respeito somente aos Dinka que são considerados membros de uma tribo nuer. Seu *status* é relativo à situação social em que surge a questão do *status* e não pode ser definido rigidamente. 3. A conquista nuer não levou a um sistema de classes ou um sistema simbiótico, mas, graças ao costume da adoção, absorveu os Dinka conquistados em seu sistema de parentesco e, através do sistema de parentesco, admitiu-os em sua estrutura política em base de igualdade.

IX

Grande número de Dinka que não foram capturados quando eram crianças não são adotados pelas linhagens nuer, e os Nuer estrangeiros não podem ser adotados nas linhagens do clã dominante ou em quaisquer outras linhagens nuer. Não obstante, os membros de todas as comunidades locais, enquanto se veem como segmentos distintos em relação a outros segmentos locais, expressam as relações de uns com os outros em função do parentesco. Isso é causado pelos casamentos mútuos.

Mencionaremos as regras de exogamia de modo tão breve quanto for possível e somente enquanto têm influência direta sobre o sistema político. Em geral, os Nuer contraem matrimônio dentro de sua tribo, embora algumas vezes casem com mulheres de outras tribos, especialmente quando vivem perto dos limites. Algumas vezes também ocorre que um homem se case numa tribo e depois, levando mulher e família, vá viver em outra tribo. Em tempos recentes, tem havido casamentos ocasionais com os Ngok e provavelmente com outras tribos dinka. Não há regras de exogamia baseadas na localização. As regras são determinadas por valores de linhagem e parentesco. Um homem não pode se casar com uma mulher de seu próprio clã e, *a fortiori*, de sua linhagem. Na maioria dos clãs, um homem pode se casar com um membro do clã de sua mãe, mas não da linhagem máxima, embora essa regra seja menos exata. Um homem não pode se casar com qualquer mulher com quem esteja de alguma maneira aparentado. Um Dinka adotado por uma linhagem não pode se casar com uma mulher dessa linhagem, mas pode fazê-lo com linhagens colaterais do mesmo clã.

As regras de exogamia foram descritas apressadamente. Não obstante, achamos que são importantes, pois os valores que regulam, em especial o comportamento das pessoas na sociedade nuer, são os valores de parentesco. As regras nuer de exogamia rompem a exclusividade dos grupos agnáticos forçando seus membros a se casarem com membros de fora e, assim, a criar novos laços de parentesco. Dado que as regras também proíbem o casamento entre cognatos próximos, uma comunidade local pequena como uma aldeia logo se transforma numa rede de laços de parentesco e seus membros são compelidos a procurar companheiros fora dela. Qualquer estranho que entre na aldeia, se já não está aparentado com a maioria de seus membros, rapidamente entra em relações de afinidade com eles, e seus filhos se transformam em parentes. Consequentemente, a população de uma aldeia ou acampamento de gado nuer pode ser colocada numa única tabela genealógica, mostrando linhas de descendência e afinidade, e, dado que a afinidade é fundamentalmente um relacionamento pelo parentesco, podemos dizer que todos os membros de uma aldeia ou acampamento estão unidos por laços de parentesco e, portanto, estão genericamente impedidos de casar com membros da mesma. Consequentemente, são forçados a tomar esposas de aldeias vizinhas de seu distrito. Normalmente, um homem casa com uma moça que viva a uma distância que permita visitas. Daí uma rede

O SISTEMA DE LINHAGENS

de laços de parentesco estender-se por um distrito e ligar de maneiras diversas os membros de grupos políticos diferentes.

Encarado sob o ângulo de uma única aldeia, o círculo de relações próximas de parentesco limita-se a um pequeno raio que tende a se tornar cada vez mais restrito e as relações mais distantes à medida que nos aproximamos de sua periferia. A circunferência de tal círculo, porém, é interceptada por outros círculos, de tal modo que não há limites para a extensão de uma série contínua de laços de parentesco. As regras exogâmicas, portanto, impedem a formação de grupos agnáticos autônomos e cria extensos laços de parentesco dentro, e além, da estrutura tribal. Assim o sistema de parentesco supera os vazios da estrutura política, por meio de uma cadeia de elos que unem membros de segmentos opostos. São como elásticos que permitem que os segmentos políticos se desfaçam e se oponham e, contudo, sejam mantidos juntos. Essa relação entre parentesco e estrutura política coloca uma série de problemas complexos. Desejamos, aqui, demonstrar apenas um ponto: a maneira como as linhagens dominantes servem de moldura política pelo acréscimo de outras linhagens a elas dentro das comunidades locais.

Já vimos a maneira pela qual toda comunidade local está associada a uma linhagem, e que os membros dessa linhagem que vivem na comunidade são numericamente superados pelos membros de outras linhagens. Também vimos como todos os membros da comunidade estão relacionados de um modo ou de outro através do parentesco. O que dá um padrão a esse complicado cruzamento de fios cognatícios é sua relação com a linhagem dominante da comunidade.

Os Nuer possuem uma categoria de *gaat nyiet*, filhos de moças, que inclui todas as pessoas que ocupam a posição de filho de irmã ou filho de filha numa linhagem. Enquanto um todo, a linhagem pode ser dita *gaat nyiet* em relação a outra, se entre elas existir um desses vínculos femininos em qualquer parte da linha de descendência, e. dado que deve existir o vínculo se as linhagens vivem na mesma comunidade (devido às regras de exogamia), conclui-se que as pessoas que vivem juntas são todas *gaat nyiet* umas em relação às outras. Contudo, é em relação à linhagem dominante de uma comunidade que o conceito é especialmente empregado e é importante em termos políticos. Quando as pessoas não são membros dessa linhagem, ressalta-se que elas são *gaat nyiet* quanto a ela. Os Nuer de outros clãs jamais podem identificar-se mais de perto com a linhagem dominante, porque, por razões rituais, eles precisam continuar como unidades autônomas, mas politicamente eles se somam a ela através dessa categoria de parentesco. Além disso, fora das situações rituais, ser *gaat nyiet* para uma linhagem dominante dá às pessoas completa igualdade com ela e o ato de elas se somarem a linhagem não raro é expresso em termos de estrutura de linhagem, de tal forma que é frequente um homem dar sua ascendência até a mulher da linhagem dominante que deu à luz um de seus ancestrais e, assim, enxertar-se, por meio dela, na árvore de descendentes da linhagem; embora isso normalmente seja feito mais pelos Dinka do que pelos Nuer, $ prática habitual, entretanto, para filhos de estrangeiros que foram criados na casa de seus parentes maternos, que são aristocratas, considerar-se como membros da linhagem de sua mãe, exceto em situações cerimoniais, e considerar os membros desta, mais do que os da linhagem de seu pai, como seus verdadeiros parentes.

Os Dinka que não foram adotados, normalmente traçam sua ascendência até uma mulher nuer ancestral e, através dela, enxertam-se numa linhagem nuer e são aceitos como membros dela nas relações sociais habituais. Assim, não raro um Dinka dá sua ascendência na linhagem dominante de sua comunidade através de uma mulher, e algumas vezes, através de dois ou três vínculos femininos, e, embora isso fique geralmente evidente graças aos prefixos femininos, nem sempre pode ser conhecido. Esses indivíduos dinka incorporam-se à estrutura de uma linhagem nuer através de suas mães, já que não possuem uma estrutura de linhagem própria. Isso não se confunde com o fato de ressaltar um vínculo feminino (*gaat nyiet*) que une um grupo de estrangeiros nuer ou de *dinka* à linhagem dominante de sua seção tribal e tampouco com os modos matrilineares de traçar a descendência devido às condições matrilocais de residência, o que pode ser temporário.

Devido as regras exogâmicas, as linhagens são assim ligadas por inúmeros laços cognatícios, de tal modo que, sejam quantas forem as linhagens de uma comunidade local, seus membros se relacionam mutuamente por meio de algum tipo de cognação e afinidade. Uma linhagem permanece como um grupo agnático exclusivo apenas em situações rituais. Em outras situações, ela se funda com a comunidade, e a cognação (*mar*) toma o lugar da agnação de linhagens (*buth*) enquanto valor, através do qual as pessoas que vivem juntas expressam suas relações mútuas. A estrutura agnática da linhagem dominante não é ressaltada em relações sociais comuns, mas somente no plano político que diz respeito às relações entre segmentos territoriais, pois a assimilação dos segmentos territoriais a segmentos da linhagem dominante significa que as inter-relações de uns são expressas em função dos outros.

Em todo segmento tribal pequeno existe uma linhagem do clã dominante da tribo associada a este segmento, e seus membros são juntados à linhagem por adoção, parentesco cognático ou ficções de parentesco, de tal modo que se pode falar deles como um acréscimo em torno de um núcleo de linhagem. Como esses diferentes núcleos são linhagens do mesmo clã ou, como veremos mais

Il. XXV:

a) A pirâmide de Ngundeng (Lou).

b) A pirâmide de Ngundeng (Lou).

238 OS NUER

adiante, estão assimilados a ele, a estrutura do clã dominante está para o sistema político como a estrutura anatômica para o sistema de um organismo.

X

Foi visto como os Dinka e os estrangeiros são ligados à moldura do clã dominante pela adoção e pela cognação, e como essas ligações formam um sistema de parentesco amplo, que fornece a textura não política do sistema político. Os valores de parentesco constituem as normas e sentimentos mais fortes na sociedade nuer, e todos os inter-relacionamentos sociais tendem a ser expressos em função do parentesco. A adoção e a assimilação de laços cognatícios pelos agnatícios são duas das maneiras pelas quais as relações comunitárias são traduzidas em relações de parentesco; pelas quais a vida em comum força as relações de residência a se amoldarem a um padrão de parentesco. Uma terceira maneira é pela criação mitológica de ficções de parentesco, e essa maneira é apropriada para as relações existentes entre as linhagens dominantes e os grupos estrangeiros ou dinka que vivem juntos nos mesmos segmentos tribais, que são muito grandes ou ocupam um território muito distinto para que ocorra a incorporação através de qualquer dos outros dois métodos. É a maneira pela qual grande quantidade de estrangeiros e de Dinka são incorporados à moldura conceitual de uma tribo.

Frequentemente tem-se ressaltado que as relações políticas muitas vezes são expressas no discurso como relações de linhagem, no sentido em que se fala de uma comunidade local como se fosse uma linhagem, assimilando, dessa maneira a uma linhagem dominante, aqueles que partilham da mesma vida comunitária com ela; e que as relações de linhagem muitas vezes são expressas como relações políticas, no sentido em que se fala de uma linhagem como se fosse idêntica à comunidade local da qual constitui apenas um núcleo, tirando dessa maneira à linhagem seu *status* agnatício único e dando-lhe um valor residencial geral. De acordo com esse modo de descrever as inter-relações comunitárias, elas são personificadas em mitos e derivadas de relacionamentos pessoais do tipo de parentesco.

Não nos propomos a fornecer uma coletânea de mitos nuer. Até agora mencionamos apenas um mito que explica as inter-relações de grupo: aquele que diz por que os Nuer saqueiam os Dinka. Existem pouquíssimos mitos desse tipo geral. A maioria relaciona-se a clãs e linhagens, em sua forma cooperativa territorializada e explica suas associações recíprocas, enquanto tribos e segmentos tribais, especialmente as relações entre as linhagens dominantes e as grandes linhagens estrangeiras que vivem com elas. Nem sempre podemos explicar as relações mitológicas pelo

O SISTEMA DE LINHAGENS 239

sistema político atual, mas podemos fazê-lo com frequência e, onde deixamos de fazê-lo, atribuímos nossa falta de habilidade à ignorância, especialmente à ignorância da história tribal.

As duas grandes seções tribais lou, jimac e jaajoah, que constam do mapa da p. 67, mas não da árvore do clã dos JINACA, o clã dominante da tribo, na p. 205, são divisões denominadas a partir das linhagens JIMAC e JAAJOAH. São chamadas *gaat nyiet*, filhos das filhas do fundador do clã JIMACA, e há um mito que explica este laço materno. De acordo com a história lou, diz-se que Denac teve quatro filhos, chamados Yin, Dak, Bal e Bany, de uma mulher, e Nyang e dois irmãos sem nome, de uma segunda mulher. Às vezes, se diz que estas duas esposas chamavam-se Nyagun e Nyamor, sendo que as duas seções primárias da tribo, *gun* e *mor*, receberam seus nomes com base no delas. Os dois irmãos de Nyang foram comidos por um ogre. Quando, algum tempo depois, os filhos de Denac foram pescar, os quatro filhos de uma mãe foram por um lado, sozinhos, e Nyang por outro lado, sozinho, pois não poderia acompanhar seus meio-irmãos, mas sentia falta dos filhos de sua mãe. Quando pegava um peixe, alguém vinha e o roubava, pois não tinha ninguém para protegê-lo e era apenas um menino. Quando voltou para casa, não quis sentar junto com os outros meninos, de frente para o pai, mas sentou-se isolado, de costas para ele, e quando o pai lhe perguntou por que estava assim, respondeu que estava pensando nos irmãos que o ogre tinha comido. Seu pai lhe disse: "Não tem importância, pegue suas duas irmãs e faça delas seus irmãos". Assim, quando Nyang ia pescar, era acompanhado por suas irmãs, Nyabil e Fadwai. Nyang é o fundador da linhagem GAA-LIEK, Nyabil, da linhagem JIMAC, e Fadwai da linhagem JAAJOAH. Estas linhagens reunidas formam a estrutura de parentesco da seção primária *mor* da tribo lou, e o mito explica a associação entre elas. Este laço materno não impediu casamentos internos entre os GAA-LIEK e os JIMAC. Com exceção das questões referentes ao ritual e a exogamia, os descendentes de Nyabil e Fadwai são tratados como se estas filhas tivessem sido filhos, e possuem uma patente mitológica que lhes atribui uma condição igual à dos *diel* na tribo. Traçando sua ascendência agnata, os membros destas linhagens não remontam além de suas duas ancestrais. A partir dali, a linha continua até o pai delas, Denac.

Na tribo gaawar, existe uma importante linhagem JAKAR que está mito-logicamente ligada aos GAAWAR, os aristocratas da tribo, da seguinte maneira. Um homem chamado Kar, ou Jakar, desceu do céu por uma corda que ligava o céu a uma árvore de tamarindo, provavelmente a árvore na região Lang sob a qual se diz que a humanidade foi criada. Mais tarde foi seguido por War, fundador do clã GAAWAR, que foi encontrado sentado na árvore pela irmã de Kar que estava apanhando gravetos para uma fogueira, acompanhada por seu cão. Ela voltou para contar a seu irmão que tinha encontrado um homem que tinha a cabeça coberta de sangue. Kar tentou persuadi-lo a ir para a aldeia, mas o outro recusou. Então sacrificaram um boi, assaram sua carne e o cheiro tanto atraiu a War, que estava com muita fome, que ele desceu da árvore e foi para a aldeia. Depois de comer, quis voltar para o céu, mas Kar cortou a corda. B.A. Lewis me forneceu gentilmente uma versão que ele considera menos co-mum, encontrada na tribo gaawar. War caiu do céu no meio de uma tempestade e foi descoberto por um cachorro que pertencia a Logh, mas que acompanhava a mulher de Kwec que estava procurando madeira no bosque, e War foi achado. A mulher de Kwec levou-o para casa e surgiu um litígio entre Kwec e Logh a respeito da posse da descoberta. Logh achava que tinha direito a War pois seu cachorro é que fizera a descoberta, e Kwec achava que o direito era seu porque

240 OS NUER

sua mulher é que o encontrara. Então Kar entrou na discussão dizendo que War era seu irmão.

Este mito coloca War, Kar e Logh numa espécie de relacionamento mútuo e deve ser explicado pelo fato de que os dois clãs centrais na tribo gaawar, após o clã aristocrata dos GAAWAR, são os JAKAR e os JALOGH. Os JALOGH são provavelmente o mesmo clã que vive ao sul do território Dok, onde uma pequena área tem seu nome. Kwec foi, sem dúvida, o fundador da linhagem KWEC, que deu seu nome a um pequeno território próximo à região dos Jalogh. Podemos depreender que, uma vez que ambas as linhagens se encontram atualmente na região Gaawar e num lugar a leste do Nilo, elas também mantinham relações estreitas com os GAAWAR quando os três clãs viviam em sua terra natal a oeste do Nilo.

A mitologia de clã mais rica é a dos *Gaatgankiir*, e ilustra claramente a integração mitológica das linhagens de diferentes origens com o sistema de linhagem dominante numa estrutura política, e demonstra como se atribuem valores de parentesco a relações territoriais.

Há inúmeras versões dos incidentes relacionados com Kir, o fundador do clã GAATGANKIIR, e daremos um resumo de uma delas. Um Dinka da tribo ngok, chamado Yul, viu uma haste de cabaças às margens de um rio e, seguindo-a por algum tempo, encontrou uma grande cabaça. Abriu a cabaça e dela saiu Kir com vários objetos rituais. A mulher de Yul amamentou a criança junto com seu próprio filho, Gying. Quando Kir cresceu, revelou ser um feiticeiro e um mágico, e os filhos de Yul tentaram matá-lo porque seus poderes malignos estavam destruindo o gado. Só Gying continuou amigo de Kir e lhe disse, quando ia fugir da casa de Yul, que um dia iria atrás dele e se reuniria a ele.

Em sua fuga, Kir chegou ao Nilo onde viu um homem, chamado Tik, e pediu-lhe ajuda. Tik separou as águas do Nilo em duas partes, e Kir atravessou para a outra margem, a ocidental. Kir disse a Tik que, quando tivesse encontrado um lugar para ficar, Tik deveria juntar-se a ele. Tik acompanhou Dir até que encontraram um homem da tribo wot que os levou para casa onde os JI-DIET, clã dominante dos Wot, sacrificaram um boi de modo a que os poderes letais da feitiçaria abandonassem os olhos de Kir e lhe permitissem olhar para as pessoas e para o gado sem matá-los. Então, Kir cavou um buraco para si num cupinzeiro perto de um campo de gado dos GAAWAR, onde realizou muitos feitos estranhos. Finalmente, os GAAWAR ofereceram sacrifícios e persuadiram-no a abandonar o cupinzeiro e levaram-no para o acampamento.

Foi dada uma esposa a Kir, Nyakwini, que gerou Thiang antes que ele a matasse com sua feitiçaria. Ele então casou-se com Nyabor, que gerou Kun. Ele também a matou. Deram-lhe então uma mulher manca, Duany, que gerou Jok. Nas versões dos Lou e dos Jikany orientais, as três mulheres eram todas filhas de Gee, fundador da família de clãs GAATGANGEEKA, e nas versões a oeste do Nilo, as duas primeiras eram GAAWAR e Duany uma NYAPIR da tribo bul, mas todas as versões dão Nyakwini e Nyabor como mais intimamente aparentadas uma com a outra do que com Duany, Depois de Duany ter gerado Jok, ela matou Kir com feitiçaria, pois ela era também uma feiticeira. Mais tarde Thiang, o filho mais velho de seu marido morto, passou a viver com ela e gerou Nyang.

Em todas as variantes do mito Kir, são ressaltados os papéis representados por Gying e Tik. Gying foi amamentado com ele e mais tarde juntou-se a ele e viveram juntos como irmãos. Quando Kir morreu, seus filhos mais velhos,

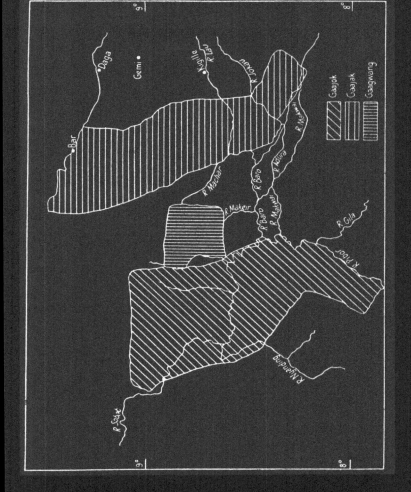

As tribos dos Jikany (segundo C. L. Armstrong).

242 OS NUER

Thiang e Kun, tinham gado, mas Jok, o mais moço, e Gying, não tinham. Thiang queria impedir que Gying adquirisse gado, mas Kun deu-lhe algumas cabeças, e Thiang disse que, nesse caso, Kun e Gying deveriam morar juntos. Tik havia salvado a vida de Kir e tinha ido morar com ele. Há uma outra história a respeito de como Gying e Tik foram ameaçados por um ogre e viveram na mesma choupana e se tornaram como irmãos, de modo que as linhagens descendentes destes dois não se casam entre si.

Sem registrar maiores detalhes, podemos observar como relações políticas concretas estão mitologicamente representadas nas personagens dessas histórias. Os dois segmentos mais amplos da tribo gaajak, que receberam seus nomes com base nos núcleos de estrangeiros, são a seção *kong*, cujo núcleo estrangeiro é a linhagem descendente de Tik, e a seção *dhilleak*, cujo núcleo estrangeiro é uma linhagem descendente de Gying, e estas duas seções vivem juntas como partes da seção primária *reng* (ver diagrama à p. 152, e mapa à p. 69). O mito relata também como Jok e Nyang são filhos da mesma mãe, Duany, tendo Jok sido gerado por Kir e Nyang por Thiang. Esta é uma representação mitológica da estrutura da tribo gaagwang que tem um núcleo de linhagem dominante descendente tanto de Nyang quanto de Jok, e também é uma representação das relações políticas entre as tribos gaagwang e gaajok, pois estas relações, especialmente a oeste do Nilo, estão intimamente associadas quando comparadas às relações mais distantes entre a tribo gaagwang e as seções primárias da tribo gaajak a *thiang* e a *reng* que também fazem fronteiras com elas. Thiang e Kun foram gerados por Kir e nasceram de mulheres geralmente representadas como irmãs, e as seções onde seus descendentes são dominantes são as seções primárias *thiang* e *gaagwong* da tribo gaajak, cuja terceira seção primária, os *reng*, possui núcleos que descendem de Thiang, Gying e Tik, cujos relacionamentos no mito já foram observados.

Em toda tribo nuer há estórias semelhantes que explicam as relações entre o clã aristocrata e grandes linhagens estrangeiras que vivem com ele. Outros mitos explicam as relações entre estas linhagens estrangeiras. Assim, as linhagens que vivem em Nyueny e nas aldeias vizinhas na região Leek, os *Juak, Ngwol, Jikul*, etc. estão todas mitologicamente relacionadas entre si e com o clã dominante da tribo leek. Estes mitos também explicam os símbolos e procedimentos rituais das linhagens neles mencionadas.

Inter-relações concretas de tipo político são assim explicadas e justificadas através das inter-relações mitológicas e, tanto quanto sabemos, sempre que grandes linhagens de clãs diferentes estão associadas politicamente existe um mito fazendo com que seus ancestrais tenham algum relacionamento social. Esse é o caso especialmente entre linhagens dominantes e linhagens estrangeiras ou dinka, e o vínculo mitológico dá a elas igualdade e fraternidade na vida comunitária, enquanto permite a exclusividade ritual e o casamento de membros de uma linhagem com membros de outra. A completa assimilação é impossível, pois é preciso que haja sempre uma distinção ritual, caso contrário os sistemas de clã e linhagens cairiam por terra. Os estrangeiros têm de ser incorporados na comunidade da linhagem dominante e excluídos de sua estrutura agnatícia.

O SISTEMA DE LINHAGENS

243

XI

Pela adoção, ou seja, pelo reconhecimento da equivalência dos laços cognáticos e agnáticos na vida comunitária, e pelos relacionamentos mitológicos, todas as pessoas de um segmento tribal possuem relacionamentos de parentesco mútuos, de um tipo ou de outro, e os próprios segmentos são dotados de um relacionamento mútuo de parentesco dentro do sistema político. Embora as categorias de *diel*, *rul* e *jaang* criem diferenciações sociais, fazem-no somente num plano ritual e doméstico, mais do que no plano político, e isso somente é indicado em determinadas situações da vida social.

Esse fato torna-se evidente pelo uso que os Nuer fazem das três palavras que denotam os três *status*. É comum que um Nuer, dirigindo-se às pessoas e falando em público delas, empregue palavras que denotam um relacionamento mais íntimo entre elas e diga mais do que o relacionamento real. Isso é feito comumente com termos de parentesco e também para definir o *status* de uma pessoa em sua tribo. Os Nuer não dão ênfase ao fato de alguém ser estrangeiro ou dinka referindo-se a ele como tal na vida social do dia-a-dia, pois o fato de não ser aristocrata é relevante em raras ocasiões: até certo ponto quando se trata do pagamento do gado por homicídio, em questões de exogamia e nos sacrifícios e festas. Um estrangeiro que tenha fixado moradia com aristocratas é tratado como um igual e considera-se como tal. As pessoas não o chamam de *rul*, pois ele é um membro de sua comunidade. Elas podem até chegar a referir--se a ele como um *dil*, por cortesia. Da mesma forma, as pessoas não falam de um Dinka adotado como "*jaang*", pois ele é, pela adoção, um irmão dos aristocratas ou de outras linhagens nuer. Normalmente não se fala dos Dinka residentes não adotados como "*jaang*", mas como "*rul*". Assim como os estrangeiros tendem a ser assimilados linguisticamente aos aristocratas, da mesma forma os Dinka tendem a ser assimilados aos estrangeiros, e as pessoas se referem apenas aos Dinka não conquistados da terra dinka com a expressão depreciativa "*jaang*". Os Nuer não fazem distinção de *status* entre pessoas que vivem com eles, partilham de suas lutas, gozam de sua hospitalidade, e são membros de sua comunidade em relação a outras. A comunidade da vida supera a diferenciação de ascendência.

Novamente ressaltamos que as designações "aristocrata", "estrangeiro" e "Dinka" numa tribo nuer são termos relativos, sendo definidos pelas relações das pessoas na estrutura social em situações específicas da vida social. Um homem é um estrangeiro, ou Dinka, em referência a algumas poucas situações, principalmente rituais, mas não é indicado como tal em outras ocasiões; e um homem é um estrangeiro ou Dinka em relação aos membros de um grupo social, mas estes não consideram que ele tenha um *status* diferenciado quando comparado com outro grupo. Um estrangeiro é estrangeiro para determinada pessoa, o estrangeiro dela, mas é uma delas *vis-à-vis* outras pessoas. Um Dinka é um Dinka em relação a determinada pessoa, é *dinka* para ela, mas é irmão dela *vis-à-vis* outras pessoas. Na estrutura política todos os membros de um segmento são essencialmente não diferenciados em suas relações com outros segmentos.

Como se explica que, entre um povo de sentimentos tão democráticos e tão pronto a expressá-los de modo violento, haja um clã que recebe uma posição de superioridade em cada tribo? Acreditamos que os fatos por nós registrados fornecem uma resposta em função da estrutura tribal. Muitas tribos nuer são grandes em área e população – algumas, muito grandes – e são mais do que expressões territoriais, pois já mostramos que elas possuem uma complexa estrutura segmentaria que os próprios Nuer encaram como um sistema. Como não há conselhos e chefes tribais ou qualquer outra forma de governo tribal, temos de procurar em outro lugar o princípio organizador dentro da estrutura, que lhe fornece coerência conceitual e uma certa dose de coesão concreta; e o encontramos no *status* aristocrático. À falta de instituições políticas que forneçam a administração central de uma tribo e que coordenem os segmentos desta, é o sistema de linhagens do clã dominante na tribo que dá a esta a diferenciação estrutural e a unidade, pela associação dos valores de linhagem, dentro de uma estrutura agnática comum, com os segmentos de um sistema territorial. À falta de um chefe ou rei, que poderia simbolizar a tribo, sua unidade é expressa na linguagem de afiliação a uma linhagem ou clã.

XII

No mito de Kir, não apenas são relacionados os ancestrais de linhagens importantes e, através delas, as linhagens e segmentos territoriais onde estão incorporadas, como também são vinculados os ancestrais dos clãs e, através deles, os clãs e as tribos onde esses clãs são dominantes. Assim Kir, nas várias versões do mito, é adotado por Gee, fundador da família dos clãs GAATGANGEEKA; encontra Wot, que personifica a tribo wot; tem relações com os GAAWAR, etc. O mito, portanto, também reflete relações inter-tribais e abarca toda a terra dos Nuer numa única estrutura de parentesco, que chamamos de sistema de clãs, em oposição ao sistema de linhagens de um clã.

O clã constitui a maior extensão em que o parentesco agnático é traçado quando está em questão o casamento de duas pessoas, mas alguns clãs possuem, não obstante, um relacionamento agnático com outros clãs (embora os Nuer não considerem esse relaciona-

XXVI:

b) Jovem (Gaajok do leste) depois de remover as cinzas do cabelo.

a) Jovem (Gaajok do leste) com o cabelo coberto de cinzas.

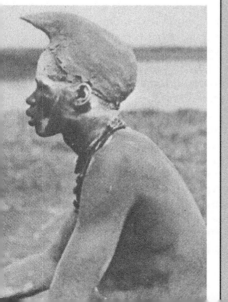

mento exatamente sob o mesmo prisma que o relacionamento entre as linhagens de um clã). Os Nuer dão a impressão, ao falarem do ancestral de um clã, que o consideram uma figura histórica, claramente delineada contra o pano de fundo da tradição, enquanto que, ao falarem do ancestral de uma família de clãs, parecem considerá-lo uma figura mais vaga, obscurecida pela penumbra do mito.

Notamos também aqui que as linhagens que são dominantes em mais de uma tribo, algumas vezes fazem parte da mesma estrutura de clã. Assim, as linhagens dominantes nas tribos gaajok, gaajak e gaagwang, a leste e a oeste do Nilo, são, todas, segmentos do clã GAATGANKIIR. Também as linhagens dominantes da tribo rengyan, a oeste do Nilo, e da tribo lou, a leste do Zeraf, são parte do clã JINACA. Essa distribuição pode ser facilmente explicada, já que sabemos que até recentemente as linhagens GAATGANKIIR e JINACA do leste viviam com as outras linhagens desses clãs nas áreas Jikany e Rengyan situadas a oeste do Nilo.

Existem também relacionamentos mais gerais e mitológicos entre os clãs. Quando relatam esses relacionamentos, os Nuer transformam as tribos em pessoas e lhes dão um valor de parentesco ao assimilá-las a seus clãs dominantes. Assim, eles falam de Bor, Lang, Lou, Thiang, Lak, etc. como se fossem pessoas e pudessem manter relações de parentesco como as que existem entre pessoas e como se todos os membros dessas tribos constituíssem uma mesma descendência. Ao fazer isso, eles ressaltam as relações de comunidade e obscurecem a diferenciação dos clãs dentro de um contexto político. Frequentemente esse hábito faz com que suas afirmações pareçam confusas, e mesmo contraditórias, porém ele está de acordo com uma forte tendência existente na vida social, como já vimos ao discutir os vários significados de palavra "*cieng*", tendência essa de identificar o sistema de linhagens com o sistema político dentro de um conjunto específico de relações.

Muitos Nuer consideram seus ancestrais Gee e Ghaak como os progenitores de todos os Nuer verdadeiros, embora se façam classificações diferentes em partes diferentes do território nuer. Entre os Lou, diz-se que todas as tribos descendem de Gee, exceto as tribos jikany e gaawar. Apenas estas são diferenciadas porque sua proximidade torna-as significativas para os Lou, enquanto que todas as demais tribos, que não têm relações diretas com os Lou, são classificadas de modo impreciso como filhos de Gee. Entre os Jikany do leste, todos os verdadeiros Nuer tendem a ser classificados como "Gee", em oposição a "Kir", os próprios Jikany. No vale do Zeraf e na parte ocidental da terra dos Nuer, onde as tribos têm uma gama muito mais ampla de contatos intertribais, existe uma gama mais ampla de diferenciação. As tribos nuer, ali, dividem-se em três classes: o grupo Gee, consistindo de Bor, Lang, Rengyan, Bul, Wot, Ror, Thiang e Lou, estende-se numa linha ininterrupta, de noroeste a

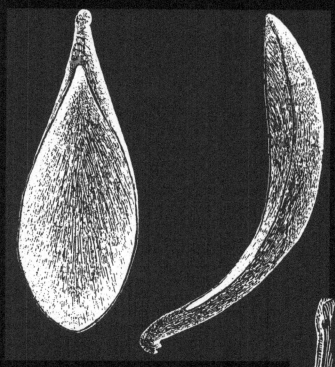

Fig. 14 – Colheres de chifre de búfalo.

Fig. 15 – Mangual de couro.

248 OS NUER

sudeste, através do centro do território nuer; o grupo Ghaak, consistindo de Nuong, Dok, Jaloogh, Beegh, Gaankwac e Rol, ocupa a parte sudoeste do território; e o grupo Ril, consistindo de Leek e Lak, ocupa os braços inferiores do Zeraf e do Ghazal perto da junção destes com o Nilo. Algumas vezes ouvi os Bul serem incluídos no grupo Ril. Entretanto, na região Dok e em áreas tribais adjacentes, as pessoas fazem uma distinção ulterior entre as tribos que em outros lugares são classificadas como filhos de Ghaak e dividem-nas num grupo Ghaak, compreendendo Beegh e Jaalogh, e num grupo Gwea, compreendendo Dok, Nuong, Gaankwac e Rol.

Nessas classificações notamos mais um exemplo do que frequentemente observamos em todos os outros lugares sobre as classificações nuer: sua tendência para a segmentação e sua relatividade. Por exemplo, enquanto outros Nuer veem os Dok e os Beegh como Ghaak, estes veem à si mesmos como um grupo Ghaak não dividido apenas em oposição à fraternidade Gee e, nos outros casos, como partes de segmentos opostos, Gwea e Ghaak. Deve-se observar que esses grupos de tribos, não raro representados como famílias de clãs, ocupam seções distintas da terra dos Nuer. Antes do período das migrações para leste, eles ocupavam, de norte a sul, em três ou quatro grupos, o oeste do Nilo. A contiguidade territorial e uma estrutura comum de clã (tal como encontramos entre as tribos jikany) ou o íntimo relacionamento dentro de um sistema de clã (tal como encontramos entre os grupos de tribos ghaak) andam juntos e pode-se supor que os valores dos dois sistemas interajam. A segmentação de linhagens dentro de uma tribo em relação a sua segmentação política repete-se, dessa maneira, em todo o sistema de clã dos Nuer, cujos segmentos coordenam-se com a segmentação política do território nuer. As tribos que são adjacentes possuem uma oposição comum a outros grupos de tribos e essa relação reflete-se na tendência a serem representadas, através de seus clãs e linhagens dominantes, como intimamente relacionadas num plano mitológico e ritual.

Gee, Ghaak e Gwea são representados como irmãos, filhos de um ancestral mitológico, algumas vezes chamado de Ghau, o Mundo, e outras de Ran, o Homem, cujo pai diz-se ter sido Kwoth, Deus. Frequentemente, Ril também é descrito como um dos irmãos, embora algumas vezes seja representado como filho de uma filha de Gee, chamada Kar.

Todos os filhos de Gee têm parentesco agnático (*buih*) que lhes permite partilhar uns dos sacrifícios dos outros. Nessas situações rituais, apenas os verdadeiros filhos de Gee, os clãs JINACA, GAATHIANG. JIDIET e outros clãs descendentes de Gee, possuem inter-relacionamentos *buth*, mas em outras situações as tribos em que tais clãs possuem um *status* dominante são representadas como irmãos ou primos-irmãos. Assim, diz-se que Thiang foi o filho mais

O SISTEMA DE LINHAGENS 249

velho de Gee. Nac (Rengyan e Lou) o segundo, Ror e outras tribos os filhos mais moços; e diz-se que Rengyan (Nac) e Wot (Dit) eram gêmeos, bem como Bor e Lang, filhos de Meat.

Algumas tribos situam-se fora dessa grande família. As tribos jikany têm linhagens dominantes de origem dinka, descendentes de Kir, que foi encontrado dentro de uma cabaça por um homem dos Dinka Ngok, mas, como explicado anteriormente, elas estão mitologicamente relacionadas ao grupo Gee, porque Gee é representado alternadamente como o protetor ou como o sogro de Kir. Os GAATGANKIIR possuem um relacionamento *buth* com algum sistema de linhagem dos Dinka Ngok, e, portanto, num sentido político impreciso, as tribos jikany e dinka ngok possuem, por analogia um relacionamento fraternal. Pode-se supor com segurança que, numa época, elas mantinham relações intertribais íntimas. O clã GAAWAR também tem origem independente, tendo seu ancestral descido dos céus. Contudo, uma série de vínculos mitológicos une-o aos fundadores dos vários clãs que são dominantes nas tribos do grupo Ghaak (ver p. 239-40), e a tribo gaawar, por conseguinte, pertence a este grupo. Embora agora o Nilo a separe dos outros membros do grupo, houve um tempo em que ela constituía a extensão mais setentrional da margem ocidental. Devido ao relacionamento *buth* entre GAAWAR e outros clãs da família de clãs que descendem de Kwook, diz-se que os Gaawar agrupam-se com os povos da seção *fadang* da tribo bor e com os povos atwot, que supostamente viveram, numa época, entre as atuais áreas tribais dos Rengyan e Dok.

Através do reconhecimento do relacionamento agnático entre clãs exogâmicos e dos laços cognatícios e mitológicos entre clãs não considerados agnatos, todas as tribos nuer são conceituadas, por meio da assimilação dos valores políticos aos valores de parentesco, como um sistema social único. Uma série de clãs não está associada às tribos, mas suas linhagens incluem-se nesse sistema por meio da afiliação dos clãs a uma ou outra das grandes famílias de clãs. Assim, JIMEM, JIKUL, GAATLEAK e JITHER são descendentes de Gee e pertencem ao grupo Gee; os JIKUL estão ligados mitologicamente ao grupo Ril e os JAKAR, ao grupo Ghaak, e assim por diante. A totalidade dos Nuer é abrangida por um único sistema de parentesco ou pseudoparentesco e todos os segmentos territoriais da terra nuer estão interligados por esse sistema.

XIII

Em nossa opinião, o grau incomum de segmentação genealógica do sistema nuer de linhagens deve ser compreendido em termos da estrutura tribal, que é, como já vimos, caracterizada por sua tendência para a segmentação. A associação do sistema de linhagens com o sistema tribal significa que, quando a tribo se separa em segmentos, o clã também se separará em segmentos, e que as linhas de clivagem tenderão a coincidir, dado que as linhagens não são grupos corporativos, mas estão incorporadas nas comunidades locais através das quais funcionam estruturalmente. Assim como um homem é membro de um segmento tribal oposto a outros segmentos da mesma ordem e, contudo, é também um membro da tribo que abrange todos esses segmentos, da mesma forma ele é membro de uma linhagem oposta a outras linhagens da mesma ordem e, contudo, também membro do clã que abrange todas essas linhagens; e existe uma correspondência definida entre esses dois conjuntos de afiliação, dado que a linhagem é encarnada no segmento e o clã, na tribo. Por conseguinte, a distância na estrutura do clã entre duas linhagens de um clã dominante tende a corresponder à distância estrutural entre os segmentos tribais com os quais estão associadas. Portanto o sistema tribal prolonga e segmenta os clãs dominantes e lhes fornece sua forma característica de linhagens. Pode-se citar provas para sustentar essa afirmação extraídas de qualquer tribo nuer; propomo-nos a examinar apenas alguns exemplos típicos.

Já observamos que, na tribo lou, as seções secundárias *gaatbal* e *rumjok* formam a seção primária *gun* em oposição à seção primária *mor*, e que as linhagens dominantes das seções *gaatbal* e *rumjok* descendem de uma mulher de Denac e a linhagem dominante da seção *mor* descende de uma esposa diferente, de modo que *gaatbal* e *rumjok* estão numa relação análoga à de irmãos, estando os *gun* e os *mor* numa relação análoga à de meios-irmãos. Apontamos, igualmente, que as linhagens dominantes dos Gaajak descendem de duas esposas intimamente aparentadas de Kir, enquanto que as linhagens dominantes dos Gaajok e Gaagwang, que estão muito ligados, descendem de uma terceira esposa.

As linhagens GAATGANKIIR, em sua relação com a estrutura segmentaria das tribos jikany, fornece um excelente teste para a hipótese de que a estrutura de linhagens está modelada na forma de uma estrutura política, pois as mesmas linhagens são encontradas em diferentes extremos da terra dos Nuer cujas condições políticas não são idênticas. Se eu tivesse passado mais tempo nas regiões Jikany ou se tivesse formulado o problema com maior clareza durante o curto período que passei ali, poderia estar em posição de colocar minhas conclusões de modo mais dogmático. Analisaremos brevemente o sistema de linhagens dos GAATGANKIIR em suas relações com duas das seções primárias *gaajak*.

Thiang era o filho mais velho de Kir. Tinha duas esposas, Nyagaani e Baal. Dessas duas esposas originaram-se as três linhagens principais do *cieng thiang*, da seção tribal primária *thiang*, TAR, LONY (ou GEK) e KANG. O que se diz ter acontecido é mostrado no diagrama da p. 251. Tar, sendo o único filho de sua mãe, fundou uma linhagem e seção tribal independente, a que vive no extremo sul da região Gaajak do leste. Todas as outras quatro linhagens originam-se de Nyagaani e são chamadas, coletivamente, de *cieng* Nyagaani. No começo, seus quatro filhos ficaram juntos, mas depois a família de Lony aumentou, tornou-se mais poderosa do que a de seus irmãos e tentou dominá-las, especialmente a Lem, o mais velho. Kang, filho de Lual, assumiu a liderança contra Lony e forçou-o a emigrar. Devido ao papel predominante desempenhado por Kang, as linhagens descendentes de Lem, Leng e Lual são chamadas coletivamente de *cieng* KANG em oposição ao *cieng* LONY. Essas duas linhagens vivem no extremo norte da região Gaajak oriental[4]. Quando se fala dos irmãos, que brigaram, emigraram, etc., deve-se entender que as linhagens e as comunidades locais de que fazem parte estão sendo transformadas em pessoas e sendo dramatizadas.

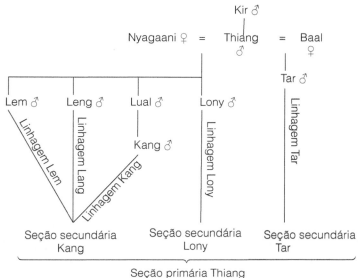

Vemos nesse diagrama como a divisão e a fusão de linhagens, determinadas pela lógica da estrutura de linhagens, segue as linhas da divisão e da fusão tribais. Assim, os descendentes de Lem, Leng e Lual, que vivem juntos, fundem-se em oposição aos LONY, e os LONY, que vivem em território adjacente, são fundidos com eles em oposição aos TAR. O diagrama não nos mostra as linhas de descendência que se fundiram completamente com as que estão registradas, porque tais linhas, não possuindo localidades especificamente associadas a elas e, portanto, não possuindo um valor comunitário, não são diferenciadas. O fato de que o diagrama não registra com veracidade o crescimento histórico das linhagens, mas é uma distorção dele, é ainda mais sugerido pelo fato de que existem, em média, cinco gerações entre o dia de hoje e Lem e Leng, seis até Lual e sete até Lony, que era o mais moço dos quatro irmãos.

A linhagem GAAGWONG, que constitui o núcleo da seção *gaagwtmg*, é chamada assim por causa de Gund, filho de Kun, que é filho de Kir. A linhagem máxima GAAGWONG divide-se em várias linhagens maiores. Para tornar a ilustração mais fácil, figuram no diagrama apenas as importantes entre os Jikanv do leste: CANY, WAU e TAIYANG (NYAYAN e NYAJAANI), descendentes de Buok, Wau e Gee.

---

4. A distribuição das três divisões da seção primária *thiang* da tribo gaajak contrasta com o território indiviso dos segmentos das seções primárias em outras partes da terra dos Nuer. Não visitei a área e não posso explicar essa distribuição incomum por acontecimentos históricos, nem expor suas consequências estruturais.

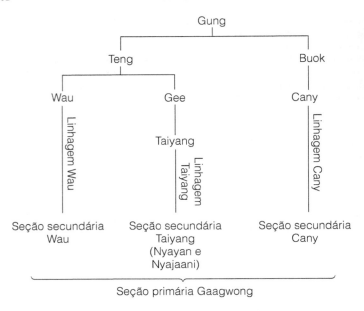

A linhagem maior CANY dividiu-se, como mostrado no diagrama abaixo, numa série de linhagens menores numa profundidade de três ou quatro gerações. Nesse diagrama, a representação tradicional da clivagem entre filhos do mesmo pai mas de mães diferentes é mostrada nas linhas que partem de Diu, passado por suas três esposas: Mankwoth, Thul e Mankang. Os descendentes

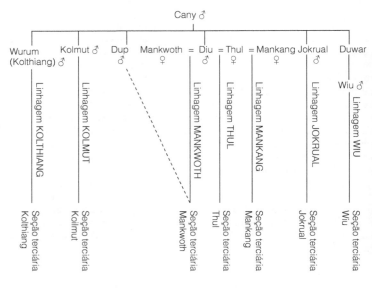

de Dup normalmente são chamados de *cieng* MANKWOTH porque vivem com eles. A residência em comum teve efeitos na estrutura da linhagem, de modo que a linhagem DUP tornou-se grandemente fundida com a linhagem MANKWOTH. Para fazer este diagrama, fico em dívida para com os arquivos governamentais no Distrito Nasser. Não possuo registros das divisões da linhagem WAU.

Na região ocidental da terra nuer, WAU e CANY são linhagens politicamente sem importância e estão fundidas com o *cieng* Taiyang, que é colocado em oposição ao *cieng* Jueny, que recebe o mesmo nome de Jueny, filho de Teng, que é filho de Gung, o qual fundou uma linhagem politicamente sem importância entre os Jikany do leste. A linhagem TAIYANG tem dois ramos, que recebem os nomes de suas esposas Nyayan e Nyajaani. Na região ocidental da terra dos Nuer há uma terceira linhagem, que se origina de uma terceira esposa, Nyakoi.

É interessante observar que Jueny, cuja filiação entre os Jikany do leste não tem importância política, é ali dado como filho de Gee e funde-se com a linha TAIYANG, enquanto que Doub é dado como filho de Nyajaani e funde-se com a linhagem desta. Mais uma vez vemos como a estrutura de linhagens está influenciada pelas relações políticas.

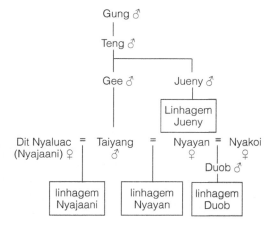

É preciso uma análise mais ampla e profunda para provar a tese que apresentamos e da qual demos alguns dentre muitos exemplos. Ela é, contudo, sustentada por uma evidência de tipo diferente. Descobrimos que era sempre mais fácil obter um registro mais completo e uma linha mais longa de descendência dos membros das linhagens dominantes nas tribos maiores do que nas tribos menores, o que mostra que se presta maior atenção ao sistema de linhagens nas tribos maiores e que a estrutura de clãs é ampliada e aprofundada para servir a suas funções estruturais. Descobrimos, também, que era fácil obter de qualquer membro adulto de uma linhagem aristocrática uma relação das outras linhagens máximas e maiores de seu clã e uma longa lista de ancestrais, com uns nove ou dez no mínimo, dando um comprimento

254 OS NUER

coerente a partir do fundador do clã; enquanto descobrimos que não podíamos obter a mesma informação de membros de clãs que não possuem associações tribais. Frequentemente eles somente podiam traçar sua ascendência durante umas quatro a seis gerações, a profundidade temporal que davam era poucas vezes coerente e, em geral, não conseguiam fornecer uma relação coerente das outras linhagens de seu clã. Atribuímos esse fato à falta de sistematização através da associação com estruturas tribais. Uma linhagem não se coloca em oposição territorial com outras linhagens de seu clã, mas tem com elas apenas um relacionamento cerimonial impreciso, e esse relacionamento jamais pode ser expresso pela ação cooperativa. Consequentemente existe, via de regra, uma completa falta de qualquer sistema elaborado de linhagens, como o dos clãs dominantes. Existem muitos membros do clã JIMEN, e sem dúvida se poderia, juntando-se suas genealogias, construir uma espécie de árvore de descendentes de Mem, onde se poderia indicar o relacionamento agnático entre várias linhagens; mas isso seria muito diverso das declarações espontâneas que, de imediato, delineiam o sistema de linhagem de clãs grandes, como o JINACA, associados com territórios tribais.

Também chama muito a atenção o fato de que o conhecimento que os Nuer têm do sistema de linhagens de um clã dominante tende a se restringir às partes do sistema que correspondem a segmentos de sua tribo. Assim, as linhagens JINACA que estão associadas a segmentos da tribo lou são bem conhecidas pelos membros da tribo lou, porém estes não têm nenhum, ou quase nenhum conhecimento sobre as linhagens JINACA da tribo rengyan. Da mesma forma, tive muitas dificuldades em obter de membros das tribos gaajok e gaajak uma relação clara das linhagens do clã GAATGANKIIR que formam o núcleo dominante da tribo gaagwang, embora estivessem bem informados sobre as linhagens do mesmo clã que estão associadas a segmentos de suas próprias tribos.

Conclui-se de nossa exposição que, conforme já aventamos antes, o sistema de linhagens de um clã pode ser considerado apenas até um ponto muito limitado como um registro verdadeiro da descendência. Não só sua profundidade temporal parece ser limitada e fixa, como também a distância entre linhagens colaterais parece ser determinada pela distância política entre as seções com que essas linhagens estão associadas, e pode-se supor que uma linhagem somente persiste enquanto linha distinta de descendência quando é politicamente significativa. Os ancestrais situados mais acima do que o fundador de uma linhagem mínima são relevantes apenas enquanto pontos de partida para denotar linhas de descendência, quando tais linhas se tornam significativas pelo papel político do sistema de linhagens. Já sugerimos a hipótese de que a profundidade das linhagens é função da amplidão do número de

O SISTEMA DE LINHAGENS

agnatos contados no plano da existência, e agora sugerimos, mais, que a amplidão do número de agnatos contados é determinada grandemente por seu papel organizador na estrutura política.

Os Nuer acreditam que a clivagem na linhagem surge de uma clivagem fundamental na família entre *gaatgwan*, filhos do pai, e *gaatman*, filhos da mãe. Onde existem duas esposas e cada uma delas tem filhos, a linhagem bifurca-se a partir desse ponto. Uma bifurcação de linhagem é o reflexo de uma família polígama. *Thok dwiel*, linhagem, significa isso; é "a entrada da choupana", a choupana da mãe. Os pequenos galhos que vemos no *gol*, agrupamento doméstico, crescem e tornam-se os grandes ramos das linhagens. É por essa razão que as linhagens recebem com tanta frequência nomes de mulheres, as mulheres de cujo ventre se originaram as diferentes linhas de descendência. Da maneira como entendemos o processo, o que acontece é que certos grupos da linhagem ganham exclusividade e importância política, transformando-se em núcleos de seções tribais, e que somente ao fazê-lo é que sua posição estrutural se estabiliza e os pontos de sua bifurcação tornam--se fixos e pontos permanentes de convergência da estrutura da linhagem. Isso explica por que apenas em algumas, dentre um grande número de famílias polígamas, a descendência materna é estruturalmente significativa e por que a bifurcação ocorre na linhagem ao mesmo tempo que ocorre na tribo.

Essa tendência para a coordenação da segmentação territorial com a segmentação da linhagem pode ser vista em várias etapas da expansão territorial, desde o agrupamento doméstico até a tribo. Quando irmãos de uma família influente vivem em partes diferentes de uma aldeia e reúnem em torno de si um agregado de relações e dependentes, essas aldeolas recebem o nome deles, e eles se tornam o ponto onde é provável que a linhagem se bifurque. Assim, se os irmãos são chamados Bul e Nyang, as pessoas referem-se ao *gol* de Bul e ao *gol* de Nyang, e, se mais tarde os netos de algum deles se mudarem para uma aldeia diversa, a linhagem se separará em dois ramos. As linhagens mínimas do tipo representado nos diagramas das pp. 205-6 ocupam aldeias adjacentes, ou divisões muito distanciadas de uma mesma aldeia grande e esparsa, e fazem acampamentos separados na mesma margem de um rio ou acampamentos adjacentes em torno de um pequeno lago. Os pontos de divergência das linhagens de árvore de clãs estão assim relacionados com o tamanho e a distribuição dos locais habitados numa área tribal.

A associação do sistema tribal com um clã pode, desse modo, supostamente influenciar a forma da estrutura da linhagem. Podemos ressaltar, ainda a coerência morfológica entre as duas estruturas. Existem sempre mais aldeias do que segmentos terciários numa tribo e mais segmentos terciários do que segmentos secundários, e assim por diante, de modo que, dado que a unidade territorial está associada à linhagem, o estreitamento dessas unidades, da multidão de aldeias até a unidade única da tribo, deve ser refletido na estrutura conceitual do sistema de linhagens, havendo uma multidão de linhagens mínimas, menos linhagens menores, etc., até se alcançar a unidade única do clã. Se essa hipótese for aceita, torna-se evidente que as linhagens são, em número e posição estrutural, estritamente limitadas e controladas pelo sistema de segmentação territorial. Os dois sistemas podem assim ser representados pela mesma figura, embora a correspondência não seja exata.

6. O Sistema de Conjuntos Etários, Resumo

I

Todo Nuer homem passa da adolescência para a idade adulta através de uma iniciação que consiste numa operação bastante árdua (*gar*). Sua testa é cortada até o osso com uma pequena faca: seis compridos cortes de orelha a orelha. As cicatrizes permanecem para o resto da vida, e diz-se que marcas correspondentes podem ser percebidas até em crânios de homens mortos. Elas são bem visíveis nas Ils. XXVI, (*b*), XXVII e XXVIII. O cerimonial de iniciação é mais complexo, e o sistema etário tem maior importância social entre os Nuer do que entre os outros nilotas do Sudão.

Descrevemos em outro lugar, assim como outros já o fizeram, o ritual de iniciação. Embora desde então tenhamos obtido mais informações sobre os detalhes dos ritos, achamos que transcrevê--los aqui seria contrariar o plano deste livro. São descritos, assim, os fatos mais básicos. Os meninos são iniciados normalmente na idade de 14 a 16 anos; antigamente, a idade mínima era possivelmente um pouco maior, 16 a 18 anos. O fato de um menino ser iniciado num ano ou em outro depende do estoque de leite e milho. O rapaz deve obter o consentimento do pai para a operação, o qual, no entanto, não pode negá-lo pois o rapaz fugiria para a casa de um parente e o pai ficaria humilhado. A seguir ele recorre a um membro do conjunto etário do pai, que realiza um ritual através do qual ele recebe as bênçãos desse conjunto. Do mesmo modo, um membro do clã também lhe dá suas bênçãos, o mesmo fazendo seu pai e um tio materno. Os rapazes fazem seus próprios arranjos com o operador e presenteiam-no com uma lança de pescar. O operador é qualquer homem que tenha aprendido essa arte.

Vários rapazes são iniciados ao mesmo tempo, pois acredita-se que se um rapaz é iniciado sozinho ele ficaria isolado e poderia morrer. Do mesmo modo, é mais fácil cuidar deles e dar-lhes a atenção que exigem durante a convalescença se são iniciados em grupos. Normalmente, de 4 a 12 rapazes submetem-se juntos ao rito. A iniciação pode ocorrer em qualquer estação do ano, mas quase invariavelmente ocorre no final da estação das chuvas, quando há bastante comida e o vento norte cicatriza as feridas. Cada aldeia atua por si só quando se trata de preparar os rapazes para a iniciação. Após a operação, os rapazes vivem em isolamento parcial e estão sujeitos a vários tabus. Esse é um período de moderada permissividade e eles o atravessam através de um rito especial. No dia em que se praticam as incisões e no dia final do isolamento, fazem-se sacrifícios e há festas, que incluem brincadeiras licenciosas e canções lúbricas. Somente os companheiros etários do pai do iniciado em cuja casa ocorrem as festividades podem frequentá-las; os outros ficam a uma certa distância a fim de que não vejam a nudez das mulheres pertencentes ao seu círculo de parentes e de suas sogras.

II

Todos os rapazes iniciados dentro de um determinado número de anos sucessivos pertencem a um único conjunto etário (*ric*). Até recentemente, havia um intervalo de quatro anos entre o fim de um desses conjuntos e o começo do seguinte. Estes quatro anos são conhecidos como o período em que "a faca é embainhada", e ao final desse período diz-se que "a faca é desembainhada", podendo os rapazes ser novamente iniciados. Um certo *wut ghok*, "Homem do Gado", é, em cada tribo, o responsável pela abertura e pelo encerramento de cada período de iniciação e, por conseguinte, responsável pela divisão dos conjuntos etários. Ele realiza o rito apropriado em seu distrito, e quando a notícia desse fato chega aos outros distritos, a iniciação cessa ou começa. Suas funções dão-lhe prestígio, mas são rituais e não lhe atribuem nenhuma autoridade política. Às vezes, entre os Nuer ocidentais, essas funções são realizadas por um profeta, mas é possível que neste caso o profeta seja também o Homem do Gado. Os conjuntos etários são organizados de modo independente em cada tribo, pelo menos nas tribos maiores, mas não raro acontece que, quando um novo conjunto foi iniciado numa tribo, uma tribo adjacente faz o mesmo, de modo que os nomes e períodos dos conjuntos em tribos vizinhas são frequentemente os mesmos. Do mesmo modo, embora

O SISTEMA DE CONJUNTOS ETÁRIOS, RESUMO 259

em diferentes regiões dos Nuer os nomes dos conjuntos sejam diferentes e os períodos abertos e fechados não coincidam, é fácil para um homem que se move de um lado para outro perceber em que conjunto ele teria sido iniciado se tivesse crescido naquela parte da região.

Atualmente não existem períodos fechados, e os rapazes são iniciados todos os anos. O Homem do Gado anuncia, a cada período de poucos anos, que vai iniciar o corte dos conjuntos etários e executa uma cerimônia pela qual os jovens iniciados até aquele ano agrupam-se num conjunto e todos os jovens iniciados depois daquele ano, num conjunto mais moço. O número de anos durante os quais um conjunto continua a existir antes de ser cortado é variável, e é provável que sempre tenha sido assim. Chegamos à conclusão de que se pode considerar o prazo de dez anos como um período médio entre o começo de um conjunto e o começo do conjunto seguinte. Descobriu-se que geralmente ocorrem dois conjuntos, ocasionalmente um, entre o conjunto de um homem e o de seu filho mais velho. No caso dos filhos mais moços, ocorrem dois ou três conjuntos. Pode-se admitir que, em média, a geração constituída pelo avô, pai e filho abrange seis conjuntos.

A época de minhas pesquisas sobre o sistema de conjuntos etários, havia vivos membros de seis conjuntos, mas havia apenas uns poucos sobreviventes do conjunto mais velho e os membros do conjunto seguinte estavam bastante doentes. Nas listas que se seguem, não foram registrados conjuntos sem membros vivos. Seus nomes são irrelevantes para uma compreensão do sistema e a ordem entre eles está tão apagada da memória das pessoas que as declarações de dois informantes sobre o assunto raramente coincidem de todo. Deve-se notar, no entanto, que, por mais que remontemos no tempo, os nomes não são uniformes no conjunto dos Nuer e que eles não se repetem. Não existe um ciclo de nomes, como é possível encontrar em várias partes da África

Tribo lou	Jikany orientais	Tribo lak	Tribos jikany do oeste e leek
Thut	*Thut*	*Thut*	*Lilnyang*
Boiloc	*Boiloc*	*Boiloc*	*Ruob*
Maker	*Maker*	*Ruob*	*Wangdel*
Dangunga	*Dangunga*	*Wangdel*	*Tangkwer*
Carboc	*Luac*	*Wooni*	*Rol*
Lithgac	*Lithgac*	*Kee*	*Juong*
Rialmac	*Rialmac*	*Pilual*	*Bildeang*

260 OS NUER

Oriental. Os Lou e os Jikany orientais tendem a ter nomes comuns, o mesmo acontecendo com os Nuer ocidentais, enquanto que as tribos do Zeraf têm alguns nomes em comum com as tribos do rio Sobat e alguns com as tribos a oeste do Nilo.

Cada conjunto etário tem duas ou três subdivisões. Cada ano do período de iniciação pode receber um nome diferente e constituir uma divisão, embora seja provável que dois anos não raro tenham o mesmo nome e as divisões normalmente sejam por períodos de dois anos. Entretanto, embora um conjunto seja assim estratificado internamente e as divisões recebam nomes diferentes, todos os membros do conjunto são conhecidos pelo nome da primeira divisão, e este nome comum persiste enquanto os outros finalmente caem em desuso. Assim, atualmente não é comum ouvir referências aos *Maker indit e Ngwak*, mas apenas aos *Maker*, sob cujo título ambas as divisões se incluem. Do mesmo modo, pouco se ouve falar sobre os *Gwong indit*. *Carboc* e *Nyamnyam*: a referência é feita normalmente aos *Dangunga* (*Gwong*), termo que abrange as três divisões. A divisão mais velha é chamada *indit*, a maior, e quando os nomes segmentários são postos de lado, também o *indit* é posto de lado, uma vez que seu objetivo é distinguir as divisões primárias das posteriores. Assim, tem-se *Thut indit, Maker indit* e *Boiloc indit*: o *Thut* mais antigo, o *Maker* mais antigo e o *Boiloc* mais antigo, mas a terminação *indit* desses nomes é finalmente posta de lado e os conjuntos tornam-se conhecidos como *Thut. Maker e Boiloc.*

Em anos mais recentes, esse quadro se tornou um pouco mais complicado pela ausência de períodos de iniciação abertos e fechados bem definidos. Assim, em minhas primeiras visitas aos Lou e aos Gaajok orientais ouvi as pessoas falarem em *Lieth indit, Lieth incar* (*Lieth intot*). *Caiyut* (*Pilual*) e *Rialmac* (*Rialdang*) como sendo quatro divisões do conjunto etário *Lithgac*, mas isto porque não havia declaração alguma do Homem do Gado separando-os em conjuntos etários diferentes. Numa visita posterior descobri que o *Lieth indit*, o *Lieth incar* e o *Caiyat* tinham sido declarados um único conjunto etário, e que o *Rialmac* começava um novo conjunto, no qual uma segunda divisão, o *Kwekoryoamni*, foi iniciada. Do mesmo modo entre os Jikani ocidentais e os Leek, o conjunto etário *Bildeang* foi recentemente declarado separado do *Juong*. Em determinado momento entre os Gaajok orientais, os *Lithgac* foram separados dos *Rialmac*. enquanto na região adjacente dos Gaajak orientais eles ainda não tinham sido separados e continuavam a formar um único conjunto. Pode acontecer, portanto, que, nos tempos modernos, uma subdivisão possa ser encarada, por algum tempo, como um segmento mais moço de um conjunto e mais tarde se transforme no segmento mais velho do mesmo conjunto. São dadas abaixo as subdivisões dos conjuntos etários nas tribos lou e jikany ocidentais.

	Lou		Jikany ocidental
Thut	*Thut indit*	*Lilnyang*	*Lilnyang*
	Muothjaang		*Lilcoa*
	Lilcoa		*Lilcuath*

Il. XXVII: Iniciação dos rapazes (perto de Nasser, Gaajok orientais).

Boiloc	{ Boiloc indit / Golyangkaket / Laibwau		Ruob	{ Ruob / Nomalith
Maker	{ Maker indit / Ngwak		Wangdel	{ Wangdel / Wathcar
Cwong	{ Cwong indit / Carboc / Nyamnyam		Tangkwer	{ Tangkwer / Karam
Luac	{ Luac indit / Karam / Camthoari		Rol	{ Rol / Pilual
Lithgac	{ Lieth indit (inbor) / Lieth intot fincar) / Caiyat (Pilual)		Juong	{ Juong / Majaani
Rialmac	{ Rialmarc (Rialdang) indit / Kwerkoryoam		Bildeang	{ Bildeang

III

Ao procurar compreender como é que o fato de pertencer a um conjunto etário determina o comportamento de um homem, primeiro temos de entender que não existe educação dirigida ou treinamento moral no procedimento de iniciação. Da mesma forma, muitos dos traços característicos do sistema de conjuntos etários no Quênia, onde é mais desenvolvido, estão ausentes da variação nuer. Não há três graus etários distintos de rapazes, guerreiros e anciãos pelos quais passa o conjunto, pois um rapaz que é iniciado à idade adulta permanece nesse grau para o resto da vida. Os guerreiros não estão proibidos de casar, e não gozam de privilégios nem sofrem restrições diferentes das dos outros homens adultos. Os conjuntos não têm funções administrativas, jurídicas ou quaisquer outras funções de cunho especificamente político, e a região não é entregue aos cuidados deles. Os conjuntos também não possuem funções militares definidas. De fato, nossa opinião é de que o sistema nuer de conjuntos etários não deve ser descrito

O SISTEMA DE CONJUNTOS ETÁRIOS, RESUMO

como uma organização militar, embora alguns autores lhe atribuam essa natureza. Os jovens recém-iniciados mostram-se ansiosos por realizar sua primeira incursão guerreira e consideram que devem conquistar, para o conjunto de que fazem parte, uma reputação de valor, e é provável que tais investidas tenham sido em geral conduzidas principalmente por homens do conjunto mais moço. No entanto, não existe um grau específico de habilitação à condição de guerreiro através do qual passa o conjunto etário, nem um grau de antiguidade no qual penetram. Se os rapazes e os homens velhos tivessem de participar de uma guerra contra outros Nuer, provavelmente seriam mortos e é compreensível que tais investidas sejam ocupação dos mais fortes e mais velozes, embora muitos homens de meia-idade acompanhem as expedições e não raro tenham seu quinhão nas lutas intertribais e nas disputas locais.

O sistema de conjuntos etários de uma tribo não é, de modo algum, uma organização militar. Os homens lutam por aldeias e por seções tribais, e não pelo conjuntos. As companhias guerreiras são unidades locais, e não unidades dos conjuntos etários, e dentro de uma companhia homens de diferentes conjuntos lutam lado a lado, embora, especialmente nas incursões, a maior parte dos guerreiros seja constituída de membros dos dois conjuntos mais jovens. Os laços locais e de parentesco determinam o lugar de um homem nas fileiras. Por conseguinte, os conjuntos etários não são regimentos, embora frequentemente se fale de guerras e incursões como sendo ações de um certo conjunto, porque ocorreram durante o período de iniciação desse conjunto e porque seus membros representaram, nelas, papel de destaque, uma vez que habilidade nas armas, amor pela aventura e desejo de saque são privilégios da juventude.

É nas relações sociais mais gerais, especialmente de ordem doméstica ou relativa a parentesco, e não nas relações políticas, que o comportamento é especificamente determinado pelas posições das pessoas na estrutura do conjunto etário. Quando um rapaz passa para o grau da idade adulta, seus deveres e privilégios domésticos são radicalmente alterados. Sua mudança de condição é resumida no tabu da ordenha que entra em vigor no dia de sua iniciação e continua para o resto de sua vida, mas é exprimido também em outras tarefas domésticas, nos hábitos de comer e assim por diante. Na iniciação, o jovem recebe de seu pai ou tio uma lança e se torna um guerreiro. Dão-lhe também um boi, do qual ele assume um "nome-de-gado" e se torna um homem do rebanho. Daí por diante, até ser marido e pai, seus interesses principais estão na dança e no amor. Então ele se torna um "verdadeiro homem": "lutou na guerra e não fugiu; duelou com seus companheiros de idade; cultivou seus jardins, tomou uma esposa".

A passagem da adolescência para a idade adulta implica uma mudança rápida e acentuada de condição, mas os modos de comportamento que diferenciam estes dois graus não distinguem um conjunto do outro, pois os privilégios da idade adulta são desfrutados igualmente por todos os membros de todos os conjuntos. Não obstante, os conjuntos são estratificados por antiguidade e entre eles existem relações bem definidas. Antes de descrever estes padrões de comportamento entre os conjuntos, abordaremos algumas características gerais de todo o sistema.

O sistema de conjuntos etários é uma exemplificação ulterior do princípio da segmentação, que vimos tratar-se de uma qualidade muito evidente da estrutura social. A tribo segmenta-se em seções e estas se segmentam, por sua vez, de modo que todo grupo local é um relacionamento equilibrado entre segmentos opostos. Os clãs segmentam-se em linhagens e estas se segmentam por sua vez, de forma que todo grupo de linhagem é um relacionamento equilibrado entre segmentos opostos. Do mesmo modo, a instituição baseada na idade é altamente segmentada, estratificando-se em conjuntos que são grupos opostos, e estes conjuntos estratificam-se em seções sucessivas. Portanto, podemos falar de uma distância estrutural nesta nova dimensão. Assim, como a distância entre segmentos políticos varia de acordo com a posição que ocupam na estrutura política, e a distância entre os segmentos de linhagem varia de acordo com a posição que ocupam na estrutura da linhagem, do mesmo modo a distância entre os segmentos dos conjuntos etários varia de acordo com a posição que ocupam na estrutura do conjunto etário. A distância estrutural entre quaisquer dois conjuntos é a relação social entre estes conjuntos e o determinante do comportamento entre seus membros.

A relatividade dos valores que notamos ao discutir os sistemas político e de linhagem também pode ser vista no sistema dos conjuntos etários. Observamos que um conjunto que é visto como um todo não segmentado pelos membros dos outros conjuntos é internamente segmentado, e que membros de cada um dos seus segmentos veem a si mesmos como unidades exclusivas em relação aos outros, embora estas divisões estreitem-se à medida que o conjunto se torna mais velho e tenha uma nova posição com relação aos conjuntos posteriormente criados e que se situam abaixo dele. Do mesmo modo, há uma tendência, entre os membros de dois conjuntos sucessivos, segmentos adjacentes da estrutura, para a ocorrência de uma fusão entre eles com relação a um terceiro conjunto, no que diz respeito aos sentimentos e às ações cerimoniais. Um jovem *Rialmac* disse: "Nós e os *Lithgac* temos quase a mesma idade e podemos falar livremente com eles, mas devemos respeitar um homem mais velho, mesmo que não pertença ao conjunto etário de nossos pais". Embora existam seis conjuntos com membros

Il. XXVIII:

a) Rapaz (Rio Zeraf).

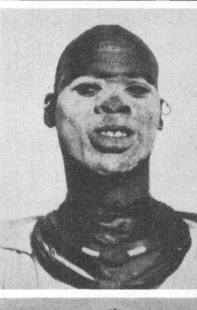

b) Rapaz (Lou).

c) Homem (rio Zeraf).

vivos, há bem poucos sobreviventes dos dois conjuntos mais velhos, e do ponto de vista de um jovem esses se fundem com o conjunto que os segue. São quatro apenas os conjuntos que contam e, vistos pelos indivíduos, eles se fundem em dois grupos de gerações de iguais e irmãos: mais velhos e pais ou mais moços e filhos. Para um filho *Lithgac* de um pai *Maker*, todos os membros do conjunto *Maker* são seus pais, e os *Lithgac* e os *Luac* tendem a encarar a si mesmos como um grupo único em relação aos *Maker*, assumindo uma atitude de respeito para com estes. Mas com relação aos *Dangunga* e *Lithgac*, os *Luac* identificam-se com um ou outro de acordo com o foco da atenção, e este é determinado pela situação social. Todo conjunto tende a ver o conjunto mais velho do que ele como igual a ele em relação aos conjuntos mais jovens, e o conjunto mais jovem que o seu como igual a ele em relação aos conjuntos mais velhos. Possivelmente é esta contradição que cria a segmentação em todos os conjuntos. Assim, nas festas de sacrifícios os homens comem de acordo com a posição que ocupam na estrutura do conjunto etário, mas o fato de determinados conjuntos sentarem e comerem junto com outros depende do conjunto do dono da festa e do número de conjuntos nela presentes. Se um *Dangunga* mata um boi e há *Maker* presentes, mas não *Boiloc*, então *os Dangunga* comem com os *Maker*, e os *Luac* como os *Lithgac*, e os *Rialmac* sozinhos. Mas se há *Boiloc* presentes, então os *Maker* comem com eles e os *Dangunga* com os *Luac*, e os *Lithgac* com os *Rialmac*. Os *Dangunga* não comem com os *Boiloc* porque constituem o conjunto de seus pais e sogros, e pela mesma razão os *Luac* devem comer com os *Lithgac* se os *Dangunga* forem com os *Maker*.

O sistema de conjuntos etários diferencia-se dos sistemas territorial e de linhagem sob um aspecto importante. Enquanto as pessoas de um segmento territorial permanecem, ou a maioria delas permanece, na mesma relação estrutural com outros segmentos territoriais por toda a vida, e enquanto os membros de uma linhagem mantêm uma relação fixa com outras linhagens, um grupo de conjuntos etários modifica sua posição com relação a todo o sistema, passando através de pontos de mocidade ou antiguidade relativas. Esta mobilidade dos grupos de conjuntos etários é peculiar ao sistema e constitui sua característica necessária, pois é uma instituição baseada na sucessão de gerações. É provável que, por razões ecológicas, a configuração política real permaneça aproximadamente a mesma de geração a geração. As pessoas passam através do sistema político sem que a posição estrutural que nele ocupam mude de alguma forma durante a passagem. O mesmo acontece com o sistema das linhagens. No entanto, não se deve permitir que a mobilidade dos grupos através da estrutura dos conjuntos etários e sua posição mutável obscureça a constância de sua forma estrutural. É provável que sempre tenha havido o mesmo número de conjuntos em todas as épocas e que estes conjuntos sempre tenham ocupado as mesmas posições uns em relação aos outros no sistema, independentemente dos grupos de homens que de fato os compõem.

É significativo que entre os Nuer, como entre outros povos da África Oriental, o sistema de conjuntos etários tenha sido a primeira instituição a sofrer uma modificação rápida e profunda sob o domínio europeu e que os outros sistemas sociais não deem a impressão de terem sido afetados por mudanças em sua constituição. Isto tende a confirmar a opinião anteriormente expressa, segundo a qual, enquanto o sistema de conjuntos etários se combina com os sistemas territorial e de linhagem no mesmo contexto social e é coerente com eles, essa coerência não é uma interdependência.

IV

Dentro do sistema do conjunto etário, a posição de todo homem nuer é definida estruturalmente em relação a todos os outros homens nuer, e sua condição em relação a eles é de mais velho, igual ou mais moço. É difícil descrever estas condições em termos de comportamento porque as atitudes por elas estabelecidas não raro são de natureza muito geral. No entanto, é possível destacar os seguintes pontos. 1) Há certas observâncias e impedimentos rituais, notadamente entre membros do mesmo conjunto, mas também entre conjuntos. Os mais importantes são a segregação dos conjuntos em festas com sacrifícios, às quais nos referimos, e a proibição estrita de um membro de um conjunto enterrar um companheiro de idade ou partilhar da carne de animais sacrificados em sua cerimônia mortuária; mas há outros mandamentos rituais. 2) Um homem não pode casar-se ou ter relações sexuais com a filha de um companheiro de idade, pois ela é sua "filha" e ele "pai" dela. Do mesmo modo, embora um homem sempre possa ter relações sexuais com a filha de um dos companheiros de idade de seu pai, ele não deve casar-se com ela a menos que seu próprio pai ou o pai dela esteja morto, e neste caso apenas se as partes envolvidas no casamento tenham trocado animais entre si como compensação para o conjunto etário dos pais. 3) Os membros de um mesmo conjunto etário estão num mesmo pé de igualdade. Um homem não se porta cerimoniosamente entre seus companheiros de idade, mas brinca, joga e come com eles à vontade. Companheiros de idade associam-se para o trabalho, para a guerra e em todas as atividades de lazer. Espera-se que se ofereçam mutuamente hospitalidade e compartilhem suas posses. Lutar é considerado um modo adequado de comportamento entre companheiros de idade, mas um homem não deve lutar com outro homem de um conjunto mais velho. A camaradagem entre companheiros de idade origina-se do reconhe-

268 OS NUER

cimento de uma união mística entre eles, unindo seus destinos, que deriva de uma ligação quase física, análoga à do verdadeiro parentesco, pois derramaram sangue juntos. 4) Espera-se que os membros de um conjunto demonstrem respeito pelos membros de conjuntos mais idosos, e a deferência que exibem com estes pode ser vista em discussões, na etiqueta, na divisão dos alimentos, e assim por diante. Sempre que surgir uma questão sobre adequação do modo de falar ou de agir, é ela resolvida em relação às posições relativas das pessoas envolvidas na estrutura do conjunto etário, caso uma condição de parentesco não esteja também envolvida. Uma vez que todo homem tem um relacionamento etário conhecido com todos os outros homens nuer com os quais ele pode vir a entrar em contato, a atitude social destes para com ele e dele para com estes é determinada de antemão pelas distâncias entre eles na estrutura do conjunto etário, a menos que o parentesco tenha precedência. Embora seja possível a um homem vingar-se de uma quebra destes padrões de comportamento através de uma maldição, se se tratar de uma quebra muito séria, as sanções comuns da conduta são a própria consciência do homem e seu desejo de aceitação.

Deve ter sido observado que as relações entre os conjuntos são definidas na linguagem dos relacionamentos familiares. Os membros do conjunto etário do pai de um homem são "pais" dele, e os membros dos "conjuntos etários" dos irmãos de seu pai são também, num sentido menos preciso, "pais" dele. Os filhos do conjunto de um homem são seus "filhos", e podem ser colocados em vários conjuntos. As mulheres de membros do conjunto do pai de um homem são "mães" dele, e as mulheres de membros dos conjuntos de seus filhos são "filhas" dele. Todos os membros do próprio conjunto de um homem são, do mesmo modo, seus "irmãos", embora aqui essa analogia seja raramente feita porque a camaradagem entre companheiros de idade é fortemente afirmada na linguagem do sistema, pois todos são *ric*, companheiros de idade, uns dos outros. Em todo caso, como um homem normalmente se dirige a todas as pessoas mais velhas que ele como sendo seu "pai" e "mãe", a todas as pessoas mais jovens que ele como "filho" e "filha", e a todas as pessoas da mesma idade como "irmão" e "irmã", a terminologia de contato entre os conjuntos diferentes não estabelece diferenças e não se pode dizer o quanto é determinada por relacionamentos específicos entre os conjuntos etários. Quando se refere a conjuntos mais velhos que o seu, mas não ao de seu pai ou ao conjunto imediatamente mais velho que o seu próprio, às vezes um Nuer se refere a eles coletivamente como se todos seus membros fossem seus sogros e as mulheres destes sogras dele, pois ele está fazendo a corte às filhas deles e provavelmente se casará com uma delas; por conseguinte, ele fica circunspecto quando trata com os pais delas. Assim, um filho *Lithgac* de um pai *Maker* encara os

O SISTEMA DE CONJUNTOS ETÁRIOS, RESUMO

membros do conjunto *Dangunga* e suas mulheres como sogros e sogras em potencial.

Deste modo, o sistema de conjuntos etários influencia as pessoas através de uma linguagem de parentesco e nos moldes do parentesco. Os conjuntos nunca atuam corporativamente, mas funcionam localmente entre os indivíduos e, em situações de cerimônia, entre pequenos agregados de pessoas que vivem próximas umas às outras, pois um homem só tem contatos frequentes com membros de seu conjunto e de outros conjuntos que morem em seu distrito. Sem dúvida, as posições relativas na estrutura dos conjuntos etários determinam de certo modo o comportamento entre vizinhos, e é possível constatar que às vezes estes o determinam, mas é difícil dizer em que medida, pois os homens que vivem perto uns dos outros não apenas são membros do mesmo conjunto etário ou de conjuntos etários diferentes, como também são parentes ou afins. Os padrões de comportamento produzidos pelos conjuntos etários têm, a não ser nos ritos específicos, uma natureza tão geral que não podem ser isolados numa comunidade onde todos se relacionam sob vários aspectos uns com os outros. Observamos como pessoas que vivem juntas são sempre capazes de exprimir suas relações mútuas numa linguagem de parentesco e como, quando não são de fato parentes, são reconhecidas como equivalentes a tais através da adoção ou de alguma conexão tradicional ou mitológica. A estratificação em conjuntos etários de todos os homens, e por analogia de todas as mulheres, em grupos cujo inter-relacionamento é feito sobre o padrão das relações familiares, é um dos modos pelos quais as relações da comunidade se expressam em padrões de parentesco e é comparável ao sistema classificatório da nomenclatura por parentesco em sua assimilação das relações sociais a uns poucos tipos elementares. Relações etárias são parte dos laços sociais gerais de tipo "parentesco" que une todas as pessoas que vivem numa comunidade. Os membros de um grupo local têm relações grupais somente com outros grupos do mesmo tipo e são a estas relações que damos o nome de políticas. Também têm contatos múltiplos uns com os outros – econômicos, cerimoniais, de alimentação, jogos, e assim por diante – e as relações políticas podem ser encaradas como uma organização específica da textura dos laços sociais, que controlam esses contatos, em certas situações. É esta atuação do sistema de conjuntos etários, ao estabelecer laços entre membros de comunidades locais e ao atribuir-lhes um valor de parentesco, que destacamos de modo particular num contexto político, e não sua indicação de liderança, pois fora dos pequenos grupos domésticos ou de parentesco a autoridade derivada da ancianidade pode ser negligenciada, e os conjuntos não têm funções de liderança, administrativas ou judiciais.

O sistema de conjuntos etários foi abordado de modo sumário em virtude desta atuação e também porque é, pelo menos nas tribos maiores, uma instituição tribal. Ele divide a população masculina de uma tribo em grupos estratificados que mantêm relacionamentos mútuos definidos, e atravessa divisões territoriais, provocando uma igualdade de condição lá onde existe disparidade política e condições diferenciadas onde há identidade política. No entanto, o sistema político e o sistema dos conjuntos etários não parecem ser interdependentes. Ambos são coerentes em si mesmos e numa certa medida sobrepõem-se e influenciam-se mutuamente, mas é fácil conceber o sistema político existindo sem uma organização de conjuntos etários. Há provas, na África Oriental, de que o desenvolvimento político produz uma atrofia na organização de conjuntos etários. Concluindo, ressaltamos novamente que tribos adjacentes coordenam seus conjuntos e que os conjuntos de cada tribo são facilmente traduzíveis nos conjuntos de outras tribos. Os ritos de iniciação, mais do que qualquer outra coisa com exceção da linguagem, distinguem a cultura nuer e dão aos Nuer aquela sensação de superioridade que constitui um traço tão marcante de seu caráter. Apenas no sentido em que os conjuntos etários são organizados tribalmente e são comuns a todas as tribos é que se pode dizer que existe uma correspondência entre o sistema de conjuntos etários e o sistema político. Não existe nenhuma correspondência estrutural do tipo que observamos entre o sistema de linhagens de clãs dominantes e a segmentação tribal. Pode-se dizer, portanto, que, enquanto o sistema político e o sistema de linhagem de clãs dominantes são interdependentes, o sistema político e o sistema de conjutos etários são apenas uma combinação, na sociedade nuer. Podemos acrescentar que a pressuposição comum de que um sistema de conjuntos etários integra os membros de uma tribo apenas através da estratificação tem pouca coisa que depõe em seu favor.

V

O modo pelo qual escrevemos este livro nos levou a romper com a tradição das exaustivas monografias sobre povos primitivos. Esses pesados volumes geralmente transcrevem observações tão a esmo que sua leitura não é agradável nem proveitosa. Esta deficiência se deve a ausência de um corpo de teoria científica na Antropologia Social, pois os fatos só podem ser selecionados e arranjados à luz de uma teoria. A situação se vê agravada com o erro que consiste em confundir documentação com ilustração. Tentamos também descrever a organização social dos Nuer num plano mais abstrato de análise do que o comum, pois normalmente termos abstratos são confundidos com abstrações. Cabe ao leitor julgar se fomos bem sucedidos nessa tarefa, mas caso se diga que

O SISTEMA DE CONJUNTOS ETÁRIOS, RESUMO

apenas descrevemos os fatos com relação a uma teoria deles e como exemplificação desta e subordinamos a descrição à análise, respondemos que era exatamente esta nossa intenção. É difícil dizer até que ponto alguém se justifica ao impor uma abstração. Uma vez que se tem um ponto de vista teórico, é extremamente simples decidir quais fatos são significativos, dado que são ou não significativos para a teoria, mas é impossível indagar se é correto, ao discutir as instituições políticas de um povo primitivo, fazer apenas as referências mais simples a sua vida doméstica e de parentesco. Pode-se fazer isto com sucesso? É exatamente esta a pergunta que nos fizemos e concluímos que só se pode respondê-la através de uma tentativa de executar essa proposição.

1. Primeiro descrevemos a dedicação do Nuer por seu gado e mostramos como este valor, em seu sistema de relações ecológicas, exige um certo modo de distribuição e transumância. A seguir, descrevemos os conceitos de tempo e espaço que derivam amplamente dos modos de subsistência e da disposição dos povoados. Examinamos depois as seções territoriais que, através dos valores que lhes são atribuídas, formam um sistema político. Notamos, além do mais, que a distância estrutural nos sistemas de linhagem dos clãs dominantes é função da distância estrutural dos sistemas tribais e que não existe interdependência equivalente entre a estrutura dos conjuntos etários e a estrutura política.

2. Por estrutura social entendemos relações entre grupos que têm um alto grau de coerência e constância. Os grupos permanecem os mesmos independentemente de seus conteúdos específicos de indivíduos num momento particular qualquer, de modo que sucessivas gerações de pessoas passam através deles. Os homens nascem neles, ou entram para eles mais tarde em suas vidas, e saem deles com a morte; a estrutura permanece. Nesta definição da estrutura, a família não é considerada um grupo estrutural porque as famílias não têm relações mútuas coerentes e constantes como os grupos, e desaparecem com a morte de seus membros. Novas famílias começam a existir, mas as velhas desaparecem para sempre. Não queremos sugerir, com isto, que a família tem menos importância do que os grupos estruturais; ela é essencial para a preservação da estrutura, pois é o meio através do qual novas pessoas nascem em seus segmentos, mantendo-se o sistema. Nem sugerimos que as relações que consideramos estruturais são entre grupos que não variam de modo algum. Os sistemas territorial, de linhagem e de conjuntos etários mudam, porém mais vagarosamente, e sempre existe o mesmo tipo de inter-relacionamento entre seus segmentos. No entanto, não insistimos nesta definição limitada de estrutura e nossa descrição e análise não dependem dela.

3. Relações estruturais são relações entre grupos que formam um sistema. Por conseguinte, por estrutura entendemos também

uma combinação organizada de grupos. A distribuição territorial de uma tribo nuer não é um aglomerado a esmo de unidades residenciais, mas todo grupo local é segmentado e os segmentos são fundidos com relação a outros grupos, de modo que cada unidade só pode ser definida em função de todo o conjunto. De modo similar, uma linhagem ou conjunto etário só pode ser definido em função dos sistemas do qual formam parte. Tentamos demonstrar isto em nossa descrição.

4. Por estrutura, entendemos relações entre grupos de pessoas dentro de um sistema de grupos. Ressaltamos que se trata de relações entre grupos, pois as relações entre indivíduos também podem ser dispostas de acordo com um plano regular, a saber, as relações de parentesco podem ser mencionadas como um sistema de parentesco. Por "grupo", entendemos pessoas que se consideram como uma unidade distinta em relação a outras unidades, são assim encaradas pelos membros dessas outras unidades, e todos têm obrigações recíprocas em virtude do fato de pertencerem a ele. Neste sentido, um segmento tribal, uma linhagem e um conjunto etário são grupos, mas a família de um homem não o é. Um relacionamento de parentesco é uma categoria e o sistema de parentesco é uma coordenação de categorias com relação a um indivíduo. Em nossa opinião, os estrangeiros e os Dinka deveriam ser descritos como pessoas de certas categorias e não como membros de grupos sociais, e as relações entre eles e os aristocratas não devem ser descritas, em termos estritos, como relações estruturais.

5. A estrutura social de um povo é um sistema de estruturas separadas mas inter-relacionadas. Este livro trata especialmente da estrutura política. Defrontando com a dificuldade inicial de definir o que é político, decidimos encarar as relações entre os grupos territoriais como sendo políticas, tomando a aldeia como unidade menor, pois, embora uma aldeia seja uma rede de laços de parentesco, ela não é um grupo de parentesco, mas um grupo que se define apenas pela residência comum e pelos sentimentos. Descobrimos que as tendências complementares na direção da divisão e da fusão, que chamamos de princípio de segmentação, é uma característica muito evidente da estrutura política nuer. As linhas de clivagem política são determinadas principalmente pela ecologia e pela cultura. Um meio ambiente adverso junto com os interesses pastoris predominantes causam uma baixa densidade e grandes vazios na distribuição das comunidades locais. As diferenças culturais entre os Nuer e seus vizinhos também causam vários graus de distanciamento político. Relações ecológicas e culturais frequentemente combinam-se para produzir uma divisão. Entre os próprios Nuer, a cultura é homogênea, e são as relações ecológicas que fundamentalmente determinam o tamanho e a distribuição dos segmentos.

Il. XXIX:

Homem (Posto Nasser).

6. Estas tendências, ou princípios da estrutura política controlam o comportamento real entre as pessoas através de valores. Estes valores parecem contraditórios. Somente são vistos como coerentes quando encaramos a estrutura como um conjunto de relações definidas com referência a situações sociais específicas. Por valores políticos, entendemos a sensação e o reconhecimento comuns por parte dos membros de comunidades locais de que são um grupo exclusivo distinto e oposto a outras comunidades da mesma ordem, e que deveriam agir juntos em certas circunstâncias e observar certas convenções entre si. Daqui não se conclui que o comportamento sempre concorda com os valores, e pode-se constatar que frequentemente entram em conflito, mas o comportamento sempre tende a conformar-se com estes valores.

7. Não apenas podemos falar das relações entre os grupos territoriais como sendo um sistema político, das relações entre as linhagens como sendo um sistema de linhagens, das relações entre os conjuntos etários como um sistema de conjuntos etários e assim por diante, como também que numa sociedade sempre existe algum relacionamento entre estes sistemas na estrutura social global, embora não seja fácil determinar o que seja este relacionamento. Demonstramos que existe uma interdependência de um certo tipo entre o sistema de linhagens nuer e seu sistema político. Isto não significa um relacionamento funcional entre grupos de clãs e grupos territoriais, embora tenham uma certa associação, pois os clãs, e mesmo suas linhagens, não têm vida corporativa. Tampouco isso significa que, quando um homem se comporta de certo modo com um companheiro de clã e de modo diferente com um companheiro de tribo, exista um relacionamento funcional entre estes dois modos de comportamento. Novamente, não significa também que exista um relacionamento funcional entre estes membros de um clã dominante que moram numa tribo e a tribo de que são parte. Mas significa que existe coerência estrutural entre os dois sistemas – coerência entre abstrações. Não somos capazes de demonstrar uma interdependência similar entre o sistema de conjuntos etários e o sistema político.

8. É possível falar do comportamento político como sendo um tipo diferente do comportamento social? Nossa suposição era que certas atividades, como as guerras e as vendetas, podem ser chamadas políticas, mas não consideramos que se ganha muito com essa designação. É apenas num plano mais abstrato de relações estruturais que uma esfera específica de relações políticas pode ser demarcada. O comportamento mútuo entre as pessoas é determinado por uma série de ligações – com relação à família, a família conjunta, a linhagem, ao clã, ao conjunto etário, etc. – e por relacionamentos de parentesco, laços rituais, e assim por diante. Estas redes de relacionamentos atribuem a cada homem sua esfera de

O SISTEMA DE CONJUNTOS ETÁRIOS, RESUMO   275

contatos sociais. Seu campo de contatos reais é limitado; seu campo de contatos potenciais é ilimitado. Diferenciamos a esfera social de um homem, neste sentido, do espaço estrutural, a distância entre segmentos sociais, que são grupos de pessoas que perfazem uma unidade num sistema. Por conseguinte, não dizemos que um homem está ou não atuando politicamente, mas que entre grupos locais há relações de ordem estrutural que podem ser chamadas de políticas.

9. Não descrevemos os diferentes laços sociais existentes entre as pessoas que vivem num mesmo distrito, mas podemos dizer que, segundo nosso ponto de vista, as relações entre esta malha de relacionamentos individuais, que juntas formam uma comunidade, e a estrutura política – as relações que existem entre segmentos territoriais – apresentam um problema de considerável importância, e tecemos alguns comentários a respeito. *a*) Os relacionamentos sociais são ordenados por uma estrutura política, de modo que a esfera social de um homem, e a esfera social conjunta de um número de pessoas vivendo na mesma aldeia, tende sempre a limitar--se pela extensão de seus grupos políticos, *b*) As comunidades locais, cujas relações constituem a estrutura política, são apenas grupos em virtude destes muitos e variados relacionamentos entre os indivíduos que as compõem. Mas é a organização deste relacionamento em grupos que entram numa certa relação mútua dentro de um sistema o que nos interessa em nossa discussão atual, e só os estudamos nesta forma organizada – tal como podemos, para certos propósitos, estudar a relação entre os órgãos do corpo sem estudar o inter-relacionamento das células que compõem os órgãos, *c*) De acordo com nosso ponto de vista, o sistema territorial dos Nuer é sempre a variável dominante em seus relacionamentos com outros sistemas sociais. Entre os Nuer, os relacionamentos geralmente se expressam em função do parentesco, e estes termos têm um forte conteúdo emocional; mas viver junto conta mais do que o parentesco e, como vimos, os laços da comunidade de um modo ou de outro se transformam, ou são assimilados, em laços de parentesco, e o sistema de linhagens é transformado na forma do sistema territorial dentro do qual ele atua.

10. Definimos estrutura como aquilo que equivale à presença de segmentação grupal, e discutimos alguns sistemas nuer a partir deste ponto de vista. Ressaltamos novamente que não insistimos em nossa definição e que reconhecemos que "estrutura" pode ser definida de outro modo. Mas, tendo-a definido deste modo, tornou--se obrigatória a alusão frequente a um princípio de contradição nela contido. No entanto, a fim de evitar um entendimento equívoco, destacamos que a contradição a que aludimos reside no plano abstrato das relações estruturais e emerge de uma sistematização dos valores através da análise sociológica. Não se deve supor que

pretendemos dizer que o comportamento é contraditório ou que os grupos assumem posturas contraditórias uns em relação aos outros. É a relação de grupos dentro de um sistema que constitui e exemplifica o princípio. As vezes pode haver conflito de valores na consciência de um indivíduo, mas aquilo a que nos referimos é a tensão estrutural. Do mesmo modo, quando nos referimos à relatividade da estrutura não queremos dizer que um grupo é outra coisa senão um aglomerado de pessoas que podem ser vistas e contadas e situadas no tempo e no espaço. O que queremos dizer é que, no plano das relações estruturais, sua posição num sistema é relativa ao funcionamento do sistema em situações de mudança.

11. Além de fazer uma contribuição para o estudo dos nilotas tentamos neste livro uma rápida incursão na teoria sociológica, mas só podemos fazer uma análise teórica até determinado ponto, além do qual só entrevemos de modo muito vago como uma análise ulterior poderia ser feita. Nossa experiência no campo da pesquisa e a que obtivemos ao escrever este ensaio sugeriu as linhas de um tratamento mais amplo. A Antropologia Social lida, atualmente, com conceitos grosseiros, tribo, clã, conjunto etário, etc. que representam massas sociais e uma suposta relação entre essas massas. A ciência não fará muitos progressos com esse baixo nível de abstração, se é que pode ser considerado nível de abstração, e para se avançar nesse terreno é necessário utilizar os conceitos que denotam relações, definidas em função de situações sociais, e relações entre estas relações. A tarefa de explorar novas regiões é particularmente difícil na disciplina política onde tão poucos trabalhos têm sido feitos e da qual tão pouco se sabe. Sentimo-nos como um explorador no deserto cujos suprimentos se esgotaram. Ele enxerga amplas faixas de território a sua frente e percebe como tentaria atravessadas; mas tem de voltar para trás e consolar-se com a esperança de que talvez o pouco conhecimento que conseguiu permitirá a outros realizar uma viagem mais bem sucedida.

ÍNDICE DAS ILUSTRAÇÕES

Vista parcial de choupanas e *kraal*	IX
I. Um jovem	14
II. Jovem no *kraal* (*Corfield*)	24
III. Ordenha de vaca indócil	31
IV. Boi	39
V. Menina ordenhando	46
VI. Savana típica	65
VII. *a*) Casas no solo elevado, *b*) Casas no solo elevado	73
VIII. Areial	79
IX. Pesca de arpão em canoa (*Corfield*)	85
X. Pesca de arpão em baixio (*Corfield*)	91
XI. *a*) Savana na estação seca. *b*) Carpida da plantação de sorgo	97
XII. Roça de sorgo em outubro	104
XIII. Jovem numa roça de sorgo	117
XIV. Chuvas de agosto	134
XV. *a*) Abrigo contra o vento, *b*) Poço	147
XVI. Vista aérea de aldeias (*Royal Air Force*)	158
XVII. Menino apanhando esterco para combustível	167
XVIII. Construção de um estábulo (*Corfield*)	177
XIX. *a*) Acampamento de gado *b*) Depressão pantanosa típica	187
XX. Gado em viagem	196
XXI. *a*) Gado pastando, *b*) Acampamento de gado	209
XXII. *a*) Pesca com lança numa represa (*Hamer*). *b*) Pesca com arpão em lago	219
XXIII. *a*) Aspecto do *kraal* de acampamento, *b*) Rio Sobat na estação seca....	225
XXIV. Um chefe da pele de leopardo (*Corfield*)	231
XXV. *a eb*: A pirâmide de Ngundeng (*Crispin*)	237
XXVI. *a*) Jovem *b*) Jovem (*Corfield*)	245

XXVII. Iniciação dos rapazes (*Missão Americana*) 261
XXVIII. Três homens nuer (*a* e *c*, *Talib Ismail*) 265
XXIX. Homem (*Nasser Post*) 273

As Ils. VII, VIII, XV, XXI e XXVI são de *Sudan Notes and Records*; XXV e XXVIII, de C.G. e B.Z. Seligman, *Pagan Tribes of the Nilotic Sudan* (George Routledge & Sons, Ltd); XXIII, de *Custom is King* (Messrs. Hutchinson & Co.); XVI é de uma publicação fornecida pelo Departamento Físico do governo egípcio.

ÍNDICE DE MAPAS E FIGURAS

Mapa. Área aproximada ocupada pelos nuer 4
Mapa. Os nuer e povos vizinhos 9
Mapa. Distribuição das tribos nuer maiores 13
1. Cabaça de bater leite 35
2. Cabaça para guardar queijo 35
3. Sacolas 37
4. Sino de boi e coleira 41
5. Cabeça de bezerro empalhada 44
6. Anel para desmamar bezerros 44
7. Bonecos de bois em barro 49
8. Distribuição de cores 52
9. Distribuição de cores 53
Estimativas de temperatura e precipitação de chuvas para o território nuer 63
Cheia e vazante do rio Sobat 63
Mapa. Movimentação periódica da tribo lou 67
Mapa. Movimentação periódica das tribos jikany (segundo CL. Armstrong) 69
Mapa. Movimentação periódica das tribos do Zeraf (segundo B.A. Lewis) 71
10. Instrumentos para atrair peixes 82
11. Lanças de chifre e de ébano 128
Mapa. Distribuição tribal por volta de 1860 (segundo V.A. Malte-Brun) 142
12. Mó de barro cozido 181
13. Coleira de sinos para bezerro 200
Mapa. As tribos jikany do leste (segundo CL. Armstrong) 241
14. Colheres de chifres de búfalo 247
15. Mangual de couro 247

As Figs. 1, 5, 6, 7, 10 e 15 são desenhos de espécimes que fazem parte da coleção do autor no Museu Pitt-Rivers, Oxford, e as Figs. 2, 3, 4, 11, 12, 13 e 14 são de desenhos que fazem parte da coleção do autor no Museu Universitário de Arqueologia e Etnologia, Cambridge.

ANTROPOLOGIA NA PERSPECTIVA

Sexo e Temperamento
   Margaret Mead (D005)
O Crisântemo e a Espada
   Ruth Benedict (D061)
Repensando a Antropologia
   E. R. Leach (D088)
Êxtase Religioso
   Ioan M. Lewis (D119)
Pureza e Perigo
   Mary Douglas (D120)
O Fim de uma Tradição
   Robert W. Shirley (D141)
Morfologia e Estrutura no Conto Folclórico
   Alan Dundes (D252)
Negro, Macumba e Futebol
   Anatol Rosenfeld (D258)
O Racismo, uma Introdução
   Michel Wieviorka (D308)
Os Nuer
   E. E. Evans-Pritchard (E053)
Antropologia Aplicada
   Roger Bastide (E060)

Desejo Colonial: Hibridismo em Teoria, Cultura e Raça
   Robert J. C. Young (E216)
Claude Lévi-Strauss ou o Novo Festim de Esopo
   Octavio Paz (EL07)
Makunaina e Jurupari: Cosmogonias Ameríndias
   Sérgio Medeiros (org.) (T013)
Afrografias da Memória
   Leda Maria Martins (PERS)
Oniska, Poética do Xamanismo na Amazônia
   Pedro de Niemeyer Cesarino (PERS)
Dias em Trujilio: Um Antropólogo Brasileiro em Honduras
   Ruy Coelho (LSC)
Os Caraíbas Negros de Honduras
   Ruy Coelho (LSC)
Dicionário Crítico Câmara Cascudo
   Marcos Silva (org.) (LSC)

COLEÇÃO ESTUDOS
(Últimos Lançamentos)

322. *Beckett e a Implosão da Cena: Poética Teatral e Estratégias de Encenação*, Luiz Marfuz
323. *Teorias da Recepção*, Claudio Cajaiba 324. *Revolução Holandesa, A Origens e Projeção Oceânica*, Roberto Chacon de Albuquerque
325. *Psicanálise e Teoria Literária: O Tempo Lógico e as Rodas da Escritura e da Leitura*, Philippe Willemart
326. *Os Ensinamentos da Loucura: A Clínica de Dostoiévski*, Heitor O'Dwyer de Macedo
327. *A Mais Alemã das Artes*, Pamela Potter
328. *A Pessoa Humana e Singularidade em Edith Stein*, Francesco Allieri
329. *A Dança do Agit-Prop*, Eugenia Casini Ropa
330. *Luxo & Design*, Giovanni Cutolo
331. *Arte e Política no Brasil*, André Egg, Artur Freitas e Rosane Kaminski (orgs.)
332. *Teatro Hip-Hop*, Roberta Estrela D'Alva
333. *O Soldado Nu: Raízes da Dança Butō*, Éden Peretta
334. *Ética, Responsabilidade e Juízo em Hannah Arendt*, Bethania Assy
335. *Alegoria em Jogo: A Encenação Como Prática Pedagógica*, Joaquim Gama
336. *Jorge Andrade: Um Dramaturgo no Espaço Tempo*, Carlos Antônio Rahal
337. *Nova Economia Política dos Serviços*, Anita Kon
338. *Arqueologia da Política*, Paulo Butti de Lima
339. *Campo Feito de Sonhos*, Sônia Machado de Azevedo
340. *A Presença de Duns Escoto no Pensamento de Edith Stein: A Questão da Individualidade*, Francesco Alfieri
341. *Os Miseráveis Entram em Cena: Brasil, 1950-1970*, Marina de Oliveira
342. *Antígona, Intriga e Enigma*, Kathrin H. Rosenfield
343. *Teatro: A Redescoberta do Estilo e Outros Escritos*, Michel Saint-Denis
344. *Isto Não É um Ator*, Melissa Ferreira
345. *Música Errante*, Rogério Costa
346. *O Terceiro Tempo do Trauma*, Eugênio Canesin Dal Molin

Este livro foi impresso em Cotia,
nas oficinas da Meta Brasil,
para a Editora Perspectiva.